Yacht
BORDBUCH

Handbuch fürs Cockpit
von Hans Donat

DELIUS KLASING VERLAG

Von Hans Donat sind im Delius Klasing Verlag darüber hinaus folgende Titel lieferbar:
Dieselmotoren auf Yachten
Bootsmotoren – Benzin und Diesel (Yacht-Bücherei Bd. 55)
Schiffe aus zweiter Hand (Yacht-Bücherei Bd. 81)
Tafeln Seemannschaft
Signaltafeln
Tafeln für den Bootsdiesel
Tafeln für den Außenborder
Notfall-Tafeln

Bibliografische Information der Deutschen Nationalbibliothek
Die Deutsche Nationalbibliothek verzeichnet diese Publikation in der Deutschen Nationalbibliografie; detaillierte bibliografische Daten sind im Internet über http://dnb.d-nb.de abrufbar.

16., überarbeitete Auflage
ISBN 978-3-7688-0442-4

Text und Zeichnungen: Hans Donat
Einbandgestaltung: Ekkehard Schonart
Druck: Kunst- und Werbedruck, Bad Oeynhausen
Printed in Germany 2009

Delius Klasing Verlag, Siekerwall 21, D-33602 Bielefeld
Tel.: 0521/559-0, Fax 0521/559-115
E-Mail: info@delius-klasing.de
www.delius-klasing.de

Inhalt

Einleitung

Zum schnellen Nachschlagen für den Bordgebrauch: das Yacht-Bordbuch – handlich, praktisch, (spritz-)wasserabweisend. Ein bordgerechtes Buch also.

Ob es darum geht, wie man bei Grundberührung mit einem Blitzmanöver freikommt oder wie man die Wasserflut stoppt, die durch ein Leck im Rumpf schießt, darum, wie man Feuer an Bord bekämpft und natürlich: wie man es verhütet – das alles finden Sie in diesem kleinem Powerbuch genauso wie beispielsweise Maßnahmen, die vor und bei schwerem Wetter zu ergreifen sind. Wie läuft die Rettung durch einen Hubschrauber ab? Oder: Wie wird unterwegs das Eigentum am Schiff nachgewiesen?
Thematisiert werden auch so knifflige Fragen, wer wem ausweichen muss und wer Vorfahrt hat, ebenso wie beispielsweise die Länge der Scheerzeesen oder Schnurrwaden, die ein Treib- oder Schleppnetzfischer hinter sich herschleppt, oder die Baumerkmale, auf die man beim Kauf eines Schiffes achten sollte.
Wie managt man das Überleben auf See nach einem Notfall? Und wie läuft die Rettung mit einem Raketenapparat ab?

Ein Kaleidoskop von Fragen aus dem nicht immer alltäglichen Bordalltag, auf die Sie hier eine kompetente kurze Antwort finden.

Mithilfe der farbigen Griffleisten und des ausführlichen Stichwortverzeichnisses wird man rasch fündig, wenn es etwas nachzuschlagen gilt.

Wegerecht

Die Internationalen Regeln zur Verhütung von Zusammenstößen auf See (Kollisionsverhütungsregeln) gelten als »Grundregeln«. Diese werden innerhalb der »Hoheitsgewässer« vieler Staaten von »regionalen Verordnungen« überlagert. Das ist in Deutschland von See kommend die Seeschifffahrtsstraßen-Ordnung und weiter landeinwärts die Binnenschifffahrtsstraßen-Ordnung.

Die Verkehrsregeln auf dem Wasser sind in verschiedenen Verordnungen festgelegt:

- **Kollisionsverhütungsregeln (KVR)** – Sie gelten auf der hohen See und den mit dieser zusammenhängenden, von Seeschiffen befahrbaren Gewässern.

- **Seeschifffahrtsstraßen-Ordnung (SeeSchStrO)** – Gilt als nationale Vorschrift nur auf den deutschen Seeschifffahrtsstraßen, also innerhalb der deutschen Hoheitsgewässer. Die SeeSchStrO ergänzt die KVR.
- **Schifffahrtsordnung Emsmündung** – Gilt im Mündungsgebiet der Ems und auf der Leda.

Man muss grundsätzlich zwischen den »Ausweichregeln« im Nahbereich zur Verhinderung von Zusammenstößen und den zusätzlichen Verkehrsregelungen im Fahrwasser durch Tafelzeichen oder andere Schifffahrtszeichen unterscheiden. Streng genommen sind im Fahrwasser die Ausweichregeln durch besondere Verkehrsregeln aufgehoben. (Vgl. auch Seite 22.) Allerdings ist die »Enge« eines Fahrwassers relativ, denn was für einen Supertanker fast absolute Bewegungsunfähigkeit bedeutet, ist für ein Sportfahrzeug ein weites Revier. In diesem Sinn gelten die »Ausweichregeln« unter Sportbooten auch im Fahrwasser sozusagen vor dem Manöver des letzten Augenblicks.
Auf freier See und außerhalb der Fahrwasser (Binnen, Küste, See) sind theoretisch alle Fahrzeuge gleich, wenn man von den manövrierbehinderten und manövrierunfähigen absieht. Es gelten die althergebrachten Ausweichregeln der Schifffahrt, wie sie in den Kollisionsverhütungsregeln (KVR) international gültig festgelegt und auf den nächsten Seiten beschrieben sind.

Die Ausweichregeln sind prinzipiell sehr einfach und verständlich, in der Praxis jedoch trifft das nur auf bestimmte »Schiffsfamilien« zu. So haben die Ausweichregeln

- für das Zusammentreffen von Sportfahrzeugen auf freien Gewässern* volle Gültigkeit.
- Für das Zusammentreffen von Sportfahrzeugen mit annähernd gleich großen gewerblichen Fahrzeugen (Barkassen, Arbeitsbooten usw.) auf freien Gewässern haben sie ebenfalls (zumindest theoretisch) volle Gültigkeit, praktisch aber artet ihre Anwendung häufig zum Nervenkrieg und zu nicht sehr seemännischen Szenen aus.
- Für das Zusammentreffen von gewerblichen Schiffen auf freien Gewässern haben sie selbstverständlich bei annähernd gleicher Größe auch volle Gültigkeit.

Prinzip des Ausweichens nach dem Buchstaben der Verordnung:

Der **Kurshalter** ist das Fahrzeug, das Wegerecht hat. Er muss Kurs und Geschwindigkeit beibehalten, während der Ausweichpflichtige früh genug und dann klar und eindeutig das Ausweichmanöver zu fahren hat. Dennoch werden Sie auf den folgenden Seiten etwas anderes lesen, das sich aus der Relativität des »Nahbereichs« ergibt, in dem Ausweichmanöver zu fahren sind.

Das auslösende Moment für die Ausweichregeln ist der Kollisionskurs, der im Folgenden beschrieben ist.

---

* Den Begriff »freie Gewässer« habe ich zum besseren Verständnis gewählt. Er steht für Wasserflächen, die außerhalb der durch Verkehrsvorschriften geregelten Gebiete liegen, auf denen die Ausweichregeln der KVR gelten.

Ausweichregeln

Die Abbildungen auf der rechten Seite zeigen die Grundregeln. Die Nummern sind mit dem folgenden Text gleichlautend:

① Motorboot weicht Segler aus

② Motorboot weicht Motorboot aus, das von rechts in seinen Stb-Sektor läuft

③ Segler mit Wind von Bb weicht Segler mit Wind von Stb

④ Wind von derselben Seite:
Segler in Luv weicht Segler in Lee

Segler merken sich am besten:
Bb-Wind weicht Stb-Wind
Luv weicht Lee
Luv ist die dem Wind zugekehrte Seite.
Lee ist die dem Wind abgekehrte Seite.

Bb-Bug *segelt ein Boot, wenn es den Wind von Stb hat.*

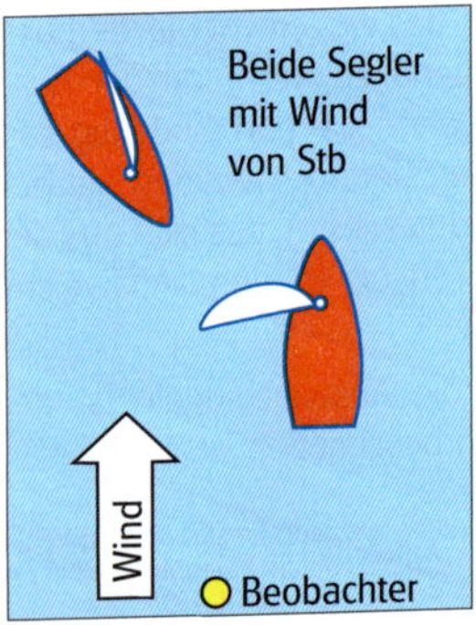

Stb-Bug *segelt ein Boot, wenn es den Wind von Bb hat.*

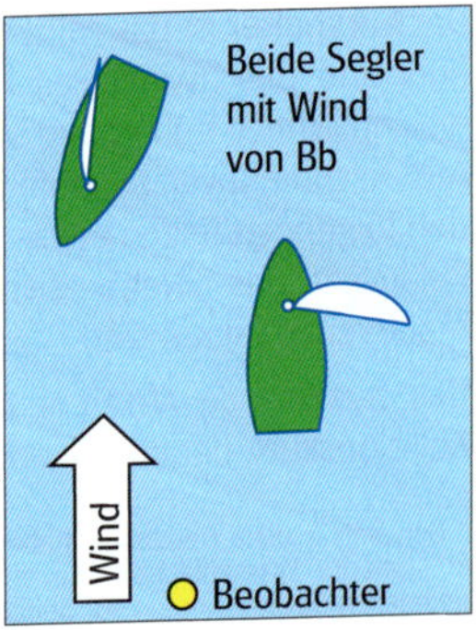

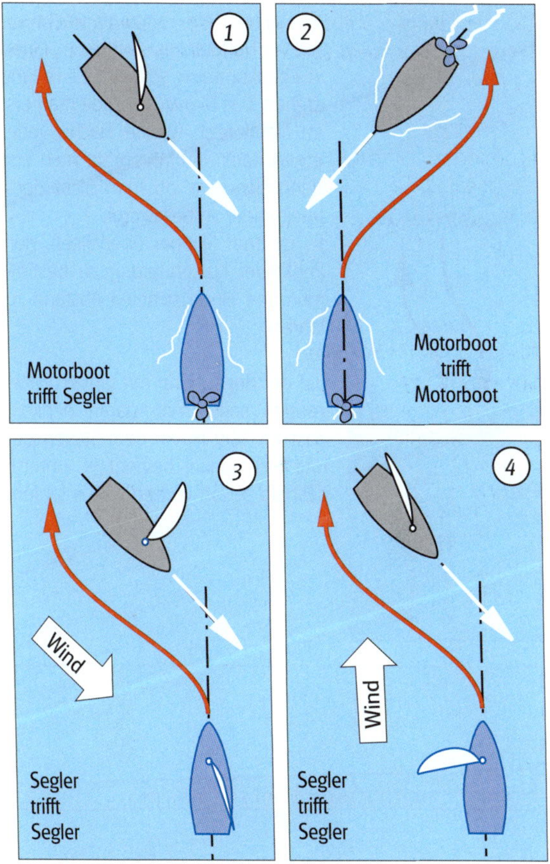
1
Motorboot
trifft Segler
2
Motorboot
trifft
Motorboot
3
Wind
Segler
trifft
Segler
4
Wind
Segler
trifft
Segler

Wr

Entgegengesetzte Kurse

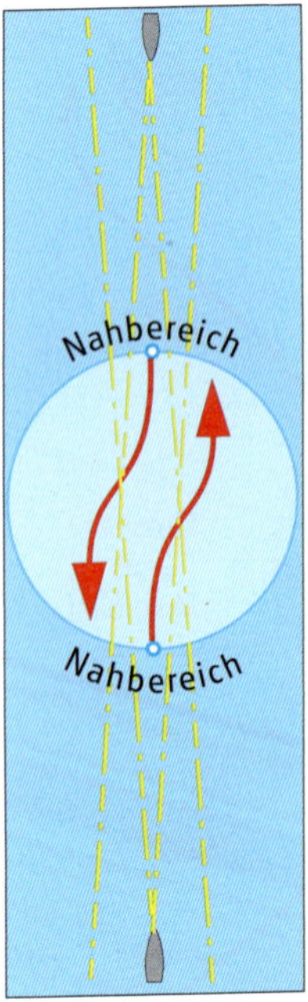

Sie sichten ein Fahrzeug »recht voraus«. Handelt es sich um einen »Gegenkommer«, so bleibt die Peilung stehen. Das Manöver würde man erst im Nahbereich (weiße Fläche; jeder etwas nach Stb) fahren, da man erst dann sicher ist, ob man nicht doch aneinander vorbeikommt.
Es ist dem Skipper überlassen, den Punkt der Kursänderung zu bestimmen und einen sicheren Abstand zu fahren.

Bei der Begegnung mit großen Fahrzeugen sollte man daran denken, dass ca. 500 m vor dem Steven der tote Sichtwinkel beginnt (s. unten); deshalb schon vorher heraus laufen.

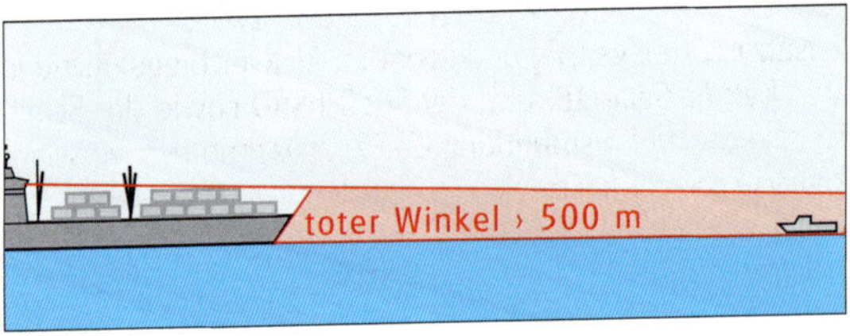

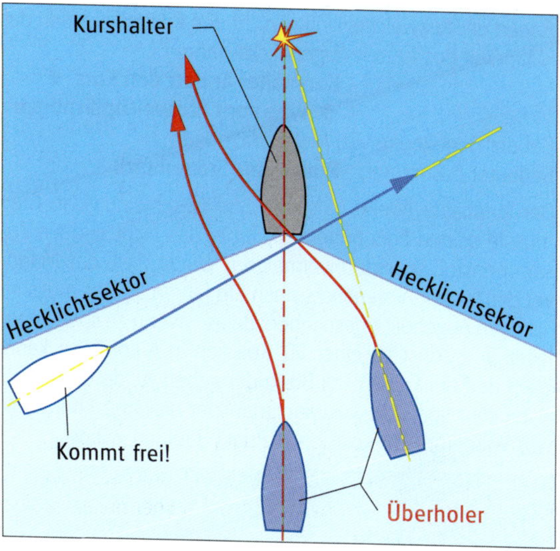

Als Überholer gilt jedes Fahrzeug, das in den Hecklichtsektor eines anderen fährt.

Der Überholer muss sich freihalten und darf auch nicht nach Passieren des Kurshalters seinen Kurs so ändern, dass er den »früheren Kurshalter« zu einem Manöver zwingt.

Zusätzlich zu diesen grundlegenden Ausweichregeln sind in den KVR (s. Seite 18) und der SeeSchStrO sowie der Schifffahrtsordnung Emsmündung (S. 22) zwischen den verschiedenen Fahrzeugkategorien Rangordnungen festgelegt.

Manöver des letzten Augenblicks

Wr

Ändert der Ausweichpflichtige nicht den Kurs, muss man das »Manöver des letzten Augenblicks« fahren.

Kurshalter ändert den Kurs ➔
➔ weg vom Ausweichpflichtigen

Bei der Begegnung von Motorfahrzeugen
bedeutet das immer: **Ruder hart Steuerbord!**

Der Kurshalter (Weiß) hält Kurs und Geschwindigkeit. Grau müsste seinen Kurs ändern ①. Tut er das nicht und ein Zusammenstoß scheint unvermeidbar, würde Weiß das Manöver des letzten Augenblicks nach Stb fahren ②. Das muss im richtigen Augenblick geschehen, da es – wenn zu spät eingeleitet ③ – sonst zu einer 90°-Kollision in A kommen kann. Weiß darf auf keinen Fall Bb-Ruder geben ④, da Grau auch noch sehr spät das Ausweichmanöver einleiten könnte ⑤, was wiederum zur Kollision in Punkt B führen würde.

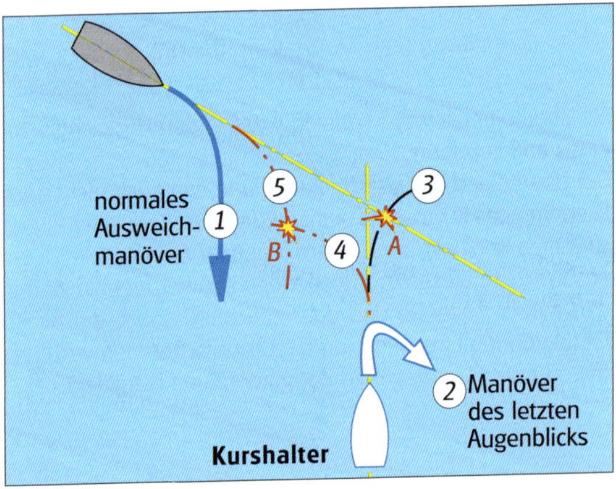

Der Kollisionskurs ist die Situation, die bei Beibehaltung von Kurs und Geschwindigkeit zum Zusammenstoß führt.
Und so ist der Kollisionskurs die Voraussetzung für das Inkrafttreten der Ausweichregeln. Erkennt man den Kollisionskurs rechtzeitig, reicht eine Kursänderung um wenige Grade, um aus ihm herauszulaufen, ohne dass überhaupt Wegerechtsfragen auftauchen. Dies gilt im Besonderen bei der Begegnung von Sportbooten mit Berufsfahrzeugen.

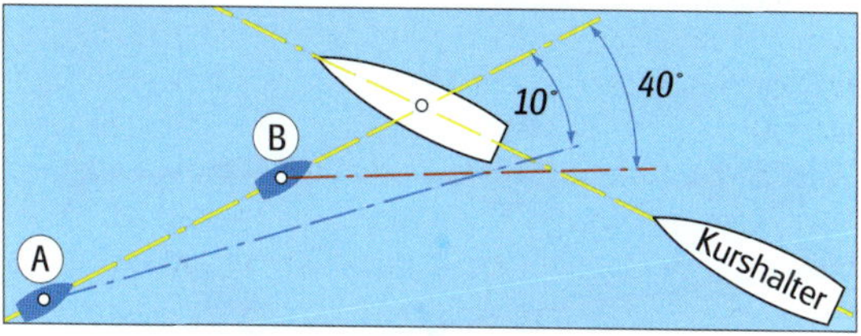

Kleines Boot muss ausweichen. Kursänderung in A um 5 bis 10°, in B um 40° und mehr. Seemännisch richtig ist Kursänderung in A, sobald Kollisionskurs feststeht.

Kursänderungen sind für ein Berufsfahrzeug im begrenzten Fahrwasser schwierig und unter Umständen gefährlich, im Allgemeinen für ein Sportboot aber problemlos.

Seemännisch richtiges Verhalten des Sportbootfahrers

Sobald der Kollisionskurs erkannt ist, wartet er nicht auf ein Wunder, selbst wenn die Entfernung zum Gesichteten groß ist, sondern läuft durch Kurskorrektur aus dem Kollisionskurs heraus. Je kleiner die Entfernung zum Gesichteten, umso kräftiger muss das Manöver sein.

Kollisionskurs

Wr

Das Sichten eines Fahrzeugs bedeutet Annäherung. Es ist zu klären, ob Sie mit dem Fahrzeug auf Kollisionskurs liegen. Wie man das erkennt, sehen Sie in der Abbildung.

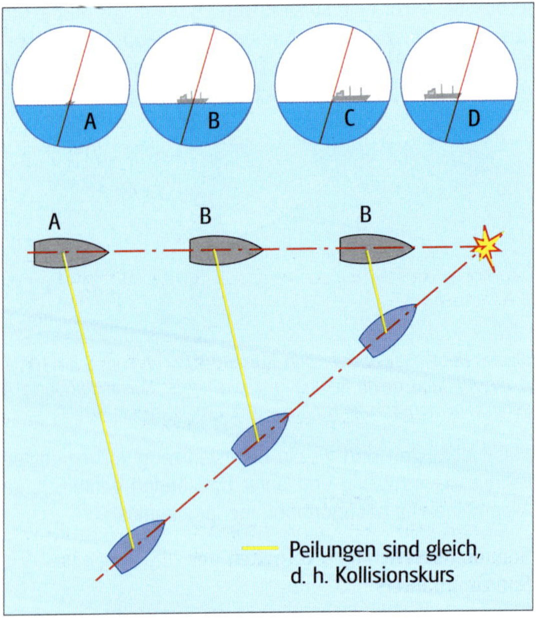

Sie peilen über die Fensterscheibe oder das Want zu dem aufkommenden Fahrzeug. Es zeigt sich Bild A. Einige Zeit später wiederholen Sie die Peilung. Zeigt sich Bild B, liegen Sie mit dem Gesichteten auf Kollisionskurs, und das heißt: etwas unternehmen! Zeigt sich jedoch C oder D, ist alles klar.

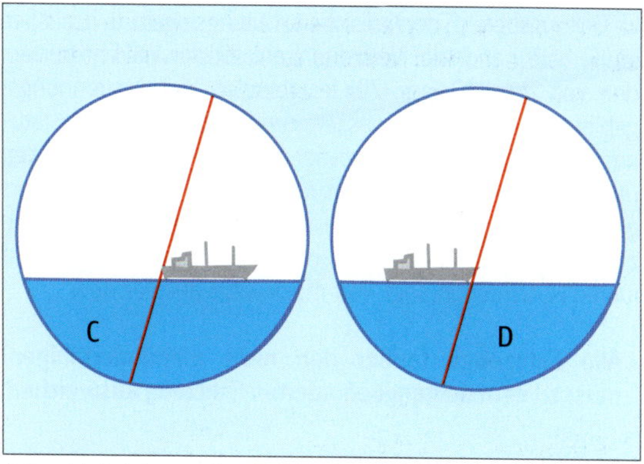

Zeigt sich bei der zweiten Peilung C, läuft der Gesichtete vorn durch, bei D achtern.

Es gibt vier Möglichkeiten, um aus dem Kollisionskurs zu laufen, zwei davon sind richtig:
(Das gilt nur für Kurskorrekturen im Fernbereich, um aus dem Kollisionskurs zu laufen.)

Geschwindigkeitsänderung
Geschwindigkeit herabsetzen bedeutet, hinter dem Gesichteten durchlaufen. (Bei Geschwindigkeitserhöhung laufen Sie dem Gesichteten vor den Bug.)

Kursänderung
Den Kurs immer zu der Seite ändern, von der der Gesichtete kommt (zum Heck hin). Bei entgegengesetzter Kursänderung würden Sie ihm vor den Bug laufen.

Verkehrsregelung (See)

Im Geltungsbereich der Kollisionsverhütungsregeln, d. h. auf See (außerhalb nationaler Verordnungen), ist der Verkehr nur auf den von der IMO (s. S. 20) festgelegten Verkehrstrennungsgebieten, in »engen Fahrwassern« und durch den Sonderstatus der Fahrzeuggruppen (manövrierunfähig, manövrierbehindert und tiefgangbehindert, Minensucher sowie Fischer) besonders geregelt. Das sind alle jene Fahrzeuge, die am Tage Sichtzeichen (s. unten) und nachts mehrere farbige Rundumlichter führen (s. Lichterführung). Wer muss wem ausweichen?

- **Alle Fahrzeuge (außer den nicht manövrierfähigen) müssen dem tiefgangbehinderten Fahrzeug ausweichen.**

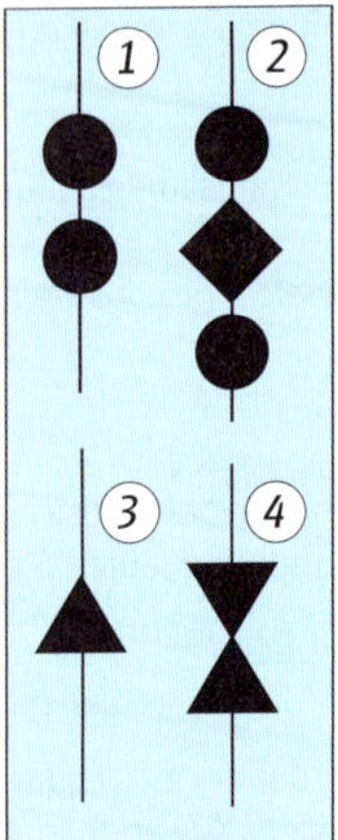

Sichtzeichen

Maschinenfahrzeug in Fahrt muss ausweichen
- manövrierunfähigem Fahrzeug ①
- manövrierbehindertem Fahrzeug ②
- fischendem Fahrzeug ③ und ④ oder ④
- Segelfahrzeug

Segelfahrzeug in Fahrt muss ausweichen
- manövrierunfähigem Fahrzeug ①
- manövrierbehindertem Fahrzeug ②
- fischendem Fahrzeug ③ und ④ oder ④

Fischer in Fahrt muss ausweichen (soweit möglich)
- manövrierunfähigem Fahrzeug ①
- manövrierbehindertem Fahrzeug ②

Enge Fahrwasser und Fahrrinnen

Beachten Sie:

- So weit rechts fahren, wie es der Tiefgang erlaubt.
- Fahrzeuge unter 20 m Länge, Segelfahrzeuge und Fischer dürfen die auf die Fahrrinne angewiesenen Fahrzeuge auch beim Queren des Fahrwassers nicht behindern. Durch mindestens 5 kurze Töne (•••••) macht ein auf die Fahrrinne angewiesenes Fahrzeug darauf aufmerksam, dass es von Ihnen behindert wird (sofort zurück zur rechten Seite).
- Vor Einfahrt in Krümmungen und unübersichtliche Stellen wird einmal lang (–) gegeben. Ist ein Fahrzeug in der Krümmung, gibt es einmal lang (–) zurück.
- Ankern verboten.

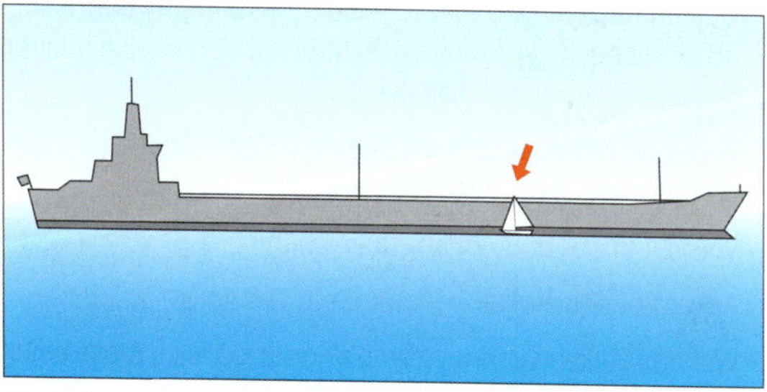

Die Relativität der Anwendbarkeit von Ausweichregeln ergibt sich aus dem Größenverhältnis der sich treffenden Fahrzeuge (Tanker 320 m, Segler 10 m). Der Segler braucht bei 5 kn Fahrt volle 2 Minuten, um diese Strecke (Tanker in Ruhe) zurückzulegen.

Verkehrstrennungsgebiete

Wr

Verkehrstrennungsgebiete sind von der IMO* international verbindlich festgelegte Einbahnwege für die Seeschifffahrt. Sie sind in Seekarten verzeichnet (s. Skizze nächste Seite) und im Anhang der KVR aufgeführt. In Verkehrstrennungsgebieten gelten folgende Regeln:

- Fahrzeuge unter 20 m Länge und Segelfahrzeuge dürfen die Maschinenfahrzeuge auf dem Einbahnweg nicht behindern!
- Immer in der festgelegten bzw. empfohlenen Verkehrsrichtung fahren (konturierte bzw. unterbrochene Pfeile)
- Möglichst weit vor der Trennlinie oder Trennzone wegbleiben (im Allgemeinen heißt das ganz rechts fahren)
- An den Enden des Verkehrstrennungsgebietes aus- oder einlaufen oder von der Seite in einem möglichst kleinen Winkel zur allgemeinen Verkehrsrichtung
- Queren nach Möglichkeit vermeiden, aber wenn, dann möglichst mit der Kielrichtung im rechten Winkel zur allgemeinen Verkehrsrichtung (vgl. Abb. Seite 21)
- Außer im Notfall und beim Queren (Fischer ausgenommen) darf man die Trennlinie oder -zone nicht überfahren
- Vorsicht in Zu- und Abgangsbereichen
- Ankern nur im Notfall
- Wer das Verkehrstrennungsgebiet nicht benutzt, muss einen möglichst großen Abstand davon halten

---

* IMO = International Maritime Organization
= Internationale Seeschifffahrts-Organisation

Routeing ist der Sammelbegriff für die internationale Festlegung von Schifffahrtswegen. Verkehrstrennungsgebiete gehören in diese Gruppe.

Die zwischen Verkehrstrennungsgebiet und Festland gelegene **Küstenverkehrszone** (Abb. unten) darf von Fahrzeugen unter 20 m Länge, Segelfahrzeugen und fischenden Fahrzeugen benutzt werden. Sie ist für den Küstenverkehr bestimmt (in beide Richtungen).

Tiefwasserwege (Deep water routes) sind Wege mit festgelegten Grenzen, die auf Reinheit des Meeresgrundes und Unterwasserhindernisse genau untersucht sind – in der Seekarte mit den Buchstaben DW gekennzeichnet.

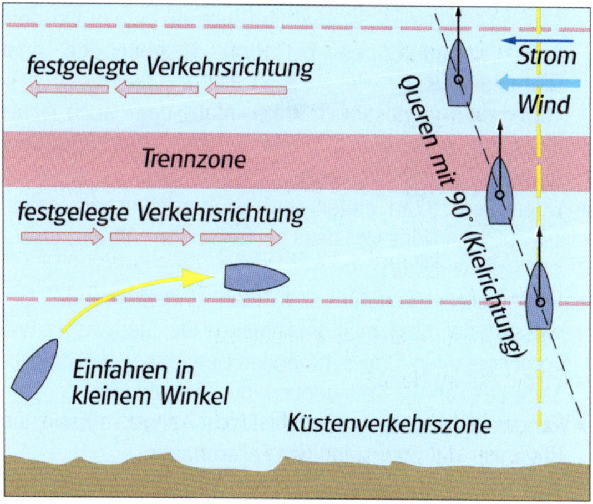

Segler: Strom und Wind berücksichtigen, Längsachse soll 90° zum Fahrwasser liegen.

Seeschifffahrtsstraßen-Ordnung

Wr

Der Geltungsbereich der Seeschifffahrtsstraßen-Ordnung (SeeSchStrO) ist grob gesagt das Küstenmeer mit den Flussmündungen, Geltungsbereich der Schifffahrtsordnung Emsmündung sind das Mündungsgebiet der Ems und die Leda. Für alles, was in diesen beiden Verordnungen nicht erwähnt ist, gelten die KVR. Und wenn die nationalen Vorschriften den KVR widersprechen, ist allein die speziellere Regelung anzuwenden, also z. B. SeeSchStrO vor KVR.

Verkehrsregelung im Fahrwasser

- Rechtsfahrgebot – unabhängig von der Antriebsart, je kleiner, umso weiter rechts (Ausnahmen werden von den örtlichen Behörden bekannt gegeben).
- Vorfahrt hat der im Fahrwasser Fahrende gegenüber dem quer Fahrenden, dem Ein- bzw. Ausfahrenden, dem Drehenden usw.
- »Überholen grundsätzlich links«, man »darf« auch rechts (links für etwa gleich große Schiffe), aber Sportboot überholt Berufsschiff rechts.
- Überholen ist an engen und unübersichtlichen Stellen sowie in der Nähe von nicht frei fahrenden Fähren, Schleusen usw. verboten.
- Enge Stellen – Vorfahrt hat in Tiden- und strömenden Gewässern der mit dem Strom Fahrende (bei Stauwasser: wer vorher gegenan fuhr), in ruhenden Gewässern, wer die Stb-Seite des Fahrwassers benutzt (der Einlaufende).
- Fahrzeuge von 20 und mehr Meter Länge müssen die Buganker klar zum sofortigen Fallen haben.

Neben diesen Hauptpunkten der Verkehrsregelung gibt es noch eine Reihe von Tafelzeichen (s. Schifffahrtszeichen).

Lichterführung

Die Navigationslichter (Positionslaternen) und die Lichter, die besondere Hinweise auf die Fahrzeugart und das »Wegerecht« geben, sind eine gute Hilfe, um aufkommende Schiffe zu identifizieren und ihren Kurs einzuschätzen.
Die Lichterführung dient der Verhütung von Zusammenstößen auf dem Wasser.
Sie ist in folgenden Verordnungen festgelegt:

Kollisionsverhütungsregeln (See)
Seeschifffahrtsstraßen-Ordnung (Küste)
Schifffahrtsordnung Emsmündung (Ems und Leda)

Fahrzeuge, die zur Führung der Bundesflagge berechtigt sind, dürfen nur solche Navigationslichter führen, deren Baumuster zur Verwendung auf Seeschifffahrtsstraßen zugelassen ist. Das gilt für Schallsignalanlagen gleichermaßen.

Li

Dreifarbenlaterne

Die Dreifarbenlaterne darf nur beim Segeln benutzt werden. Zum Motoren braucht man zusätzlich Topplicht, Seitenlichter und Hecklicht (s. S. 26). Dies ergibt sich aus der Forderung, dass die Dreifarbenlaterne im Topp gefahren werden muss und somit beim Motoren über dem Topplicht läge, das höher als alle anderen Lichter angebracht sein muss.

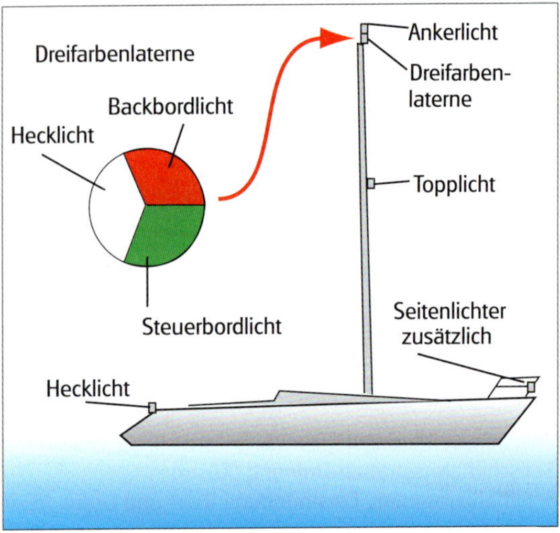

Die Sektoren der Navigationslichter (s. Seite 25) gelten in allen Verordnungsbereichen. Allerdings sind Kombinationen wie die Zweifarbenlaterne und die Dreifarbenlaterne nur für bestimmte Bootsgruppen zugelassen.

Steuerbord-Seitenlicht (grün)
scheint von recht voraus bis 22,5° achterlicher als Stb querab

Backbord-Seitenlicht (rot)
scheint von recht voraus bis 22,5° achterlicher als Bb querab

Hecklicht
bescheint den Kreissektor zwischen den Seitenlichtern von recht achteraus 67,5° nach jeder Seite

Topplicht
bescheint den Sektor wie Bb- und Stb-Seitenlicht zusammen, und zwar von recht voraus bis 22,5° achterlicher als querab nach jeder Seite

Rundumlicht
scheint über den ganzen Horizont 360°

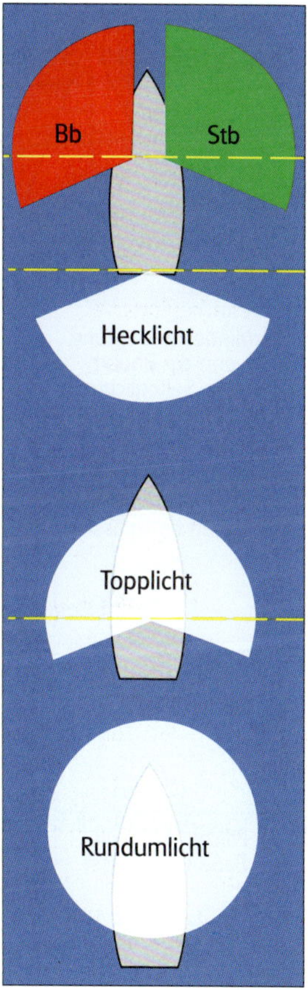

Bei weniger als 12 m Länge: Seitenlichter 1 sm, alle anderen 2 sm.

Li

Ruder- und Segelboote

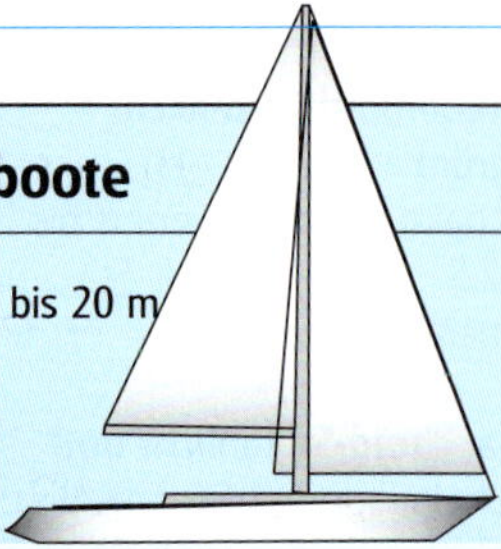

	bis 12 m	bis 20 m
	Ankerlicht – müssen alle Boote vor Anker zeigen	
Rundumlicht	Mindestausrüstung, wenn die Bauart keine Seitenlichter und Hecklicht zulässt	Von Booten ab 12 m Länge müssen 2 rote Rundumlichter mitgeführt werden.
Hecklicht	Pflicht, wenn die Bauart es zulässt	Pflicht
Seitenlichter	Pflicht, wenn die Bauart es zulässt	Pflicht
Topplicht(er)	Pflicht, wenn die Bauart es zulässt	Pflicht

Statt der Seitenlichter und des Hecklichts darf eine Dreifarbenlaterne im Topp gefahren werden.

Zusätzlich zu Seitenlichtern und Hecklicht dürfen zwei Rundumlichter (Rot über Grün) gefahren werden (aber nicht zusammen mit der Dreifarbenlaterne).

Unter Motor muss das Topplicht gefahren werden, aber nicht zusammen mit der Dreifarbenlaterne, sondern mit Seitenlichtern und Hecklicht.

Motorboote und -yachten

bis 7 m	bis 12 m	bis 20 m	
	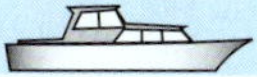		
Ankerlicht – müssen alle Boote vor Anker zeigen			
Mindestausrüstung,wenn die Bauart keine Seitenlichter und Hecklicht zulässt	Mindestausrüstung, wenn die Bauart keine Seitenlichter und Hecklicht zulässt	Von Booten ab 12 m Länge müssen 2 rote Rundumlichter mitgeführt werden.	Rundumlicht
Pflicht, wenn die Bauart es zulässt	Pflicht	Pflicht	Hecklicht
Pflicht, wenn die Bauart es zulässt	Pflicht	Pflicht	Seitenlichter
Seitenlichter dürfen auf Fahrzeugen von weniger als 20 m Länge in einer Zweifarbenlaterne über der Längsachse gefahren werden.			
Pflicht, wenn die Bauart es zulässt	Pflicht	Pflicht	Topplicht(er)
Motorboote von weniger als 12 m Länge dürfen mit weißem Rundumlicht (statt Topp- und Hecklicht) und mit Seitenlichtern fahren.			

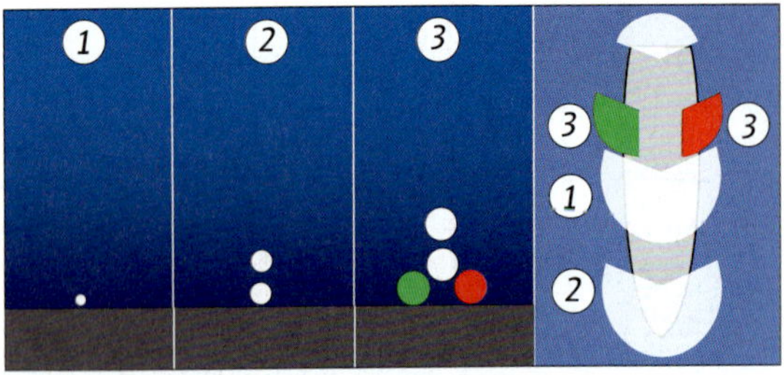

Annäherung eines Maschinenfahrzeugs mit zwei Topplichtern auf direktem Kurs. Zuerst sehen Sie das hintere Topplicht ①, dann das vordere Topplicht ② und schließlich auch die Seitenlichter ③.

Den beiden Topplichtern auf Maschinenfahrzeugen (50 m Länge und mehr) kommt eine besondere Bedeutung zu:

1. Sie sind höher angebracht als die Seitenlichter
2. Sie sind stärker als Seitenlichter und Hecklicht
3. Das vordere ist niedriger als das hintere

Das heißt:

1. Die Topplichter tauchen als Erste am Horizont auf
2. Sie lassen Rückschlüsse auf den Kurs des aufkommenden Fahrzeugs zu

Die Position von Seitenlicht und Topplicht (nur ein Topplicht) lässt nur einen sehr ungenauen Schluss auf den Kurs des aufkommenden Fahrzeuges zu, außer dass man eben den Seitenlichtsektor sieht und der Kurs von links nach rechts oder umgekehrt führt.

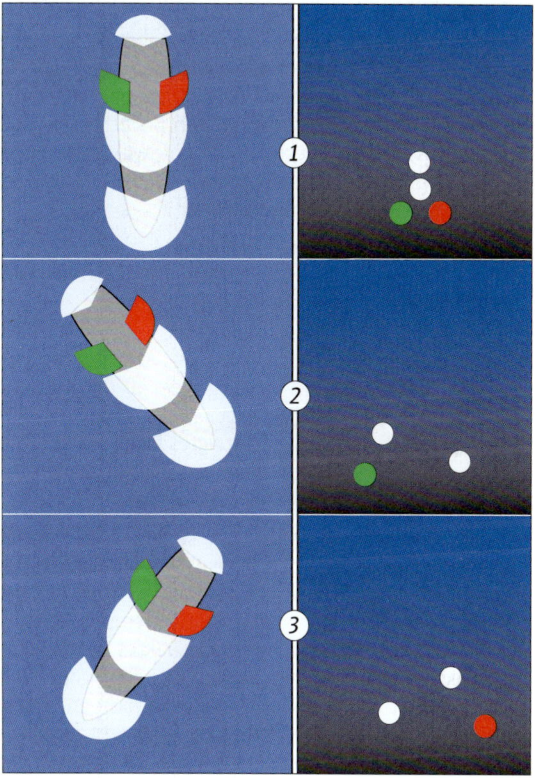

Maschinenfahrzeug mit zwei Topplichtern auf direktem Kurs ①, Kurs von links nach rechts ② und Kurs von rechts nach links ③.

Das weiße Licht

Auf den folgenden Seiten sind die Lichter verschiedener Fahrzeuge so dargestellt, wie man sie bei Annäherung sieht. Die Fahrzeuge sind jeweils auf verschiedenen Kursen gezeigt und entsprechend kommentiert, um bewusst zu machen, ob der Kurs vom Betrachter weg oder auf den Betrachter zu führt oder ob das Fahrzeug besonderer Aufmerksamkeit bedarf. Das weiße Licht gibt keinen Aufschluss über die Art des gesichteten Fahrzeugs. Es kann bedeuten:

Hecklicht
Wird von allen Fahrzeugen in Fahrt geführt.

Ankerlicht
Wird von Ankerliegern von weniger als 50 m Länge gezeigt.

Gezeigtes Licht*
Wird von kleinen Booten bei Annäherung gezeigt.

Sichtet man voraus ein weißes Licht, so muss man bis zum Augenblick absoluter Gewissheit mit allen drei Möglichkeiten rechnen. Im Allgemeinen ist man aber früh genug in der Lage herauszufinden, um welches weiße Licht es sich handelt. Sichtet man ein Hecklicht, so führt der Kurs des Schiffes immer vom Betrachter weg. Seiten- und Topplichter sind zusammen mit dem Hecklicht theoretisch nicht zu sehen. Praktisch kommt es häufig vor, dass ein Seitenlicht zusätzlich sichtbar bleibt. Es ist dann aber meist klar, dass es sich um ein Hecklicht und ein falsch eingestelltes Seitenlicht handelt.

*oder weißes Rundumlicht von kleinen Booten (s. Seite 26)

Die Seitenlichter bezeichnen die Stb- (grün) und die Bb-Seite (rot) eines Schiffes in Fahrt.
Alle anderen Lichter werden über den Seitenlichtern gefahren. Gemeinsam sieht man die Seitenlichter nur in direktem Kurs auf den Betrachter zu; sie pendeln im Seegang aber hin und her, sodass sie häufig abwechselnd zu sehen sind.
Ohne zusätzliche Lichter handelt es sich um ein Segelboot unter Segeln. Es führt aber nicht die für Segelboote erlaubten Rundumlichter Rot über Grün (s. Seite 36).

Grün neben Rot
Das Segelboot, dessen beide Seitenlichter zu sehen sind, läuft Kurs auf den Betrachter zu.

Grün
Das Segelboot läuft einen Kurs, der vom Betrachter aus gesehen von links nach rechts führt. Es zeigt seine Stb-Seite.

Rot
Das Segelboot läuft einen Kurs, der vom Betrachter nach links führt. Es zeigt seine Bb-Seite.

Weißes Topplicht

Li

Das weiße Topplicht bezeichnet ein Maschinenfahrzeug unter 50 m Länge in Fahrt. Es ist immer nur mit einem oder beiden Seitenlichtern zusammen zu sehen. Das Topplicht ist stets höher als die Seitenlichter angebracht.
Verändert sich die Lage der Seitenlichter zum Topplicht, kann man auf Kursänderungen schließen.

Weiß über Grün und Rot
Das Fahrzeug unter Motor läuft auf den Betrachter zu. Beide Seitenlichter und das Topplicht sind zu sehen.

Weiß über Grün
Das Boot läuft vom Betrachter aus gesehen von links nach rechts. Es zeigt seine Stb-Seite.

Weiß über Rot
Das Boot läuft vom Betrachter aus gesehen von rechts nach links. Es zeigt seine Bb-Seite.

Zwei weiße Topplichter bezeichnen ein Maschinenfahrzeug ab 50 m Länge in Fahrt. (Das zweite Topplicht darf auch von kleineren Fahrzeugen geführt werden.) Beide sind immer höher als die Seitenlichter angebracht. Das hintere Topplicht höher als das vordere. Sie sind auch nur in Verbindung mit einem oder beiden Seitenlichtern zu sehen.

Zwei Weiß über Grün und Rot
Das Motorfahrzeug hat Kurs auf den Betrachter zu. Beide Seiten- und Topplichter sind zu sehen.

Zwei Weiß über Grün
Das Maschinenfahrzeug läuft einen Kurs, der vom Betrachter aus von links nach rechts führt. Das grüne Licht ist das Stb-Seitenlicht.

Zwei Weiß über Rot
Das Maschinenfahrzeug läuft einen Kurs, der vom Betrachter aus von rechts nach links führt. Das rote Licht ist das Bb-Seitenlicht.

Manövrierunfähig

Die beiden roten Rundumlichter müssen zum Zeichen der Manövrierunfähigkeit gesetzt werden, nicht aber von Fahrzeugen (Motor- und Segelbooten) unter 12 m Länge im Geltungsbereich der KVR, der SeeSchStrO und der Schifffahrtsordnung Emsmündung (gilt auch für Fahrt durchs Wasser, s. rechts).

Rot über Rot: Das ist KEIN Notsignal!
Die Lichter zeigen nur die Manövrierunfähigkeit an.

Rundumlichter:
Rot über Rot
Sie werden ohne andere Lichter nur geführt, wenn das Fahrzeug keine Fahrt durchs Wasser macht. Sonst wie rechte Seite.

Auf Grund
Ein Fahrzeug auf Grund muss zusätzlich zum Ankerlicht (ab 50 m Länge: 2 Ankerlichter) Rot über Rot führen.

Manövrierunfähiges Fahrzeug, das Fahrt durchs Wasser macht. (Fahrt durchs Wasser wird durch die Seitenlichter und das Hecklicht angezeigt.) Die beiden roten Rundumlichter brauchen von Fahrzeugen unter 12 m Länge nicht geführt zu werden.

2 Rot über Grün und Rot
Das manövrierunfähige Fahrzeug hat Kurs auf den Betrachter zu, beide Seitenlichter sind zu sehen.

2 Rot über Grün
Das manövrierunfähige Fahrzeug läuft vom Betrachter aus gesehen von links nach rechts. Das grüne Licht ist das Stb-Seitenlicht.

2 Rot über Rot
Das manövrierunfähige Fahrzeug läuft vom Betrachter aus gesehen von rechts nach links. Das rote Licht ist das Bb-Seitenlicht.

2 Rot über Weiß
Das manövrierunfähige Fahrzeug entfernt sich vom Betrachter. ACHTUNG! Es könnte auch ein Grundsitzer sein. Position prüfen!

Segler mit Rundumlichtern

Ein Segelboot kann die Rundumlichter Rot über Grün führen, muss es aber nicht. Das ist natürlich nicht möglich, wenn eine Dreifarbenlaterne am Masttopp gefahren wird.
Da jedes Licht Strom verbraucht, werden diese Lichter selten oder nur auf großen Yachten gefahren.

Rot und Grün über Grün und Rot
Das Segelfahrzeug hat Kurs auf den Betrachter zu. Die beiden Rundum- und Seitenlichter sind zu sehen.

Rot und Grün über Grün
Das Segelboot läuft vom Betrachter aus gesehen von links nach rechts. Es zeigt seine Stb-Seite.

Rot und Grün über Rot
Der Segler läuft vom Betrachter aus gesehen von rechts nach links. Das Boot zeigt seine Bb-Seite.

Von hinten würde man Rot und Grün über dem Hecklicht sehen.

Kennzeichen eines Fahrzeugs im Lotsdienst sind die Rundumlichter Weiß über Rot.
Die Seitenlichter und das Hecklicht werden »in Fahrt« gezeigt (das heißt, auch während das Boot treibt).

Weiß über Rot über Grün und Rot
Das Fahrzeug ist ein Lotse im Dienst und läuft auf den Betrachter zu. Beide Seitenlichter sind zu sehen.

Weiß über Rot über Rot
Lotse im Dienst, Rot (unten) ist Bb-Seitenlicht.
Würde man unten Grün sehen, liefe das Boot von links nach rechts.

Weiß über Rot über Weiß
Lotse im Dienst, der sich vom Betrachter entfernt (Hecklicht).

Li

Manövrierbehinderte Fahrzeuge

Zu dieser Gruppe zählen alle Fahrzeuge, die durch ihre Arbeit in der Manövrierfähigkeit eingeschränkt sind: Kabel-, Tonnenleger, Vermesser, Unterwasserarbeiter, Versorger, Flugzeugträger, außergewöhnliche Schleppverbände, Bagger und Minenräumer.

Ihre Kennzeichen sind 3 Rundumlichter übereinander:

Rot über **Weiß** über **Rot**

Am Tage führen sie:
Ball über **Rhombus** über **Ball**

Sie gelten fast als manövrierunfähig, und selbst fischende Fahrzeuge müssen ihnen, soweit möglich, ausweichen.
Alle Fahrzeuge haben die Schiffe dieser Gruppe in ausreichendem Abstand und mit geringer Fahrt zu passieren. Kabelleger sind im Abstand von einer Meile (wenn möglich) zu umfahren.
Macht es die Größe eines Fahrzeuges bei **Taucherarbeiten** nicht möglich, die oben genannten Zeichen zu führen, kann es die Flagge »A« des Internationalen Signalbuches zeigen:

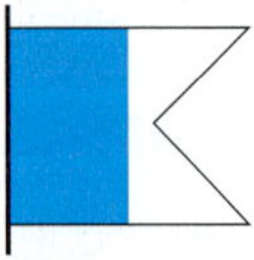

A

»Ich habe Taucher unten, halten Sie bei langsamer Fahrt gut frei von mir!«

Achtung! Abstand halten! Möglichst frühzeitig und durchgreifend handeln.

Fahrzeuge dieser Gruppe führen Seiten-, Topplicht(er) und Hecklicht nur, wenn sie Fahrt durchs Wasser machen (gezeigt ist ein Fahrzeug mit 2 Topplichtern). Treiben sie, zeigen sie nur die 3 Rundumlichter Rot–Weiß–Rot.

Manövrierbehindertes Fahrzeug von vorn. Sofort Kurs ändern, damit Sie ausreichend Abstand einhalten können.

Manövrierbehindertes Fahrzeug läuft vom Betrachter aus gesehen von links nach rechts ...

... von rechts nach links.

Manövrierbehindertes Fahrzeug läuft vom Betrachter weg.

Tiefgangbehinderte Fahrzeuge

Sie sind aufgrund ihres großen Tiefgangs behindert, vom Kurs abzuweichen. Ihre sichere Durchfahrt darf nicht behindert werden. Kennzeichen: 3 rote Rundumlichter übereinander zusätzlich zu den Navigationslichtern.

Tiefgangbehindertes Fahrzeug mit Kurs vom Betrachter weg (Hecklicht).

Tiefgangbehindertes Fahrzeug mit Kurs auf den Betrachter zu (beide Seitenlichter und Topplichter).

Tiefgangbehindertes Fahrzeug von links nach rechts (grünes Seitenlicht und Topplichter).

Tiefgangbehindertes Fahrzeug von rechts nach links (rotes Seitenlicht und Topplichter).

Bagger werden wie manövrierbehinderte Fahrzeuge gekennzeichnet. Bei Behinderung führen sie zusätzlich Lichter, die anzeigen, an welcher Seite sie zu passieren sind. Abstand halten!

Manövrierbehindertes Fahrzeug (Art nicht definierbar).

Links neben Rot-Weiß-Rot zeigen zwei rote Lichter die gesperrte Seite an, die grünen Lichter rechts kennzeichnen die freie Passierseite.

Bagger auf beiden Seiten passierbar.

Bagger hat Arbeit beendet und macht Fahrt durchs Wasser (Seitenlichter und Topplicht).

Schleppverbände

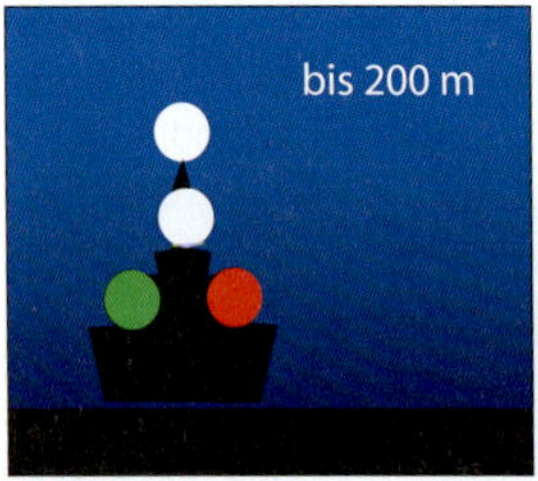

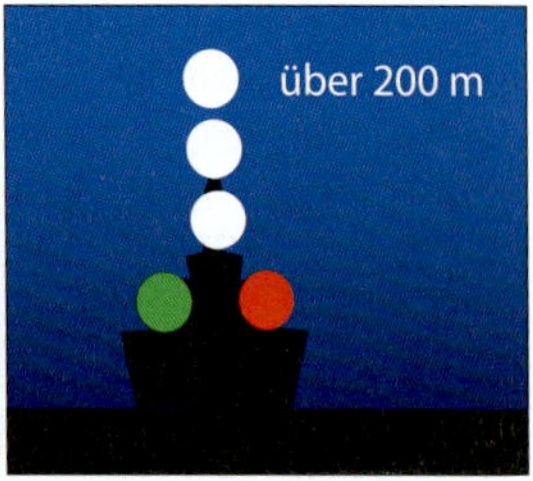

Schleppende Fahrzeuge sind zusätzlich zu Seitenlichtern und Hecklicht durch zwei weiße Topplichter übereinander gekennzeichnet, wenn der Schleppverband nicht länger als 200 m ist. Über 200 m Verbandslänge führt das schleppende Fahrzeug drei weiße Topplichter. Dies sind keine Rundumlichter, sie scheinen nur 22,5° weiter nach achtern als querab. Der Schlepper führt über dem Hecklicht ein gelbes Schlepplicht. Dadurch sind die Schwierigkeiten der Identifizierung beseitigt. Ein Schleppverband, der vom Betrachter wegläuft und seine Hecklichter zeigt, sieht wie in Skizze unten aus (fährt Kurs etwas nach rechts).

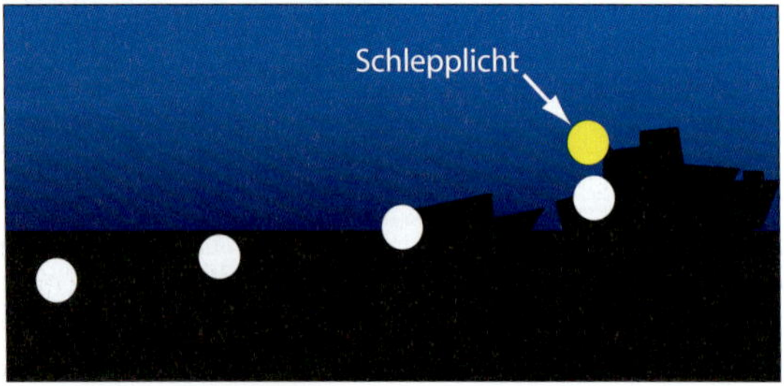

Schräg von vorn zeigt sich ein Schleppzug wie in den Abbildungen unten.
Aus Position X sieht man neben den Schlepperlichtern die Stb-Seitenlichter des Zuges, aus Position Y die Bb-Lichter.
Wäre dieser Schleppzug kürzer als 200 m, hätte der Schlepper nur 2 Topplichter.
Begehen Sie jedoch nie den Fehler, eine Gruppe von Lichtern, die von verschiedenen Fahrzeugen stammen, voneinander getrennt zu betrachten.

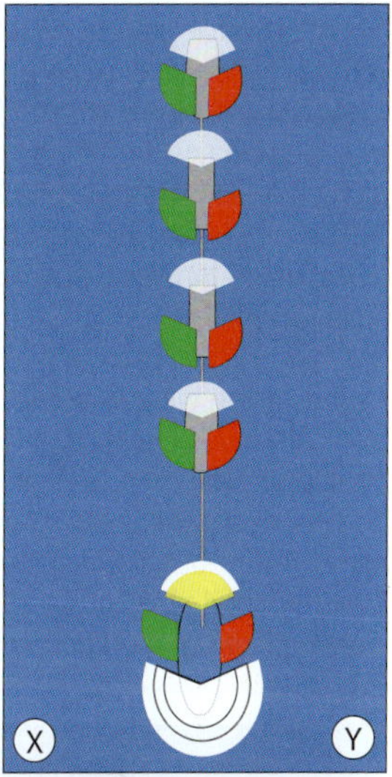

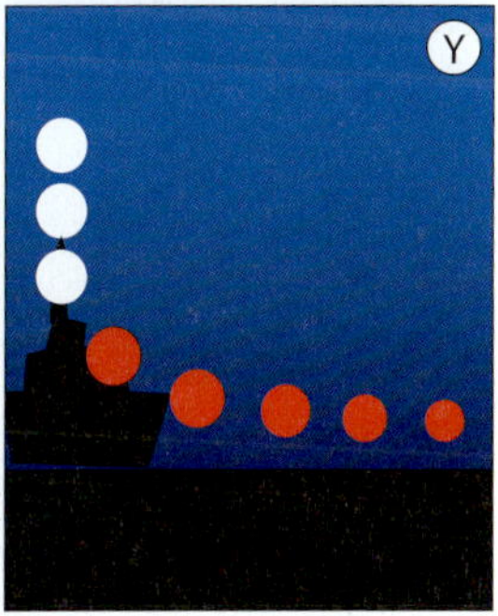

Fischereifahrzeuge

Sportfahrzeuge müssen Fischereifahrzeugen praktisch in jeder Situation ausweichen. Das bedeutet, dass der Skipper nicht nur weiträumig ausweicht, sondern auch wissen sollte, wie die wichtigsten Fanggeräte aussehen und wie weit sie sich unter der Wasseroberfläche ausdehnen.
Auf den folgenden Seiten finden Sie neben der Lichterführung auch einige Hinweise auf Art und Größe von Schlepp- und Treibnetzen.

Grundsätzlich werden bei der Kennzeichnung der Fahrzeuge zwei Arten des Fischens unterschieden: Als trawlend gelten Fahrzeuge, die ein Fanggerät schleppen; das sind alle Schleppnetzfischer und somit die überwiegende Zahl der Fischereifahrzeuge. Sie führen Grün über Weiß als Rundumlichter und ab 50 m Länge ein Topplicht achterlicher und höher als das grüne Rundumlicht (bis 50 m freiwillig).

Trawler

Treibnetzfischer

Rot über Weiß führen alle Stell- und Treibnetzfischer (nicht trawlend). Sie sind seltener anzutreffen, aber für den

Sportbootfahrer gefährlicher. Ihre Netze reichen oft viele Meilen weit nach Lee und befinden sich ganz dicht unter der Wasseroberfläche.

Nicht fischend führen Fischereifahrzeuge die ihrer Länge entsprechenden Lichter eines Maschinenfahrzeugs.

Fahrt durchs Wasser machend, müssen sie zusätzlich Seitenlichter und Hecklicht führen.

Ist das Fanggerät von Treib- oder Stellnetzfischern (nicht trawlend) weiter als 150 m in waagerechter Richtung ausgebracht, muss zusätzlich ein weißes Rundumlicht in Richtung des Fanggerätes gesetzt sein.

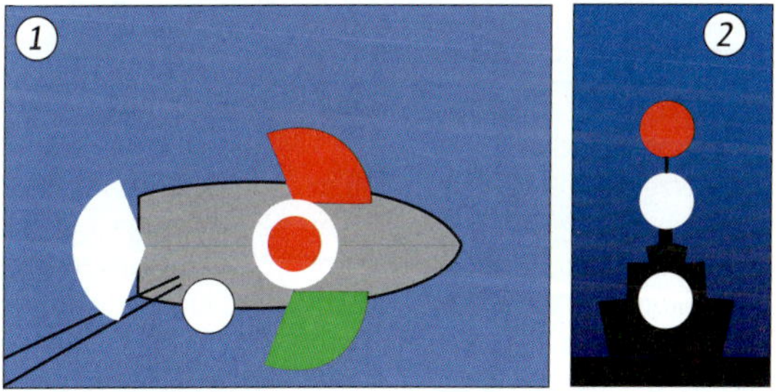

Treibnetzfischer

① Nicht trawlender Fischer mit ausgebrachtem Fanggerät, das waagerecht mehr als 150 m weit ins Wasser reicht, bei Fahrt durchs Wasser.

② Nicht trawlender Fischer mit Netz über 150 m in Fahrt (unteres Licht ist Fanggerät-Licht) oder nicht trawlender Fischer bei Fahrt durchs Wasser (unteres Licht = Hecklicht).

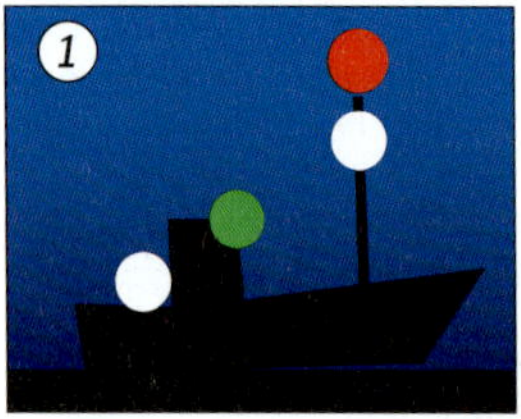

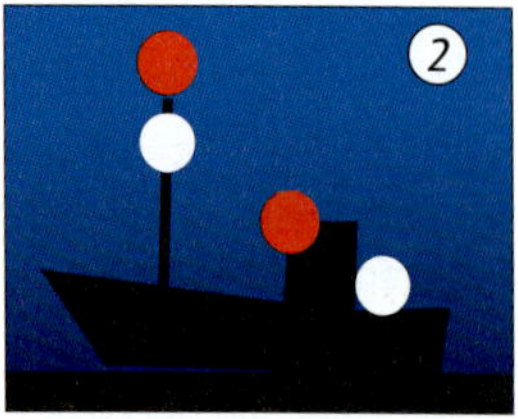

① Treib- oder Stellnetzfischer bei Fahrt durchs Wasser mit Fanggerät über 150 m, zeigt Stb-Seite (Fanggerät auf Stb)*.
② Treib- oder Stellnetzfischer bei Fahrt durchs Wasser mit Fanggerät über 150 m, zeigt Bb-Seite (Fanggerät auf Bb)*.

* Auf welcher Seite das Fanggerät ausgebracht ist, sieht man (wenn überhaupt) nur von hinten oder von vorne. Von der Seite verdecken u. U. die Aufbauten das Fanggerät-Licht, oder Arbeitslichter machen eine Identifizierung unmöglich. Das Beste ist: Abstand halten!

Netzart	Länge	Breite	Anmerkung
Schleppnetzfischer			
Scheerzeese	1000 m	200 m	siehe rechts
Tuckzeese	1000 m	300 m	2 Fahrzeuge
Pelagisch. Netz	1000 m	300 m	1 oder 2 Fahrzeuge
Baumkurre	100 m	100 m	z. B. Krabbenkutter
Treibnetzfischer			
Treibnetze	4 sm	- - -	siehe rechts
Schnurrwaden	3000 m	500 m	Schlinge mit Netz
Ringwade	500 m	500 m	siehe S. 47
Fischer mit Angelleinen			
Schleppangler	100 m	100 m	oft mit Scherbrettern
Langleinen	2 sm	- - -	bis 40 000 Haken
Treibangeln	1 sm	- - -	bis 10 000 Haken

Fanggeräte *– Es gibt viele unterschiedliche Fanggeräte. Hier eine Übersicht (die Daten sind Maximalwerte).*

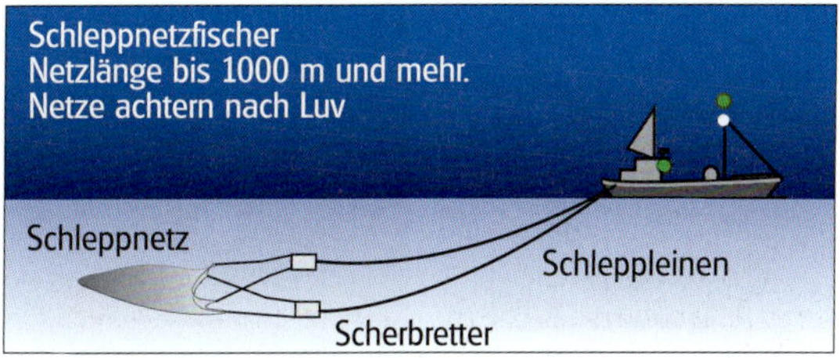

Schleppnetzfischer (Scheerzeese) haben das Fanggerät immer hinter oder schräg hinter sich. Die Schleppgeschwindigkeit durchs Wasser liegt bei 3 bis 4 Knoten. Am besten Kurs weit genug hinter den Fischer ändern, dabei mindestens 500 m frei halten.

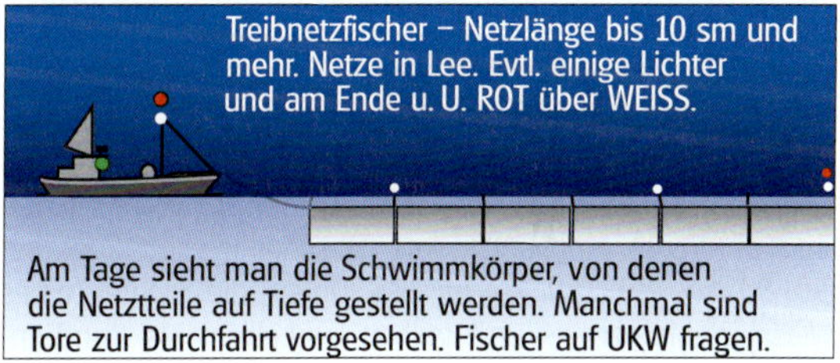

Treibnetzfischer haben die Netze in Lee. Die Netze liegen vom Fahrzeug gesehen mit dem Wind (Abb.).

Ringwaden werden von zwei Booten ausgebracht. Der Durchmesser der Netzschlinge ist bis 500 m groß.

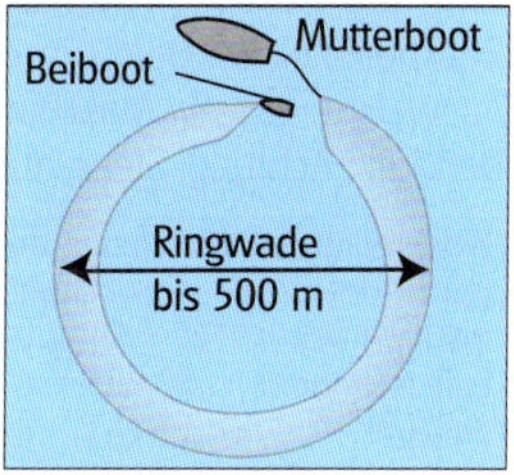

Luftkissenfahrzeuge

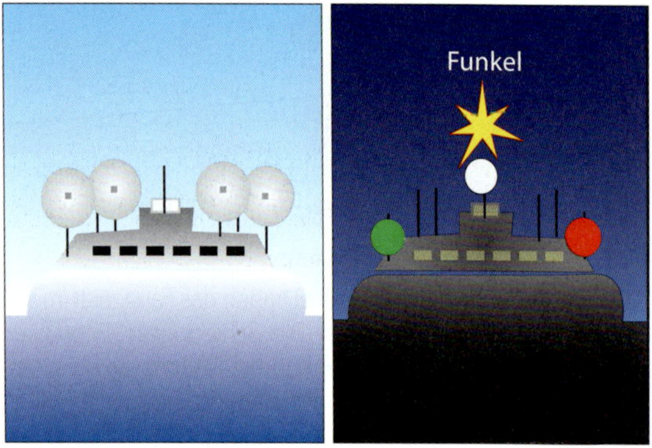

Luftkissenfahrzeug von vorn: Man sieht meistens nur einen Haufen Gischt, der von Aufbauten überragt wird, und nachts fällt in erster Linie das gelbe Funkellicht auf.
Verhaltensregeln s. nächste Seite.
Luftkissenfahrzeuge (Hover Crafts) werden im Wesentlichen im Fährdienst eingesetzt. Ihre Geschwindigkeit liegt bei 50–80 kn (80–150 km/h). Sie führen die Lichter eines Maschinenfahrzeugs und gelbes Funkellicht als Rundumlicht. Die extrem hohen Geschwindigkeiten verkürzen die Reaktionszeit an Bord um das 2- bis 3fache. Es gelten die Ausweichregeln für Maschinenfahrzeuge in Fahrt.
Dennoch Achtung! Siehe auch nächste Seite.

Beispiel für die Verkürzung der Reaktionszeit bei der Begegnung mit Hochgeschwindigkeitsfahrzeugen (Eigengeschwindigkeit nicht berücksichtigt). Lichter tauchen im Abstand von 6 sm auf.

Luftkissenboot -›	60 kn -›	6 sm -›	6 min bis Kollision
Frachter -›	15 kn -›	6 sm -›	24 min bis Kollision

HSCs sind Mehrrumpffahrzeuge, führen die Lichter von Maschinenfahrzeugen und sind extrem schnell.

Hochgeschwindigkeitsfahrzeuge (HSCs – High Speed Crafts) werden meist im Fährbetrieb eingesetzt und fahren etwa doppelt so schnell wie Einrumpffähren, d.h. ca. 30–50 kn (50–90 km/h).
In See- und Sportbootkarten sind die Routen normalerweise verzeichnet.
Trotzdem Achtung!
Auch HSCs entwickeln Wellenschlag und Sog.
In dieser Situation sollte man sich auf jeden Fall der richtigen Position und Wirksamkeit des Radarreflektors sicher sein können.
Meiden Sie nach Möglichkeit die Routen von HSCs; falls das nicht möglich ist:

- Ausguck – besonders wachsam sein
- Starke Handlampe bereithalten zum Anleuchten der Segel
- Im Zweifelsfall mit Suchscheinwerfer anblinken (5 x kurz)
- Vermeiden Sie Manöver, die der andere missverstehen könnte
- Wenn alles nichts nützt – weißen Stern schießen

Bodeneffektfahrzeuge (BEF)

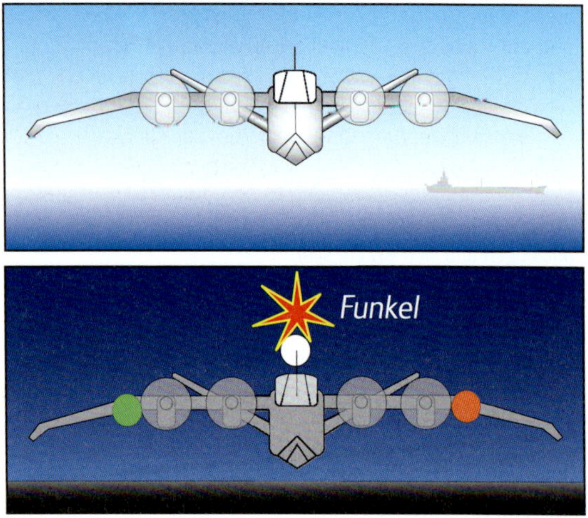

Bodeneffektfahrzeuge (BEF) sind Flugzeuge, die die in Bodennähe entstehende Verbesserung des Gleitwinkels ausnutzen. Als Bodennähe in diesem Sinn bezeichnet man die halbe Höhe als Flügelspannweite: Das heißt, ein BEF mit einer Flügelspannweite von 20 m hat bis ca. 10 m Höhe den Bodeneffekt.

Im Wasser: BEFs müssen sich, solange sie im Wasser sind, wie Maschinenfahrzeuge verhalten.

In der Luft: Sobald BEFs das Wasser verlassen und im oberflächennahen Bereich fliegen, müssen sie sich von allen anderen Fahrzeugen gut klar halten!

Nachts müssen BEFs bei Start, Landung und im oberflächennahen Bereich zusätzlich zu den Lichtern für ein Maschinenfahrzeug ein leistungsstarkes rotes Funkellicht führen.

Seit etwa hundert Jahren sind immer wieder BEFs gebaut und mit mehr oder weniger Erfolg eingesetzt worden. Die Verbreitung ist noch sehr gering. Sie werden zum Personen- und Gütertransport und natürlich zu militärischen Zwecken verwendet. Man baut sie als kleine Flitzer für 1 bis 2 Personen mit 100 km/h Geschwindigkeit bis hin zu 1500 Tonnen schweren, mit Raketen bestückten und bis 800 km/h schnellen Monstern.

Fahrzeuge beim Minenräumen

Der Minenräumer führt zusätzlich zu den Lichtern des Maschinenfahrzeugs drei grüne Rundumlichter: eins davon nahe dem Vormasttopp, die beiden anderen an den Enden der vorderen Rah. Die grünen Lichter zeigen seine eingeschränkte Manövrierfähigkeit an und weisen darauf hin, dass

Fahrzeuge beim Minenräumen

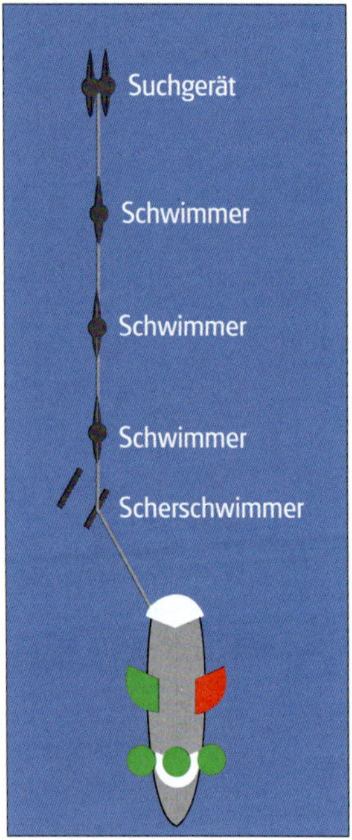

Fahrzeug beim Minenräumen von oben gesehen, mit dem weit nach achtern und seitlich laufenden Suchgerät

man sich dem Fahrzeug nicht weiter als bis auf 1000 m nähern soll. Diesen Abstand soll man nicht nur der eingeschränkten Manövrierfähigkeit wegen einhalten. Es besteht zusätzlich die Gefahr, dass der Magnetkompass Ihres Bootes durch das Räumgerät für Magnetminen einen dauerhaften Schaden nimmt.

Schallsignale

Ss

Die KVR und die SeeSchStrO schreiben eine Reihe von Schallsignalen vor, die zur besseren Übersicht in folgende Gruppen eingeteilt sind:

Manöver- und Warnsignale – Das sind Pfeifensignale, die von Fahrzeugen gegeben werden, wenn sie bei guter Sicht Manöver einleiten oder jemanden warnen wollen.

Schallsignale bei verminderter Sicht – Das sind »Nebelsignale«, die mit Pfeife, Glocke und Gong nur bei verminderter Sicht gegeben werden.

Schließlich gibt es noch Schallsignale, die von Schleusen, Brücken und Sperrwerken gegeben werden, und zusätzliche Signale für den Nord-Ostsee-Kanal (s. S. 241).

Schallsignale

Man unterscheidet folgende Schallsignalanlagen:

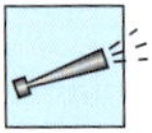

Pfeife – Das ist das Signalhorn bzw. auf großen Schiffen das Tyfon. Damit werden kurze und lange Töne gegeben.

Glocke – Die Schiffsglocke ist das traditionelle Gerät für Nebelsignale von Ankerliegern und Grundsitzern. Man unterscheidet zwischen Einzelschlag und raschem Läuten.

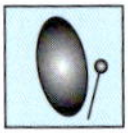

Gong – Er wird zusätzlich zu dem Glockensignal von Schiffen über 100 m Länge eingesetzt.

Boote von weniger als 12 m Länge
brauchen nur ein »Gerät zur Abgabe eines kräftigen Schallsignals«.

Boote von 12 m Länge und mehr
müssen mit einer Pfeife,
Boote von 20 m Länge und mehr
zusätzlich mit einer Glocke ausgerüstet sein.

So sind die Schallzeichen definiert:

Pfeife: ● = kurz (1 s) ▬ = lang (4 bis 5 s)

Glocke:  = Einzelschlag  = rasches Läuten (5 s)

●	Ich ändere meinen Kurs nach Steuerbord
●●	Ich ändere meinen Kurs nach Backbord
●●●	Meine Maschine dreht rückwärts
●●●●● mind.	»Weckruf«, wenn man nicht versteht, was der andere macht, um Zusammenstoß zu vermeiden (Manöver)
▬ ▬ ●	Ich will Sie an Stb überholen (enges Fahrwasser)
▬ ▬ ●●	Ich will Sie an Bb überholen (enges Fahrwasser)
▬ ● ▬ ●	Antwort: Sie können mich entsprechend überholen
▬	Nähere mich einer Krümmung (oder unübersichtlichem Abschnitt) eines Fahrwassers. Wer das Signal jenseits der Krümmung (oder des Sichthindernisses) hört, muss mit einem langen Ton antworten.

Schallsignale bei verminderter Sicht

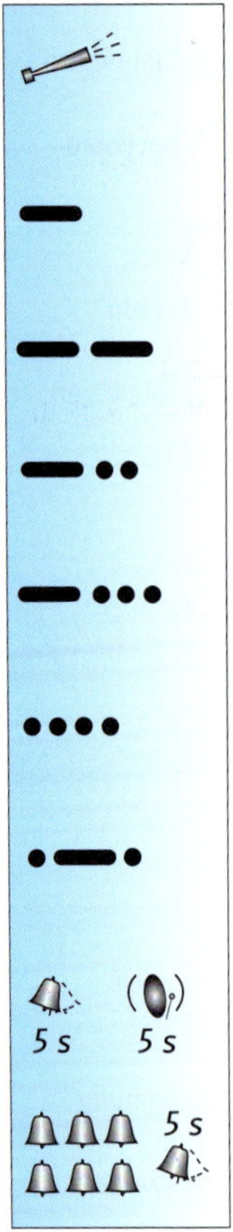

Boote von weniger als 12 m Länge geben irgendein Schallsignal (vernünftigerweise mit Signalhorn) (mind. alle 2 min)

Maschinenfahrzeug, das Fahrt durchs Wasser macht (mind. alle 2 min)

Maschinenfahrzeug in Fahrt, das Maschine gestoppt hat und keine Fahrt durchs Wasser macht (mind. alle 2 min)

Alle anderen Fahrzeuge, auch Segelboote über 12 m Länge (mind. alle 2 min)

Letztes Fahrzeug im Schleppverband (mind. alle 2 min)

Erkennungssignal: Lotse im Dienst (darf zusätzlich, mind. alle 2 min)

Ankerlieger macht auf seinen Standort aufmerksam (bei Bedarf)

Fahrzeug vor Anker; ab 100 m Länge zusätzlich vom Heck Gong schlagen (mind. jede min)

Grundsitzer; ab 100 m Länge zusätzlich vom Heck etwa 5 s Gong schlagen (mind. jede min)

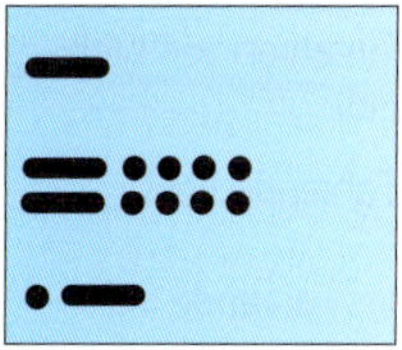

Achtungssignal
(nicht auf Nord-Ostsee-Kanal)

Gefahr- und Warnsignal
Allgemeines Gefahr- und Warnsignal

Bleib-weg-Signal
mind. 5 x / min mit jeweils
2 s Zwischenpause

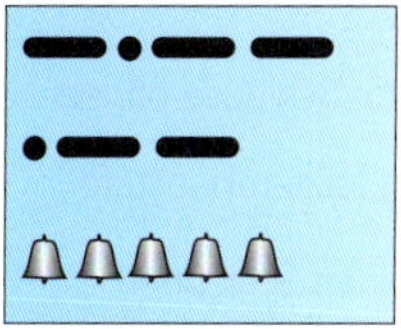

Bei verminderter Sicht
bugsierte Maschinenfahrzeuge in Fahrt (mind. alle 2 min)

frei fahrende Fähren

nicht frei fahrende Fähren
(dauernde Einzelschläge)

Ausweichsignal
Ich will links ausweichen

Schallsignale (SeeSchStrO)

Brücke, Sperrwerk, Schleuse
Durchfahren/Einfahren verboten (vorübergehend)

für seewärts Fahrende frei

für binnenwärts Fahrende frei

Seeschifffahrtsstraße gesperrt

Brücke/Sperrtor/Schleuse öffnen

öffnen bis zur letzten Hubstufe

Ich möchte einen Schlepper

Flaggenführung

In Deutschland wird die Flaggenführung durch das Gesetz über das Flaggenrecht der Seeschiffe und die Flaggenführung der Binnenschiffe (Flaggenrechtsgesetz) geregelt. Seeschiffe sind aus dieser Sicht alle Fahrzeuge, die zur Seefahrt bestimmt sind (in Zweifelsfällen entscheidet der Wille des Eigners). D. h. wer einmal im Jahr die Seegrenze passiert oder es zumindest vorhat, bestimmt damit sein Boot zum Seeschiff. Die Nationalflagge ist direkt mit den Hoheitsrechten des Staates verknüpft und gilt als Hoheitszeichen.

Die Bundesflagge müssen führen:
Seeschiffe (-yachten), deren Eigner (auch juristische Personen usw.) Deutsche sind und die ihren Wohnsitz im Geltungsbereich des Grundgesetzes haben.

Die Bundesflagge dürfen führen:
Seeschiffe (-yachten), deren Eigner Deutsche sind ohne Wohnsitz im Geltungsbereich des Grundgesetzes.
Die Berechtigung, die Bundesflagge zu führen, wird für Boote bis 15 m Rumpflänge durch das *Flaggenzertifikat* nachgewiesen, über 15 m Rumpflänge durch das *Schiffszertifikat* (siehe Seiten 233, 234).
Seeschiffe, die die Bundesflagge führen, dürfen als Nationalflagge andere Flaggen nicht führen.

Charteryachten führen die Nationalflagge ihres Eigners (nur in Finnland wird die Nationalflagge des Charterers gesetzt).

Nationalflagge

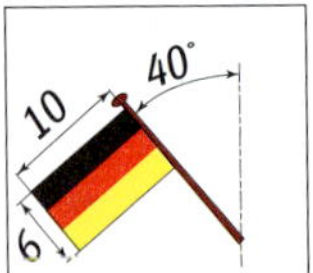

Die Nationalflagge soll das Seitenverhältnis 6 : 10 haben, der Flaggenstock am Heck eine Neigung von etwa 40 Grad nach achtern, damit die Flagge auch bei Windstille klar fällt. Die Hafenflagge soll grundsätzlich größer sein als die Seeflagge.

Motorboote fahren die Nationalflagge grundsätzlich am Heck. Segelboote können sie am Heck fahren (wenn einmastig); im Hafen oder vor Anker wird sie stets als Heckflagge gesetzt.

Unter Segel kann die Nationalflagge am Achterliek im oberen Drittel des Großsegels gefahren werden oder am Flaggenstock am Heck.

Gaffel getakelte Segelboote fahren unter Segel die Nationalflagge an der Gaffel.

Auf einer Ketsch oder Yawl wird die Nationalflagge in Fahrt im Besantopp geführt.

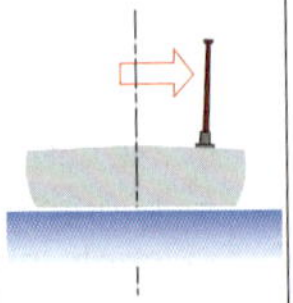

Kann der Flaggenstock am Heck aus baulichen Gründen nicht mittschiffs stehen, wird er nach Steuerbord versetzt.

Von den Flaggengebräuchen hat sich nur ein Minimum bis in die heutige Zeit erhalten. Die im Folgenden aufgeführten Gebräuche sollen jedoch jedem Skipper geläufig sein, da sie, wie der tägliche Gruß, zum guten Ton gehören. Heutzutage muss man z. B. im Urlaub nicht mehr den Wecker stellen, um die um 8 Uhr morgens übliche Flaggenparade im Hafen mitzumachen.

Hier sind die Flaggengebräuche so geschildert, wie die Etikette sie vorschreibt.

Flaggenparade – ist das morgendliche Vorheißen und abendliche Einholen der Flaggen. Traditionell sind die Flaggen vom 1. Mai bis 30. September von 08.00, in den übrigen Monaten von 09.00 bis Sonnenuntergang vorgeheißt, spätestens jedoch bis 21.00.

Sofern Kriegsschiffe im Hafen oder auf Reede sind, richtet man sich nach ihnen, sonst nach der größten Yacht oder dem Flaggenmast des ansässigen Vereins. Die Nationalflagge wird als erste Flagge vorgeheißt und als letzte eingeholt.

Geht man vorzeitig von Bord, werden die Flaggen vorher eingeholt, denn das Wehenlassen der Flaggen über Nacht im Hafen gilt als Zeichen von Nachlässigkeit.

Dippen – ist der Gruß mit der Nationalflagge. Der Flaggengruß ist freiwillig, die Erwiderung jedoch Pflicht.

Die zuerst grüßende Yacht holt die Flagge 1/3 nieder und heißt sie wieder vor, wenn die andere Yacht die Flagge niedergeholt hat. Falls dies wegen zu kurzem Flaggenstock nicht möglich ist, wird durch Senken des Flaggenstocks mit der Flagge gegrüßt.

Dippen

Zuerst grüßt:

das Boot in Fahrt	– ein still liegendes Fahrzeug
das ein- und auslaufende Boot	– die Schiffe und Personen im Hafen und an Land
der Auslaufende	– den Einlaufenden
der Überholer	– den Überholten

Eine Ausnahme bilden Kriegsschiffe, sie werden stets zuerst gegrüßt. Dabei wird die eigene Flagge erst dann wieder geheißt, wenn das Kriegsschiff dies bereits getan hat. Fahren die Kriegsschiffe im Verband, grüßt man das Schiff mit dem Führungsstander.

Flaggengala – ist das Flaggen über die Toppen zu festlichen Anlässen im Hafen oder vor Anker. Von vorn (Vorsteven oder Klüvernock) werden in gleichen Abständen je zwei Signalflaggen und ein Signalwimpel oder -stander abwechselnd über die Toppen bis achtern zur Baumnock gesetzt. Auf Einmastern wird die Nationale neben dem Stander im Großtopp gefahren, auf einer Yawl oder Ketsch bleibt sie am Besantopp. Unter den Klüver oder Vorsteven kommt die Renn-, Haus- oder Unterscheidungsflagge.

Soll die Flagge eines Staates geehrt werden, so wird sie anstelle der eigenen Nationale neben den Stander gesetzt. Motoryachten haben auch in Fahrt dieselbe Flaggengala, Segelboote jedoch flaggen dann über die Nocken der Salinge.

Trauer – ist das Halbmastfahren der Flaggen. Trauer wird allgemein nur im Hafen und vor Anker gezeigt, mit einem Toten an Bord jedoch auch in Fahrt. Einer allgemeinen Hafen- oder Landestrauer folgen alle Yachten. Da mit einem kurzen Flaggenstock ein Setzen der Flagge auf halbmast nicht möglich ist, wird über der Flagge ein Trauerflor befestigt. Der Stander wird in Höhe der Salinge und nicht im Topp gesetzt.

Im deutschen Hoheitsgebiet

Im Hafen oder vor Anker wird die Bundesflagge am Heck, in Fahrt so wie auf S. 60 beschrieben gesetzt, die Flagge der Kreuzer-Abteilung des DSV (und/oder, von Besitzern des Internationalen Bootsscheins, die DSV-Flagge) unter der Stb-Saling. Der Vereinsstander wird im Großtopp gefahren (Tag und Nacht) oder an oberster Stelle unter der Bb-Saling (nachts einholen).

Inland

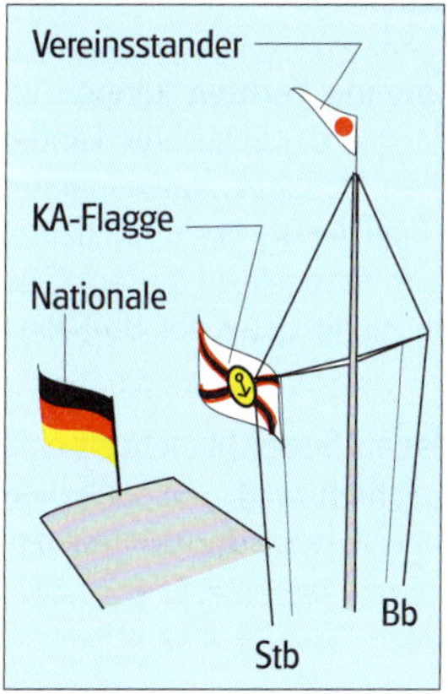

Ausland

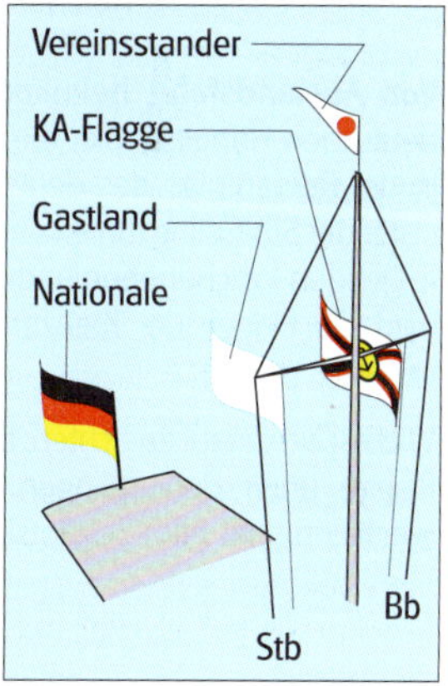

Ff

In ausländischen Hoheitsgebieten
Bei der Einfahrt in den Hafen eines Gastlandes wird die Gastlandflagge unter der Stb-Saling gesetzt, die Flagge der Kreuzer-Abteilung unter der Bb-Saling. Nationalflagge und Stander werden an der üblichen Stelle gefahren.

Flaggen von zuvor besuchten Ländern werden nicht gezeigt (siehe unten).

Europaflagge – darf nur so gefahren werden, dass Zweifel an der Bundesflagge als alleiniger Nationalflagge ausgeschlossen sind – z. B. unter der Saling.

Auf See wird die Nationalflagge nicht geführt. Sie sollte gesetzt werden in Hoheitsgewässern, bei Annäherung von Kriegsschiffen und Behördenfahrzeugen, auf Revieren und in der letzte Phase der Hafenansteuerung.

Von Auslandsfahrt heimkommende Yachten können im deutschen Hoheitsgebiet die Flaggen der besuchten Länder in der Reihenfolge des deutschen Alphabets untereinander unter der Stb-Saling führen: am Tage der Heimkehr, am darauf folgenden Wochenende und beim Absegeln. In diesem Falle wird die Flagge der Kreuzer-Abteilung unter der Bb-Saling gesetzt.

Wichtig ist, darauf zu achten, dass auf See nicht mehr als eine Flagge unter den Salingen gefahren wird, um eine Verwechslung mit dem Seenotsignal NC (s. S. 70) zu vermeiden.

Das Internationale Signalbuch (ISB) der Seeschifffahrt dient der Sicherheit der Schifffahrt und der Menschen auf See, besonders dann, wenn Sprachschwierigkeiten auftreten.

Das ISB eignet sich für alle Übermittlungsarten (z. B. Flaggen-, Blink-, Schallsignalisieren, Telegrafie- und Sprechfunk). Es ist auf dem Grundsatz aufgebaut, dass jedes Signal eine vollständige Bedeutung hat.

Der Sportskipper braucht das ISB nicht an Bord mitzuführen, sollte jedoch mit den Grundlagen des Signalisierens für den Notfall – und nicht nur für den eigenen, sondern auch, um helfen zu können – vertraut sein.

Auf den folgenden Seiten finden Sie den Ablauf des Flaggensignalisierens, die Buchstabenflaggen, die Zahlen- und den Antwortwimpel sowie die Hilfsstander. Ferner eine Flaggenauswahl und die wichtigsten Signale für die Bedürfnisse auf Sportbooten.

Hier noch einige Begriffe aus dem ISB:
Aufgeber – ist derjenige, der das Signal gibt

Empfangsstelle – ist die Stelle, bei der die Nachricht aufgenommen wird

Empfänger – ist derjenige, für den die Nachricht bestimmt ist

Stelle – bedeutet ein Seefahrzeug, Flugzeug oder jede andere Einrichtung, die in der Lage ist, auf irgendeine Art Nachrichten zu übermitteln

Heiß – das sind eine oder mehrere Signalgruppen, die an einer Flaggleine gesetzt sind

Buchstabenflaggen, Schlüsselwörter

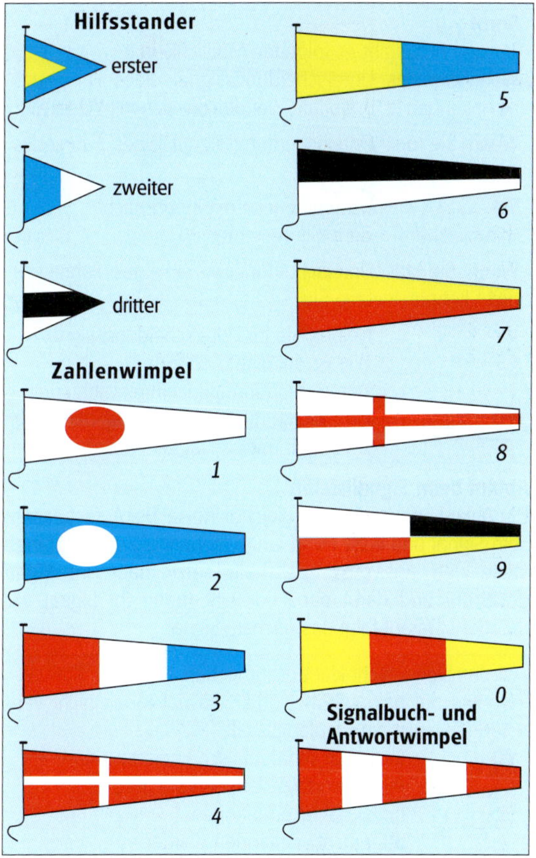
Hilfsstander
erster
zweiter
dritter
Zahlenwimpel
1
2
3
4
5
6
7
8
9
0
Signalbuch- und
Antwortwimpel

Anruf

Für den Anruf gibt es folgende Möglichkeiten:

Wenn Sie das Unterscheidungssignal eines Fahrzeugs nicht kennen (z. B. Notfall), wenden Sie sich mit **YU** an alle.

Wenn Sie das Unterscheidungssignal eines Fahrzeugs kennen, setzen Sie

YU + Rufzeichen → Ich werde jetzt mit Ihnen nach dem ISB verkehren

Wenn Sie das Unterscheidungssignal eines Fahrzeugs nicht kennen, setzen Sie

VF → Heißen Sie Ihr Unterscheidungssignal

CS → Wie ist der Name oder das Unterscheidungssignal Ihres Fahrzeugs

YQ → Ich möchte mit dem Fahrzeug in Peilung ... von mir mittels Flaggen verkehren

Ablauf beim Signalisieren

Der Ablauf erfolgt immer in gleicher Weise: Der Aufgeber setzt sein Signal und lässt es so lange stehen, bis die Empfangsstelle den Antwortwimpel halb setzt (habe Ihr Signal gesehen) und dann ganz vorheißt (habe Ihr Signal verstanden). Darauf folgt das nächste Signal.

Ist das Signal nicht klar auszumachen, bleibt der Antwortwimpel auf halber Höhe, und wird der Inhalt nicht verstanden, setzt die Empfangsstelle

ZQ → Ihr Signal scheint falsch kodiert zu sein. Prüfen und wiederholen Sie alles

ZL → Ihr Signal ist empfangen, aber nicht verstanden worden

Wenn alle Kommunikationsmittel versagen, bleibt das Flaggensignal die letzte Verständigungsmöglichkeit. Hier sehen Sie eine Auswahl von acht Flaggen, mit denen die notwendigsten Signale gegeben werden könnten.

Es sind Ein- und Zweiflaggensignale, die Sie, nach Bedeutung geordnet, auf den folgenden Seiten finden. Sie entsprechen dem Internationalen Signalbuch. Internationale Buchstabiertafel und Morsezeichen sind im Anhang abgedruckt (S. 280/281).

Diese Flaggen reichen aus, um die wichtigsten Flaggensignale geben zu können.

Buchstabenflagge		Schlüsselwort	Aussprache
	**A**	Alfa	**AL** FAH
	**C**	Charlie	**TSCHAH** LI
	**G**	Golf	GOLF
	**N**	November	NO **WEMM** BER
	**O**	Oscar	**OSS** KAR
	**Q**	Quebec	**KI** BECK
	**V**	Victor	**WICK** TAR
	**W**	Whiskey	**WISS** KI

Flaggensignale

Hier die wichtigsten Signale, die mit der Flaggenauswahl von Seite 69 möglich sind:

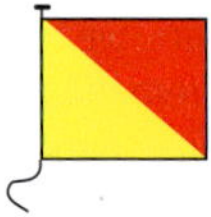	***O**scar*	Mensch (Mann) über Bord (MOB)
	***V**ictor*	Ich benötige Hilfe
	***W**hiskey*	Ich benötige ärztliche Hilfe
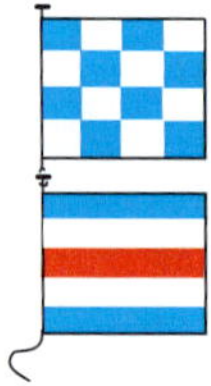	***N**ovember* ***C**harlie*	Ich bin in Not und benötige sofortige Hilfe

Sie sollten Ihr Fahrzeug
so schnell wie möglich verlassen

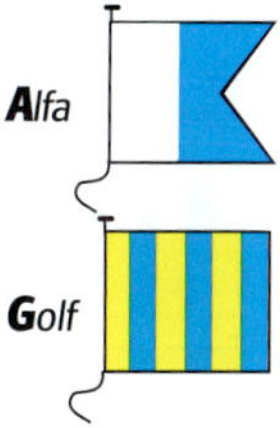

Ich benötige einen Arzt

Ich habe einen Verletzten,
der übernommen werden muss

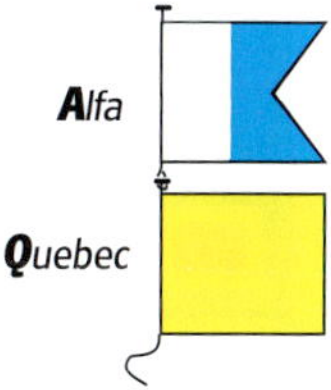

Golf

Quebec

Ich kann wegen des Wetters nicht zu Hilfe kommen; tun Sie alles, was Sie können

---

Golf

Victor

Versuchen Sie, mir eine Leine zu geben

Golf

Whiskey

Mensch (Mann) über Bord. Unternehmen Sie etwas, um ihn aufzunehmen

Halten Sie sich bereit, mir zu helfen

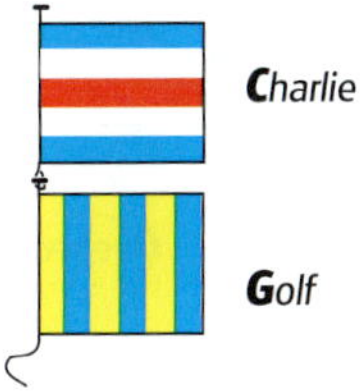

Ich bin nicht in der Lage, Hilfe zu leisten

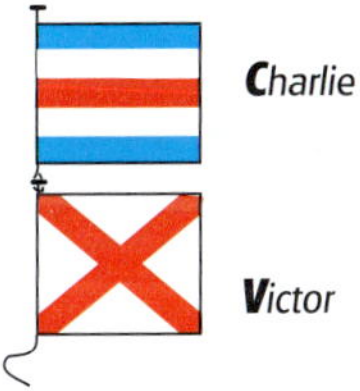

Übernehmen Sie die Menschen

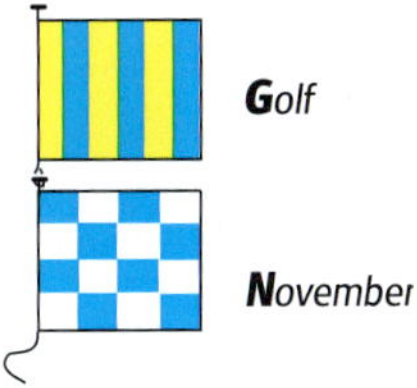

Flaggensignale

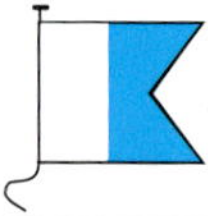

***A**lfa*

Ich habe Taucher unten, halten Sie bei langsamer Fahrt gut frei von mir

---

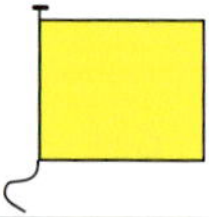

***Q**uebec*

An Bord ist alles »gesund«, und ich bitte um freie Verkehrserlaubnis

---

***Q**uebec*

***N**ovember*

Kommen Sie an Steuerbord längsseits

***C**harlie*

Ja (Bejahend oder »Die Bedeutung der vorangegangenen Gruppe ist als bejahend zu verstehen«)

***N**ovember*

Nein (Verneinend oder »Die Bedeutung der vorangegangenen Gruppe ist als Verneinung zu verstehen«). Darf nur als Schall- oder optisches Signal verwendet werden

Sicherheit

Si

Die wichtigsten Kriterien für die Sicherheit einer Yacht sind:

- Fähigkeit und Eignung von Skipper und Crew
- Baumerkmale der Yacht
- sicherheitstechnische Ausrüstung
- Einsatzbereitschaft und Betriebssicherheit von Boot und Ausrüstung

Der Skipper ist für Schiff und Besatzung verantwortlich. Er muss diese Kriterien richtig einschätzen.
Grundlage für die Beurteilung der Baumerkmale und der sicherheitsrelevanten Ausrüstung bilden die Bauvorschriften des Germanischen Lloyd (GL) sowie die **»Sicherheitsrichtlinien«** der Kreuzer-Abteilung des Deutschen Segler-Verbandes, *internationale und nationale Richtlinien für die Mindest-Sicherheitsausrüstung und -einrichtung seegehender Segelyachten.* Die Schwerpunkte dieser Richtlinien finden Sie auf den Seiten 80–83.
Einsatzbereitschaft und Betriebssicherheit ergeben sich aus ständiger, vorbeugender Kontrolle, Wartung und Pflege sowie dem richtigen und angemessenen Einsatz, was heute auf einer Yacht ein ziemlich breit gefächertes, technisches Wissen voraussetzt.

Si

Erfahrung des Skippers

Die meisten »Unfälle« auf See, die mit tödlichem Ausgang oder/und Verlust des Schiffes enden, sind auf Leichtsinn und damit auf falsche Einschätzung der Probleme zurückzuführen. Es ist ja auch etwas verwirrend, wenn beispielsweise Hannes Lindemann den Atlantik mit einem Faltboot erfolgreich überquert, während ein anderer Skipper seine neue 100 000-Euro-Yacht in einer Flussmündung versenkt.
Hier zeigt sich am deutlichsten, welch entscheidende Rolle Erfahrung und Fähigkeiten des Skippers spielen.

Ein guter Maßstab für die richtige Einschätzung des eigenen Könnens ist der Erwerb von freiwilligen amtlichen Befähigungsnachweisen (vgl. »Bootsführerscheine« S. 232).

Unabhängig von Antriebsart und Größe des Bootes sollte außer dem Skipper mindestens ein Crewmitglied in der Lage sein, durch geeignete Manöver an einen über Bord Gefallenen heranzukommen und ihn auch ohne eigenes Zutun wieder an Bord zu holen.

Weiter muss die Crew mit den Sicherheitsvorrichtungen an Bord vertraut sein. Außerdem muss der Skipper von eventueller Farbenblindheit oder eingeschränktem Sehvermögen der Crewmitglieder Kenntnis haben.

Beim Familientörn mit Frau und Kind gilt es vor allem zu verhindern, dass der Skipper über Bord geht. D. h. in schlechtem Wetter geht niemand ohne eingehakten Sicherheitsgurt an Deck. Auch der Rudergänger hat die Sorgleine seines Sicherheitsgurts eingehakt.

Da anzunehmen ist, dass in hartem Wetter der Skipper die schwere Decksarbeit am sichersten verrichten kann, macht es sich bezahlt, die Familie möglichst oft ans Ruder zu lassen, damit Frau oder Kind in der Lage sind, Manöver sicher zu fahren. Es ist ratsam, ihnen eine vernünftige Gefahreneinweisung zu geben und mit ihnen den Ernstfall einige Male zu trainieren.

Dabei wird viel zu oft übersehen, dass der erste Griff, nachdem der »Mensch über Bord« ist, nicht der Pinne gilt, sondern dem Rettungskörper mit Blitzboje, Schwimmflagge und Schwimmleine. Erst der zweite Griff leitet dann das »Mensch-über-Bord-Manöver« ein.

Die »Sicherheitsrichtlinien« stellen für verschiedene Fahrtgebiete unterschiedliche Anforderungen an den Sicherheits- und Einrichtungsstandard.

Seegehende Yachten, Fahrtenschiffe also, sollten so ausgerüstet sein, wie es in den »Sicherheitsrichtlinien« für das Fahrtgebiet 2 empfohlen wird – siehe die Seiten 80–83, auf denen das Fahrtgebiet 2 eigens kenntlich gemacht ist.

Eine Segelyacht wird dem Anspruch »Fahrtenschiff« also dann gerecht, wenn sie ihren Baumerkmalen und der Ausrüstung entsprechend offene Seeräume über Distanzen von 200 bis 300 sm befahren kann – bei aller Relativität, mit der eine solche Aussage behaftet ist.

Für Mehrrumpfboote gibt es zusätzliche Empfehlungen, die in den »Sicherheitsrichtlinien« der Kreuzer-Abteilung des Deutschen Segler-Verbandes nachzulesen sind.

Einteilung der Fahrtgebiete

Die Fahrtgebiete sind in sechs Kategorien eingeteilt:

Fahrtgebiet 0 Trans-Ocean-Fahrten, bei denen eine Yacht ganz auf sich allein gestellt für längere Zeiträume in der Lage sein muss, mit schweren Stürmen fertig zu werden, und darauf vorbereitet sein muss, ernsten Notsituationen ausgesetzt zu sein, ohne Hilfe von außen erwarten zu können.

Fahrtgebiet 1 Langstreckenfahrt fern von Küsten, während derer eine Yacht völlig auf sich allein gestellt für längere Zeiträume in der Lage sein muss, schweren Stürmen standzuhalten, und darauf vorbereitet sein muss, ernsten Notsituationen ausgesetzt zu sein, ohne Hilfe von außen erwarten zu können.

Fahrtgebiet 2 Fahrten von längerer Dauer, nicht allzu weit von Küstenlinien entfernt oder in großen ungeschützten Buchten oder auf Seen, wo ein hohes Maß an Unabhängigkeit der Yachten verlangt wird, aber eine angemessene Wahrscheinlichkeit besteht, dass im Falle von ernsten Notsituationen Hilfe von außen herangerufen werden kann.

Fahrtgebiet 3 Fahrten über offenes Wasser, das relativ geschützt ist oder nahe der Küstenlinie verläuft, einschließlich Fahrten kleiner Yachten.

Fahrtgebiet 4 Kurze Fahrten in Landnähe in relativ warmen oder geschützten Gewässern, die normalerweise bei Tageslicht durchgeführt werden.

Fahrtgebiet 5 Binnenreviere

Ausrüstungsumfang für Fahrtenyachten ▸

Ausrüstung nach Fahrtgebieten

Allgemeine Ausrüstung	Fahrtgebiet					
	0	1	2	3	4	5
Feuerlöscher, mind. 2, davon einer für die Brandklassen A, B u. C geeignet (s. S. 104), wenn Kocher oder Motor an Bord	•	•	•	•	•	•
Bilgepumpen, fest eingebaut, handbedient, zwei	•	•	•			
Bilgepumpen, fest eingebaut, handbedient, eine				•		
Handlenzpumpe					•	•
2 Pützen mit ca. 10 l und mit Leine	•	•	•	•	•	
2 Anker mit Kette bzw. Kette und Trosse	•	•	•	•		
Geschlossene oder verschließbare Bugklüse		•				
Schlepptrosse von mindestens fünffacher Schiffslänge	•	•	•	•		
Mindestens 2 Handlampen (eine zum Morsen geeignet) mit Reservebatterien und -birnen	•	•	•	•		
1 Handlampe mit Reservebatterien und -birne					•	•
Nebelhorn (ab 12 m Lüa nur baumustergeprüfte Schallsignalanlagen und Glocken)	•	•	•	•	•	
Radarreflektor (ISO 8729)	•	•	•	•	•	
Satz internationaler Signalflaggen und Internationales Signalbuch	•	•				
Absperrventile an allen Brennstofftanks	•	•	•	•	•	
Signalpfeife ab 12 m Länge	•	•	•	•	•	•
Signalpfeife und Glocke ab 20 m Länge	•	•	•	•	•	•

Navigationsausrüstung	Fahrtgebiet					
	0	1	2	3	4	5
Schiffskompass	•	•	•	•	•	
Reservekompass	•	•	•	•		
Seekarten (nicht nur elektronisch) Kartenbesteck	•	•	•	•		
Sextant, Nautische Tafeln und genaues Zeitmessgerät	•	•				
Gerät zur automatischen Standortbestimmung (GPS)	•	•	•	•		
Echolot oder Lotleine	•	•	•	•	•	•
Geschwindigkeitsmesser oder Log	•	•	•	•		
Navigationslichter einschließlich Reserveglühlampen	•	•	•	•	•	•

Si

Ausrüstung nach Fahrtgebieten

Seenotausrüstung	Fahrtgebiet					
	0	1	2	3	4	5
Wasserfeste Stauliste für Sicherheitsausrüstung	•	•	•	•	•	
Not-Navigationslicht und Energiequelle	•	•	•	•		
1 Sturm-Trysegel, 1 Sturmfock, 1 Schwerwetterfock	•	•	•			
Schwerwetterfock				•	•	
Werkzeug und Ersatzteile, Schneide-apparat für stehendes Gut	•	•	•	•	•	•
Name der Yacht auf größeren Ausrüstungsteilen	•	•	•	•	•	
Reflexfolie auf großen Ausrüstungsteilen	•	•	•	•		
Seefunksender und -empfänger (UKW 25 Watt)	•	•	•	•		
Zusätzl. zu oben UKW-Sender/Empfänger, wasserdicht, tragbar	•	•	*)	*)		
Radio-Empfänger (zusätzlich)	•	•	•	•	•	
Seenotfunkbake EPIRB: 121,5 oder 406 MHz	•	•				
9 l Wasser (mind.) für Notgebrauch in Kanistern (griffbereit)	•	•	•	•		
See- oder Treibanker	•	*)				
*) zusätzlich für Multihulls						

Si

Sicherheitsausrüstung	Fahrtgebiet					
	0	1	2	3	4	5
Rettungswesten nach DIN EN ISO 12402, Stufe 150 oder 275, eine je Crewmitglied	•	•	•	•	•	•
Sicherheitsgurte und Sicherheitsleinen gem. EN 1095 bzw. ISO 12401; einen für jedes Besatzungsmitglied	•	•	•	•	•	
Rettungsfloß	•	•	•			
Rettungsboje mit Treibanker oder Lifesling (ohne Treibanker), ausgestattet mit selbstzündendem Licht	•	•	•	•	•	
Zusätzlich Rettungsboje mit mind. 20 m Schwimmleine, mit Pfeife, Treibanker, selbstzündendem Licht und einer Stange mit Flagge	•	•	•			
Seenotsignale: 12 rote Fallschirm-Leuchtraketen	•	•				
4 rote Fallschirm-Leuchtraketen			•	•		
4 rote und 4 weiße Handfackeln	•	•	•	•	•	
2 orangefarbene Rauchsignale	•	•	•	•	•	
Wurfleine (mind. 15 m), schwimmfähig, klar zum Gebrauch im Cockpit	•	•	•	•	•	•
Bergeeinrichtung für Mensch über Bord; Sicherheitsleiter	•	•	•	•	•	•
Scharfes Messer in Scheide am Mast	•	•	•	•	•	•

Mensch über Bord!

Der laute Ruf **»Mensch über Bord!«** und das Überbordwerfen des Rettungskörpers mit Flagge, Blitzboje und Schwimmleine oder, wenn vorhanden, einer EPIRB sind deshalb so wichtig, weil man einen Schwimmenden, selbst mit einer leuchtenden Schwimmweste, nach kurzer Entfernung aus den Augen verlieren kann. Außerdem müssen alle Mann an Deck, um ein schnelles Manöver sicherzustellen.

Si

Ist man erst einmal an den Verunglückten herangekommen, folgt ein weiteres, nicht immer einfaches Stück Arbeit: Der Mensch muss an Bord geholt werden. Ohne Übung und Hilfsgerät ist es, sofern der über Bord Gegangene seinerseits nicht in der Lage ist, kräftig mitzuhelfen, für eine Frau fast unmöglich, einen Mann an Bord zu holen, auch dann, wenn der Freibord sehr niedrig ist.

Deshalb ist das Bergen eines über Bord gegangenen Mannes für das Gefahrentraining mindestens genauso wichtig wie das Rückkehrmanöver selbst.

Dass heutzutage jeder schwimmen kann, wird als selbstverständlich vorausgesetzt.

Ist von Seiten des Treibenden keine große Hilfe zu erwarten, und das kann in kaltem Wasser auch ohne Verletzung schon nach einigen Minuten der Fall sein, muss man ihn mit dem Sicherheitsgurt entweder in eine Talje oder ein Fall (mit Winsch) einpicken und an Bord hieven; ohne Sicherheitsgurt muss man ihm eine Leine mit Palstek um die Brust binden. Alle praktizierten Methoden sind für eine Frau oder halbwüchsige Kinder im Seegang ein fast unlösbares Problem und ohne vorheriges Training nahezu aussichtslos. Man sollte gar nicht erst lange herumtricksen, sondern, wenn schnelle Hilfe von außen wahrscheinlich ist, sofort einen Notruf senden oder ROT schießen und dann die eigenen Bemühungen fortsetzen.

Es ist sogar die Überlegung vernünftig, die an Deck befestigte Rettungsinsel über Bord zu werfen, umzusteigen, den Verunglückten in die Insel zu holen, ihn zu Bewusstsein zu bringen und ihn schließlich mit seiner eigenen Hilfe wieder auf das Boot zu bringen (wenn das Wetter nicht zu chaotisch ist). Voraussetzung ist allerdings, dass man den Treibenden fest an der Leine hat, da die Insel sehr stark driftet.

Mensch-über-Bord-Manöver

Wenn die Yacht unterbesetzt ist oder der Crew ein schnelles Segelmanöver nicht zuzutrauen ist:
Motor an! Segel runter!

Die Q-Wende ist eines der sichersten Manöver für Segelboote, in kürzester Zeit zu einem über Bord Gefallenen zurückzukommen, da außer Auffieren und Dichtholen der Schoten sowie einer Wende keine Manöver mit den Segeln notwendig sind.
Sollte im Verlauf der Q-Wende, durch welche Gründe auch immer, die Weiterführung der Manöver nicht möglich sein, dann sofort Motor an und Segel runter, um den Abstand zum Treibenden nicht durch zu starkes Abtreiben zu vergrößern. In diesem Fall sollte der Treibende, sofern er kann, zum Boot schwimmen. Besteht die Gefahr, dass der Verunglückte im Wasser abtreibt, wird ein Notruf gesendet oder/und ROT geschossen.

Achtung!
Sobald der Treibende beim Boot ist, auf Leerlauf schalten.

Mensch über Bord!

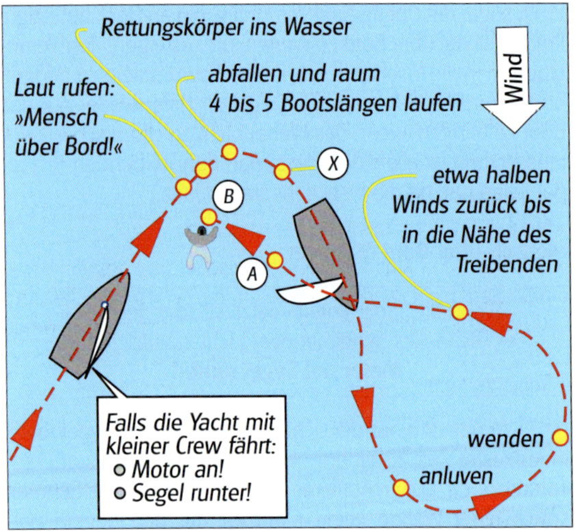

- Q-Wende mit Kurs am Wind; auf Kursen vor dem Wind entfällt das erste Stück bis Ⓧ
- etwa halben Winds zurück bis in die Nähe des Treibenden
- keinen direkten Aufschießer machen Ⓐ, sondern nur so stark anluven und die Segel so weit dichtholen, bis die Fahrt aus dem Boot ist
- in Luv vom Treibenden Schoten los Ⓑ und den Verunglückten bergen – auf kentersicheren Booten an der Vorderkante Cockpit, damit der Treibende nicht durch die Bewegungen der Schiffsenden verletzt wird, auf Jollen und Booten mit niedrigem Freibord über den Spiegel

Man kann dem Durchschnittseigner wohl kaum eine ausreichende Einsicht in die Konstruktion von Yachten oder die technologischen Probleme des Bootsbaus zusprechen, da die sichere Beurteilung eines bereits fertig gestellten Kreuzers selbst Fachleuten Schwierigkeiten bereitet. Der Käufer ist auf die objektiven Aussagen neutraler Stellen angewiesen.

Das können sein:

- Neubauten (seit Juni 1998): CE-Zeichen.
- Zertifikat einer Klassifikationsgesellschaft (wobei die »Prospekt-Behauptung« der Werft »... nach den Vorschriften der Klassifikationsgesellschaft X gebaut ...« nichts zu sagen hat; entscheidend ist das Vorhandensein eines Zertifikats, z. B. Serienzertifikat).
- Test- oder Fahrberichte von Fachzeitschriften mit praxisnahen Messungen.
- Beurteilung und Gutachten eines Sachverständigen für Yachtfragen.
- Eingehendes Studium der »Sicherheitsrichtlinien« der Verbände und Bauvorschriften der Klassifikationsgesellschaften.
- Überprüfung der im Folgenden behandelten Konstruktions- und Ausrüstungsforderungen aus den »Sicherheitsrichtlinien«, damit Sie nach dem Kauf die Standardausrüstung entsprechend ergänzen können und nicht Ihre Yacht halb abwracken müssen, um sie auf Sicherheit umzutrimmen.

Sich beim Kauf einer Serienyacht allein auf den guten Ruf des Konstrukteurs oder den wohlklingenden Namen der Werft zu verlassen, wäre für den verantwortungsbewussten Käufer zu einfach.

Baumerkmale

Folgende Baumerkmale entsprechen den **Empfehlungen** des **Germanischen Lloyd (GL)** und den **»Sicherheitsrichtlinien« der Kreuzer-Abteilung des DSV**. Sie schließen die Anforderungen von EN- und ISO-Norm ein. Die Forderungen gelten für die Fahrtgebiete 0–4.

Rumpf – Der Rumpf einschließlich Deck, Aufbau und aller anderen Teile muss eine vollständige, im Wesentlichen wasserdichte Einheit bilden. Alle Öffnungen müssen sofort verschließbar sein, um eine gewisse (möglichst gute) Wasserdichtigkeit zu gewährleisten. Schwert- und Kielkästen dürfen nicht nach innen offen sein.

Motorleistung – Mindestmotorisierung nach GL 2,20 kW/t.

Luken – Alle, die vor der größten Breite liegen, dürfen nicht nach innen öffnen; ausgenommen sind Öffnungen von weniger als 710 cm^2 Fläche (z. B. 25 x 28 cm). Damit sind Bullaugen bzw. kleine Fenster gemeint. Luken sind so anzuordnen, dass sie bei 90° Krängung oberhalb des Wasserspiegels liegen. Sie müssen fest angebracht sein und bei Kenterung (180°) geschlossen bleiben.

Niedergänge – Solche, die unter die Hauptdeckebene reichen, müssen bis zur Hauptdeckebene verschließbar sein (z. B. Steckschotten). Trotzdem muss der Zugang zum Inneren erhalten bleiben (z. B. Schiebeluk und geteilte Steckschotten). Lose Teile (z. B. Steckschotten) müssen so gesichert sein, dass sie nicht über Bord gehen können (z. B. mit Sorgleine).

Cockpits müssen stark gebaut, bei allen Krängungswinkeln rasch selbstlenzend und fest in den Rumpf eingebaut sein. Sie müssen im Wesentlichen wasserdicht sein, d. h. alle Öffnungen zum Rumpf müssen fest und dauerhaft gesichert werden können. Das gesamte Volumen aller Cockpits darf folgende Größe nicht überschreiten:

6 % LWL x Bmax x FA (m^3)
FA = Freibord am Cockpit
6 % für Fahrtgebiete 0 und 1
9 % für Fahrtgebiete 2 bis 4

Der Cockpitboden muss mindestens 2 % Lüa über LWL liegen, bei einer 10-m-Yacht also mindestens 20 cm über LWL.

Als Cockpit gilt jede Vertiefung im Hauptdeck.

Cockpit-Lenzrohre müssen das Cockpit schnell lenzen. Das gesamte Lenzsystem (nach Abzug für Siebe) muss mindestens vier 3/4-Zoll-Rohren (bei Yachten unter 8,50 m Lüa mindestens zwei einzölligen Rohren) entsprechen (3/4 Zoll = 20 mm, 1 Zoll = 25 mm).

Seeverschlüsse oder Seeventile gehören an alle Rumpfdurchbrüche unterhalb der CWL. Für eingebaute Decksspeigatten, Loggewellen, Fahrtmessanlagen, Echolote u. Ä. sind Vorrichtungen vorzusehen, um die Öffnungen schließen zu können, wenn es notwendig werden sollte. Im Übrigen:

Seeventil nur bei Leckage oder Defekt öffnen!
Die Funktionsprüfung erfolgt bei aufgeslipptem Boot, indem man das Seeventil von innen schließt und von außen prüft, ob es ganz geschlossen ist oder durch Verunreinigungen klemmt.

Si

Seereling (Abb. rechts oben) – Hauptmerkmale: Bugkorb und Stützen müssen wie in der Skizze beschaffen sein. Der Heckkorb kann mit Durchzügen ersetzt werden. ① Durchzüge müssen nicht bis vorne laufen. ② Oberer und ③ unterer Durchzug müssen aus mehrlitzigem rostfreiem Stahldraht mit Mindestdurchmesser sein (bis 8,50 m Lüa → 3 mm ∅, 8,50 – 13 m → 4 mm ∅, über 13 m → 5 mm ∅). ④ Durchzüge sind straff durchzusetzen, der untere muss slippbar sein.

Relingsstütze (Abb. rechts unten)
① Stützen und Körbe müssen durchgebolzt, einlaminiert oder verschweißt sein
② Sicherungsstift
③ Abstand Stütze zu Schanzleiste begrenzt
④ Stützen nicht schräger als 10°

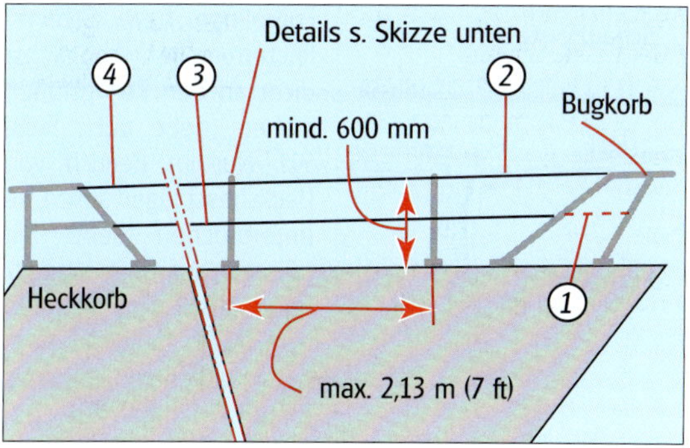
Details s. Skizze unten
4
3
2
Bugkorb
mind. 600 mm
Heckkorb
1
max. 2,13 m (7 ft)

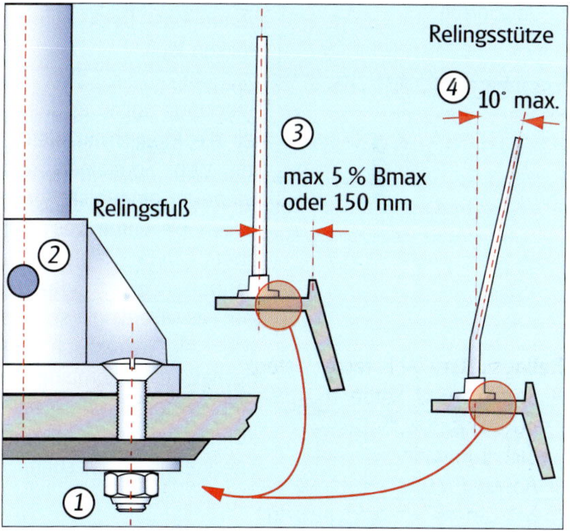
Relingsstütze
4
10° max.
3
max 5 % Bmax
oder 150 mm
Relingsfuß
2
1

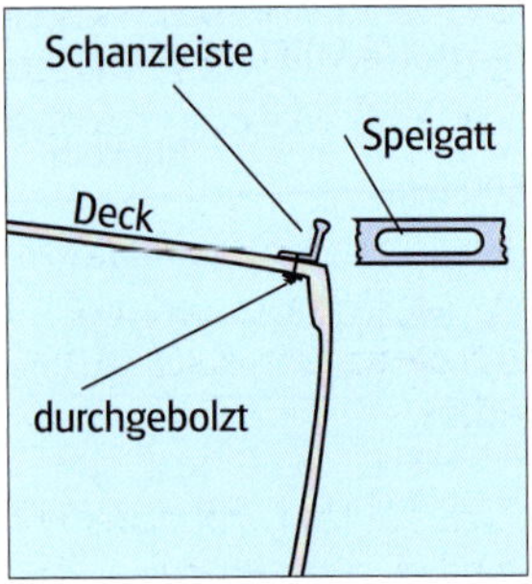

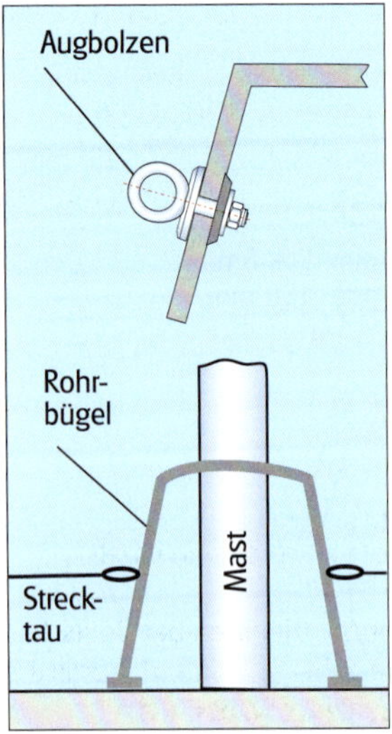

Fußrelinge bzw. Schanzleisten sollen möglichst dicht an den Relingsfüßen stehen (siehe auch Seite 91). Nur im Bereich von Decksbeschlägen sollen sie unterbrochen sein. Sie müssen auf dem Vordeck mindestens bis querab vom Mast laufen. Besser ist, sie laufen von vorne bis hinten. Achten Sie auf ausreichende Speigatten, damit das Deck schnell trocken läuft.

Strecktaue sollen im Idealfall die Möglichkeit bieten, mit den Sorgleinen des Lifebelts eingepickt, von hinten bis vorne gesichert übers Deck laufen zu können. Diesen Idealfall gibt es allerdings so gut wie nie. Praktisch ist deshalb eine Kombination von Augbolzen im Cockpit, Rohrbügeln am Mast und Strecktauen dazwischen.

Wie weit man sich mit der Medizin an Bord beschäftigen muss, liegt im Verantwortungsbewusstsein des Skippers begründet und hängt in großem Maß von der geplanten Reise ab.

Der Küstenskipper (Ostsee, Nordsee und Mittelmeer) wird fast immer in der Lage sein, binnen relativ kurzer Zeit Hilfe zu bekommen, sei es durch ein Medico-Gespräch, durch Seenotkreuzer, Hubschrauber oder Frachter.

Impfungen für Tropen – Wer sich auf Langfahrt außerhalb Europas begibt, sollte sich Infos bei den Verbänden (DSV, DMYV), den Gesundheitsämtern oder den Tropeninstituten in Hamburg oder München beschaffen bzw. sich vom Hausarzt beraten lassen.

Krankheit im Ausland – s. »Papiere und Zoll«, S. 231.

Statt im Rahmen dieses Buches Erste-Hilfe-Ratschläge zu erteilen, sei auf Folgendes verwiesen:

Lehrgänge für Erste Hilfe führen durch:
Kreuzer-Abteilung des DSV
Deutsches Rotes Kreuz (DRK)
Arbeiter-Samariter-Bund
Johanniter-Unfall-Hilfe
Malteser-Hilfsdienst
(regionale Stationen siehe Telefonbuch oder Internet)

Literatur – »Erste-Hilfe-Handbuch« (Herausgeber Deutsches Rotes Kreuz), »Medizinischer Ratgeber an Bord«, »Medizin auf See«, »International Medical Guide for Ships« u. a.

Bordapotheke

Die Ausstattung der Bordapotheke richtet sich nach Fahrtbereich, Dauer der Reise und natürlich Stärke der Crew und dem individuellen Gesundheitszustand und dem Alter der Besatzung.
Mindestens ein Crewmitglied sollte Erste Hilfe leisten und ärztliche Ratschläge über Funk anfordern und umsetzen können.
Bewahren Sie die Bordapotheke am besten in zwei Teilen auf:

- Verbandszeug und alles, was man täglich braucht (Tabletten gegen Schmerzen und Seekrankheit usw.), untergebracht im Kartentisch, am Steuerstand oder Beifahrersitz.
- Arzneimittel für den Krankheitsfall, untergebracht in einem wasserdichten Kasten an einer kühlen Stelle.

Tabletten sind leichter zu handhaben als Säfte. Hat man kleine Kinder mit, nimmt man Säfte. In manchen Fällen sind im Übrigen an Bord Zäpfchen weitaus nützlicher als Tabletten.

Funkärztliche Beratung erhält man über alle Küstenfunkstellen. Wer keinen direkten Kontakt mit einer deutschen Küstenfunkstelle aufnehmen kann, sendet die Dringlichkeitsmeldung (PAN PAN) »an alle Funkstellen«.
Man erhält ärztliche Ratschläge auch über die Rufnummer (Handy) +49(0)47 21–7 80 oder –7 85 Krankenhaus Cuxhaven GmbH (Internet: www.skh-cux.de/TMAS, E-Mail: Medico@tmas-germany.de).
Alles Weitere zur funkärztlichen Beratung im *Handbuch für Suche und Rettung* sowie im *Jachtfunkdienst* Nord- und Ostsee bzw. Mittelmeer (alles vom BSH).

Eine sehr ernste Erkrankung oder Verletzung rechtfertigt notfalls das Schießen von ROT, um auf diese Weise schneller in ärztliche Obhut zu gelangen.

Erstens
Feuer verhindern

Zweitens
Feuer bekämpfen

Vor der Feuerbekämpfung muss der Grundsatz stehen, Feuer zu verhüten. Feuer entsteht, wenn brennbare Medien und Sauerstoff die Zündtemperatur erreichen. Die Zündung an Bord erfolgt meist durch Energiezufuhr von außen (Funken, Flamme, Kurzschluss). Hat der Stoff gezündet, brennt er so lange weiter, bis entweder

- kein brennbarer Stoff mehr vorhanden ist,
- der Sauerstoff fehlt oder
- so viel Wärme entzogen wird, dass der Flammpunkt unterschritten ist.

Daraus ergeben sich die Grundgedanken für das Löschen:
- brennbaren Stoff entfernen
- Brand ersticken
- Feuer kühlen

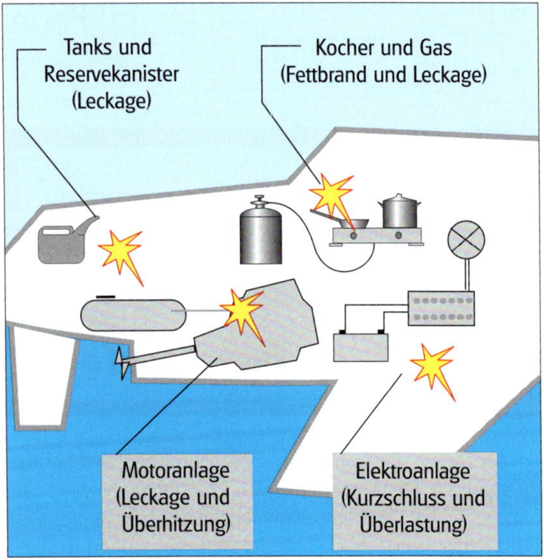

Die Abbildung zeigt die Systeme, die bei falscher Konstruktion und Montage sowie unzureichender Wartung und Kontrolle potenzielle Feuerquellen darstellen.

Motoranlage

Die wichtigsten Kriterien für eine feuersichere Motoranlage sind:

1. richtige Durchlüftung des Motorraums
2. richtig verlegter wassergekühlter Auspuff
3. sofortige Beseitigung von Leckagen

Bei Benzinmotoren geht man mit der Zuluft in die Nähe des Vergasers, mit der Abluft an die tiefste Stelle Ⓐ des Motorraums. Für Diesel wird die Zuluft an die tiefste, die Abluft an die höchste Stelle Ⓑ gelegt.

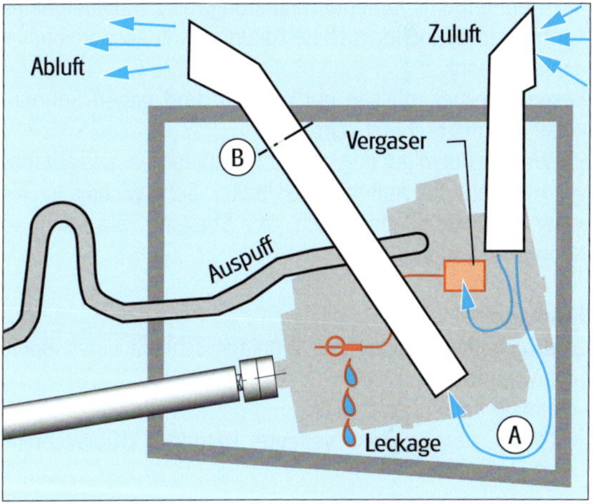

Für Benzinmotoren ist ein Lüfter für Zwangsbelüftung vor dem Start sehr wichtig (nach GL soll dieser für einen Luftwechsel/Minute sorgen und vor dem Anlassen fünf Minuten laufen, d. h. 5facher Luftwechsel vor dem Start).

Das **Auspuffsystem** muss wassergekühlt und so verlegt sein, dass andere Leitungen nicht erwärmt werden können.

Entscheidend ist eine ständige Überwachung und Pflege des Motors. Jede **Leckage** muss sofort beseitigt werden.

Tanks und Reservekanister

Kraftstofftanks und -kanister sind am ungefährlichsten, wenn sie ganz voll sind.
Ein sicherer Tank hat einen geerdeten Einfüllstutzen, eine nach außenbords führende Entlüftung mit Zündgitter, einen Kontrolldeckel und lecksichere Leitungen mit Absperrventilen direkt am Tank.
Reservekanister müssen gut gelascht und gegen Sonneneinstrahlung geschützt sein.
Sie werden nur in gut durchlüfteten Stauräumen gelagert (das gilt ebenfalls für Außenborder-Tanks). Sehr wichtig ist ein guter Fülltrichter, der auch im Seegang ein sicheres Nachfüllen zulässt.

E-Anlage

Eine fachgerecht installierte E-Anlage schließt einen Brand aus. Voraussetzung:

- Richtige Kabelquerschnitte
- Soweit möglich, fest verlegte Leitungen (Querschnitte s. S. 262)
- Sorgfältig ausgeführte Kabelverbindungen
- Sicherungen mit geschlossenem Schmelzraum bzw. Sicherungsautomaten
- Korrekte Absicherung aller E-Motoren mit Sicherungsautomaten (Geräteschutz)
- Ständige Aufmerksamkeit. Vorsicht bei Reparaturen (Kurzschluss durch Werkzeuge). Sofortiges Nachforschen bei Geruchsentwicklung (meist Überbelastung eines Scheibenwischer- oder Pumpenmotors). Siehe auch Kapitel »Elektrik und Elektronik« (S. 259).

Kocher

Bezogen auf die Sicherheit von Kochern stehen folgende Punkte im Vordergrund:

- Nicht kleckern beim Nachfüllen (Trichter)
- Leckfreie Abdichtung aller Verschraubungen an Pumpe, Tank, Leitungen und Brenner
- Saubere Brenner
- Vorsichtiges Braten, damit Fett in der Pfanne nicht Feuer fängt
- Ausreichender Abstand von brennbarem Material zur Flamme – s. Skizze
- Tropfwanne unter dem Kocher, damit Brennstoff aus Leckagen nicht in Pantry läuft

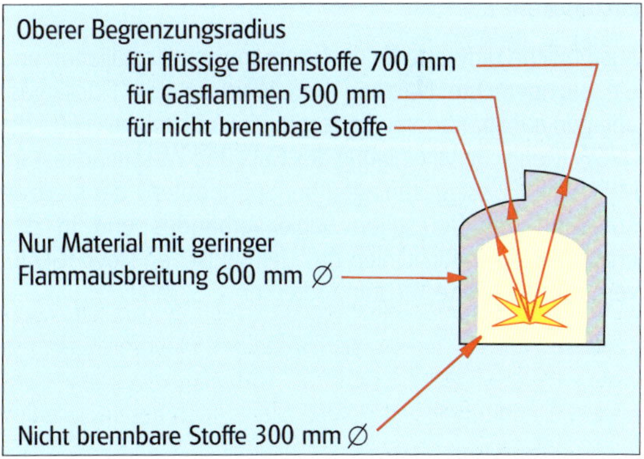

Sicherheitsräume beim Kochen

Gas/Explosion

Die gefährlichen Brennstoffe im Bordbetrieb sind Benzin und Flüssiggas.

Benzin ist dann relativ ungefährlich, wenn man durch entsprechende Maßnahmen die Dampfbildung verhindert.

Flüssiggas (Propan und Butan) fließt ähnlich wie Wasser immer zur tiefsten Stelle, da es schwerer als Luft ist. Diesen Umstand macht man sich zunutze und stellt die Gasflaschen mit Reduzier- und Absperrventil möglichst hoch über der Wasserlinie in einen dichten Kasten mit Abfluss nach außenbords. Die Leitungen wählt man kurz, vermeidet unnötige Abzweigungen, verwendet nur Kocher mit Zündsicherung und prüft die ganze Anlage zu Saisonbeginn und jeweils nach schwerem Wetter mit Seifenschaum auf Dichtigkeit. Es wird empfohlen, die Richtlinien des Germanischen Lloyd einzuhalten.

Ausführliche Hinweise für die fachmännische Installation und die sachgerechte Nutzung und Wartung von Flüssiggasanlagen auf Sportbooten findet man im Arbeitsblatt G 607 der DVGW (Deutsche Vereinigung des Gas- und Wasserfaches), im Merkblatt »Flüssiggasanlagen auf Sportbooten« der Kreuzer-Abteilung des Deutschen Segler-Verbandes und in den entsprechenden Richtlinien des Germanischen Lloyd (GL) für vom GL zertifizierte Yachten (Adressen s. S. 297).

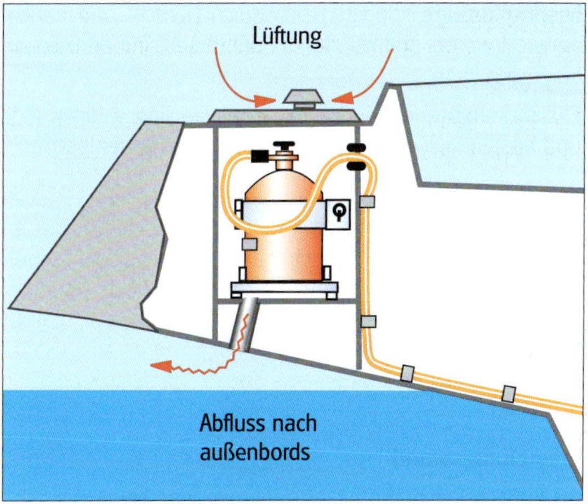

Beseitigung von Zündquellen

- Nur explosionsgeschützte Geräte einbauen
- Nur Sicherungen mit geschlossenem Schmelzraum oder explosionssichere Automaten verwenden
- Tankeinfüllstutzen erden, um beim Tanken mögliche statische Aufladungen abzuleiten
- Tankentlüftungen nach außen führen und mit Zündgitter versehen, um ein Durchschlagen von Flammen zu unterbinden

Feuerbekämpfung

Feststoffbrände kündigen sich durch Geruch- und Rauchentwicklung an, sodass man in einem sehr frühen Stadium eingreifen kann.

Flüssigkeitsbrände sind gefährlicher, sie sind sofort voll da und breiten sich u. U. rasch aus. Nicht mit Wasser löschen!

1. Ruhig bleiben!
2. Denken!
3. Entschlossen und wirksam eingreifen!
4. Kein Wasser auf Flüssigkeitsbrände!

Fe

Entstehungsbrand

Als Entstehungsbrand bezeichnet man jene Feuer, die noch »jung« sind und noch keine große Menge Glut gebildet haben. Das ist die Brandform, die einem, wenn man an Bord ist, begegnet, sofern nicht mit der Benzin- oder Gas-Entzündung eine Verpuffung oder Explosion einhergeht und danach das halbe Schiff in Flammen steht, sodass die Löschermenge ohnehin nicht reicht.

D. h. die »normalen« Brände kann man sehr gezielt und ohne Schaden anzurichten mit dem Feuerlöscher ersticken und die schon entstandene Glut mit Wasser (auch Seewasser) löschen.

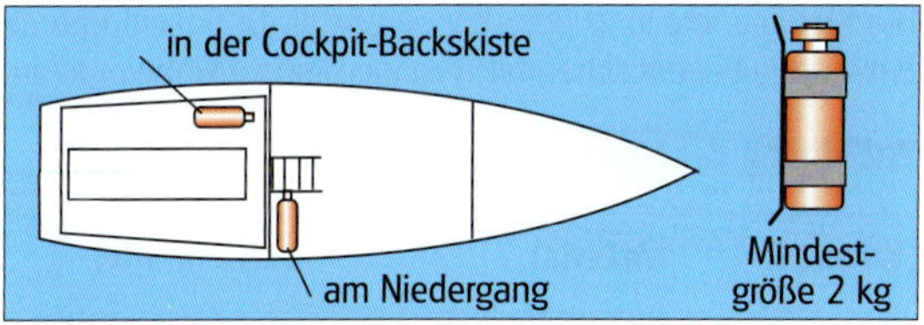

Platzierung der Feuerlöscher

Nach den »Sicherheitsrichtlinien« gehören auf Boote in den Fahrtgebieten 0 bis 4 (s. S. 78/80) mindestens zwei Feuerlöscher gebrauchsfertig und leicht erreichbar getrennt voneinander gehaltert, einer von außen zugänglich:
Ein Feuerlöscher muss im Cockpit (Backskiste) installiert sein, der zweite unter Deck in die Nähe des Niedergangs.

Für den Yachteinsatz kommen praktisch nur Glutbrand- oder CO_2-Löscher in Frage.
Der Glutbrand-Pulverlöscher ist ein Allzwecklöscher für alle auf S. 104 genannten Brandklassen.
Der CO_2-Löscher löscht im Gegensatz zum Pulverlöscher weitgehend rückstandsfrei, darf aber nur in Maschinen- und Laderäumen eingesetzt werden.

- **Kleine Brände** sollte man mit einer Decke oder einem Kissen zu ersticken versuchen, da jede (auch kurzzeitige) Betätigung des Löschers eine neue Wartung und Füllung nach sich zieht.
- **Pulverlöscher** sollten nur eingesetzt werden, wenn die Glutmenge nicht mit Decken oder Wasser zu löschen ist.

Feuerlöscher

Die Kreuzer-Abteilung des DSV empfiehlt für Segelboote ab 8 m Länge Feuerlöscher mit 6 kg als kleinste Einheit.

Zuordnung der Löschmittel

Klasse	Material	Löschmittel
A	brennbare feste Stoffe organischer Natur (z. B. Holz, Kohle, Faserstoffe)	Wasser Pulver Schaum
B	brennbare Flüssigkeiten (z. B. Öle, Teer, Benzin)	Pulver Schaum Kohlendioxid*
C	Gase (z. B. Azetylen, Propan)	Pulver Kohlendioxid*

Löschmittelmenge (mindestens)

Einbaumotoren	
• bis 50 kW (1 Löscher)	2 kg
• bis 100 kW (2 Löscher)	4 kg
• über 100 kW je angefangene 100 kW	zus. 2 kg
Zusätzlich für Boote mit Wohneinrichtung	
• bis 10 m Länge	2 kg
• bis 15 m Länge	4 kg
• bis 20 m Länge	8 kg
• bis 24 m Länge	2 x 6 kg

* für Motorraum auf großen Yachten

Navigation

Navigiert wird heute eigentlich nur noch mittels GPS, auf größeren Yachten begleitet von Radar.
Die klassische Navigation terrestrisch und astronomisch ist letztlich nur noch Stand-by-Navigation für den Fall, dass der Strom ausfällt, die Notbatterien versagen und die mobilen Ersatzgeräte einen Defekt haben.

Vom Prinzip her gibt es diese drei Gruppen:
- elektronische Navigation – GPS, Galileo
- astronomische Navigation – Sextant und Gestirne
- terrestrische Navigation – Landmarken, optische Peilung, Echolot, Koppeln

Die »Sicherheitsrichtlinien« empfehlen für das Fahrtgebiet 2 (s. S. 78/81) folgende Navigationsausrüstung:

Schiffskompass (ordnungsgemäß eingebaut und kompensiert)
Reservekompass
Seekarten, nautische Bücher (auf den neuesten Stand berichtigt) und Kartenbesteck
Gerät zur automatischen Standortbestimmung (z. B. GPS)
Echolot (kann auch Handlot sein)
Log
Für Fahrtgebiet 0 und 1 kommen noch Sextant, Nautische Tafeln und Chronometer dazu, um im Notfall auf Astronavigation umsteigen zu können.

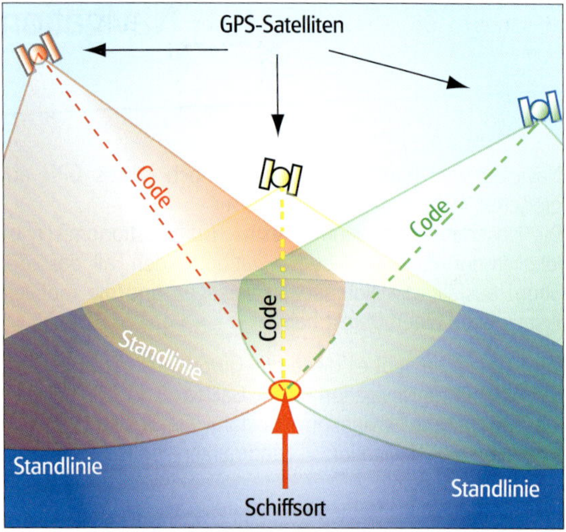

Der GPS-Empfänger braucht von drei Satelliten den Code, um eine brauchbare Position zu berechnen.

Das amerikanische Satellitennavigationssystem **GPS** (in den nächsten Jahren auch das europäische **Galileo**) ist so genau und für den Anwender so einfach, dass es jede andere Art zu navigieren abgelöst hat. Die Betriebssicherheit der Empfänger ist so groß, dass ein stationäres Gerät »am Kartentisch« und ein mobiles Gerät als Zweitsystem als ausreichend sicher erachtet werden. Die astronomische Navigation ist so weit in den Hintergrund getreten, dass auf den folgenden Seiten nur noch kurz darauf verwiesen wird.

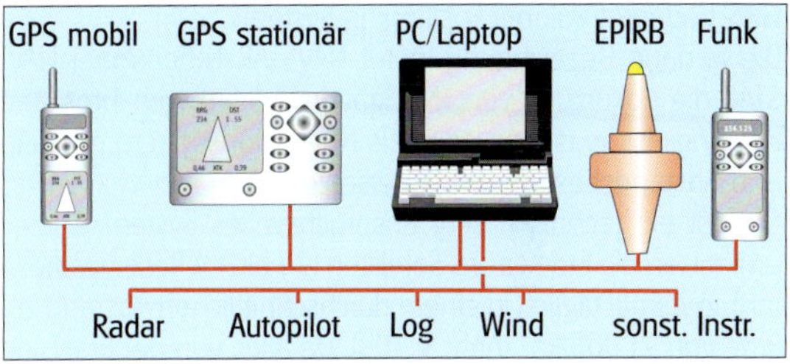

GPS-Empfänger werden mit allen modernen Geräten vernetzt.

Sind sie mit entsprechenden Schnittstellen versehen, kann man alle Navigationsgeräte und Bordinstrumente miteinander vernetzen (s. Abbildung).
Der große Vorteil der GPS-Navigation liegt vor allem darin, dass man mühelos die Werte bekommt, die man früher nur auf mehr oder weniger schlecht geschätzten (gegissten) Umwegen erfuhr:

- Position
- Kurs über Grund
- Fahrt über Grund

Über Kompass, Log und Windmessanlage kommt man dann zu:

- Magnetkompasskurs
- Fahrt durchs Wasser
- Strom- und Windversetzung
- scheinbarem Wind, wahrem Wind usw.

Darüber hinaus kann man mit GPS-Empfängern z. B. Wegpunktnavigation betreiben, die zurückgelegten Wege per Tastendruck speichern usw.

GPS bedeutet »Global Positioning System«.
Die genaue Bezeichnung lautet NAVSTAR GPS. Wobei NAVSTAR die Abkürzung von »Navigation System with Time and Ranging« ist, was man etwa als Navigationssystem mit Zeit- und Abstandsbestimmung übersetzen kann.
GPS ist ein technisch sehr anspruchsvolles System. Zurzeit umkreisen die Erde ca. 28 Satelliten (24 plus 4 Reservesatelliten), zweimal täglich in einem durchschnittlichen Abstand zur Erde von 21 000 km (Abb. S. 109). Da alles von der Präzision ihrer Signale abhängt, sind sie mit Atomuhren ausgerüstet und untereinander synchronisiert. Damit sind sie in der Lage, Signale zu senden, aus denen der Empfänger (GPS-Gerät) ohne Peilung oder Kommunikation mit dem Satelliten die Position errechnet.
Zu einer genauen Position braucht das Gerät drei Satelliten. Diese Forderung ist durch die große Zahl der Satelliten und ihre Umlaufgeschwindigkeit jederzeit gegeben. Die Genauigkeit ist besser als 10 – 15 m.
Im Übrigen gibt es **Differential GPS** (DGPS). Bei diesem Verfahren werden von Sendern an Land Korrekturdaten ausgestrahlt, die 100–300 sm um den Sender herum empfangen werden können. Man gelangt mit ihrer Verwendung zu Positionen, deren Genauigkeit bei etwa 5–10 m liegt.
Referenzstationen in Deutschland befinden sich auf Helgoland, in Groß Mohrdorf bei Stralsund und in Zeven im Kreis Rotenburg (Wümme).
Und während das stationäre GPS-Gerät dem Navigator die Daten liefert, wird das mobile Gerät an der Steuersäule quasi als Tochtergerät installiert. Sinnvoll ist dann ein Stromanschluss, damit die Batterien nicht so sehr strapaziert werden, und eine Vernetzung mit dem Rest der Geräte. Der Idealfall

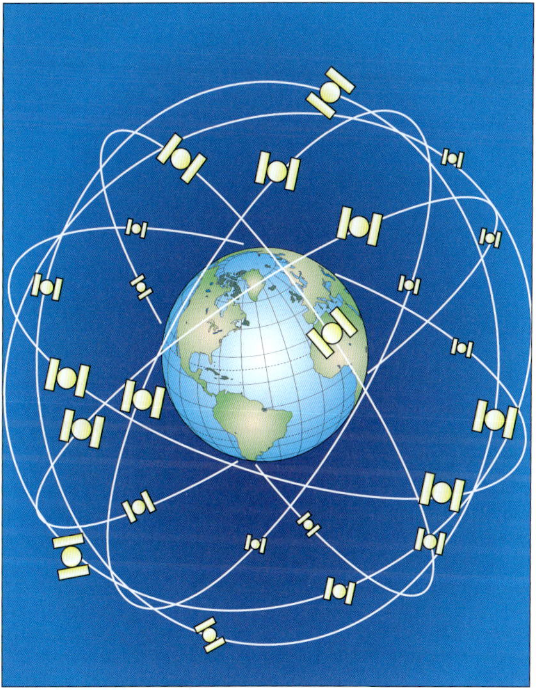

GPS – satellitengestütztes Navigationssystem mit je vier Satelliten auf sechs Bahnen.

ist die Verbindung mit der elektronischen Seekarte (s. Seite 114), dann kann man »fast« alles mit der Maus oder den Richtungstasten anklicken.

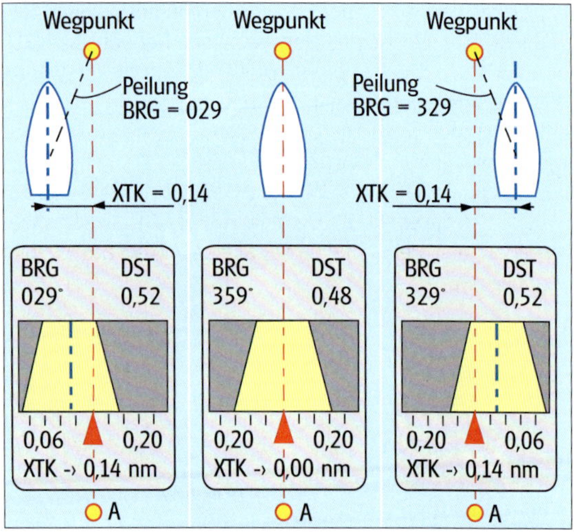

Die Abbildung zeigt über den drei Displays jeweils einen Wegpunkt sowie Kurs und Position des Schiffes. Die Displays sind auf »Highway-Navigation« gestellt. In diesem Modus wird der mit dem gelben Feld symbolisierte Highway in Relation zum Kurs dargestellt, er wandert mit dem Schiff analog hin und her, sodass schon durch die Asymmetrie des Bildes die Abweichung vom geplanten Weg ausgedrückt wird. Weiter werden je nach Gerät die Werte BRG (Peilung zum Wegpunkt), XTK (Abstand zum geplanten Weg – Verbindung zwischen den Wegpunkten) und DST (Abstand zum Wegpunkt) angegeben. Der rote Pfeil ist die Mitte.
A symbolisiert den bereits passierten Wegpunkt. Links steht das Boot zu weit Bb vom Kurs, in der Mitte stimmt alles, rechts ist das Schiff zu weit nach Stb abgedriftet.

Im Prinzip darf man aber bei der Computerisierung seiner Yacht nicht außer Acht lassen, dass ein Tief von der CPU-Geschwindigkeit des Laptops nicht zu beeindrucken ist und dass die »Wegpunktnavigation« immer noch Seemannschaft und nautischen Verstand voraussetzt und nicht so problemlos verläuft wie die GPS-Navigation im Auto.
Bei der Ansteuerung sollte man deshalb GPS-Navigation immer auch mit einem Blick auf die Position von Landmarken betreiben und den einen oder anderen Wert am Echolot kontrollieren.

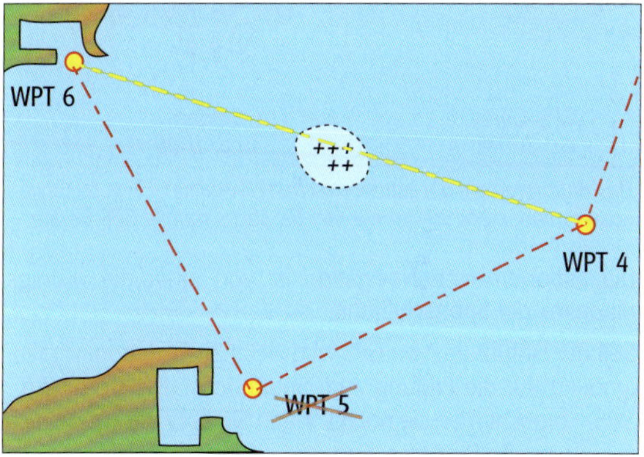

Ein Beispiel für die Tücken von zu leichtsinniger Wegpunktnavigation: Der geplante Weg war Wegpunkt WPT 4 über WPT 5 nach WPT 6. Durch eine Winddrehung wird das Erreichen von WPT 5 schwierig, Sie entschließen sich, direkt von WPT 4 nach WPT 6 zu fahren. Wenn Sie das tun, ohne gründlich in die Karte zu sehen, sitzen Sie auf einer Untiefe.

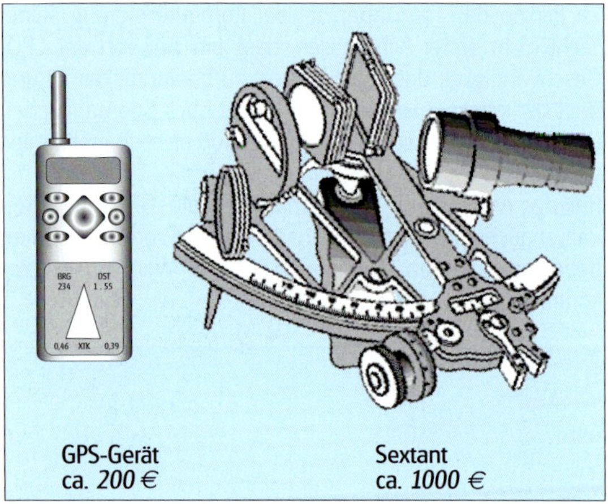

Das Hauptproblem der astronomischen Navigation: Ein guter Sextant kostet mindestens so viel wie vier bis sechs mobile GPS-Geräte.

Die astronomische Navigation ist von jeher die »Königsdisziplin« der Sportschifffahrt.

Seit der Einführung von GPS wird vielfach die Astronavigation ignoriert (für die Prüfung zum Sporthochseeschifferschein – SHS – braucht man sie noch!). Wenn Sie aber die Sterne nicht nur als weiße Punkte sehen und erleben, wie die Erde sich unter den Sternen dreht, werden Sie auch den Sextanten nicht in der letzten Backskiste verschwinden lassen, sondern öfter mal üben. Üben Sie aber nicht mit dem Schiffscomputer, sondern mit der Papierausgabe des Nautischen Jahrbuchs oder den HO-Tafeln (US-Pub. 249) – Letztere lassen sich aus dem Internet herunterladen.

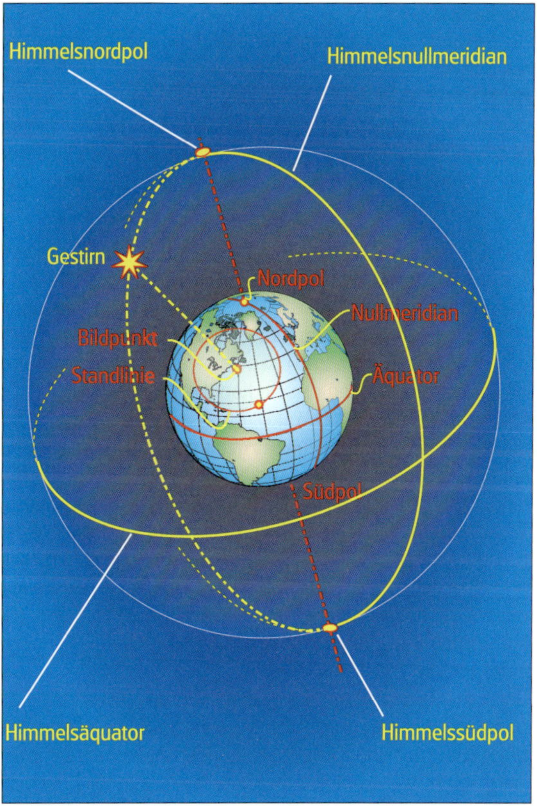

Die Abbildung zeigt die beiden Koordinatensysteme (Erdkoordinaten und Himmelskoordinaten), an denen man die Position festmacht.

Seekarten

Die Seekarte ist zusammen mit dem Kompass nach wie vor Navigationshilfsmittel Nummer eins.
Für Nord- und Ostsee sowie für das Mittelmeer gibt es neben den amtlichen Seekarten und Sportschifffahrtskarten auch Sportbootkarten von privaten Anbietern. Hinzu kommen **elektronische Seekarten**, die in Kartenplottern eingesetzt werden oder die auf PCs der Törnplanung und -überwachung dienen.

Prinzipiell gibt es zwei Arten von elektronischen Seekarten: Rasterkarten und Vektorkarten.
Rasterkarten sind digitale Bilder von Seekarten, die unter einem unsichtbaren Koordinaten-Raster dargestellt werden, und zwar mithilfe von Bezugskoordinaten in der Kartendatei. Navigiert wird auf eben diesem Koordinatenraster.
Rasterkarten haben den Vorteil, dass sie genauso aussehen wie die Papierkarten, die ihnen zugrunde liegen. Deshalb sind sie die beste Wahl, um die elektronische Seekarte in Kombination mit der konventionellen Papierseekarte einzusetzen.
Vektorkarten stellen reine Datensätze aller Objekte in einer Papierseekarte dar. Die Daten haben ein sehr kleines Volumen und sind auslesbar. Deshalb bieten Vektorkarten den Vorteil, dass man beispielsweise Objekte anklicken kann und die kompletten Daten angezeigt bekommt wie etwa die Kennung eines Feuers.
Das Kartenbild wird von der Navigationssoftware erzeugt. Das bedeutet, dass auf unterschiedlichen Programmen Vektorkarten immer auch unterschiedlich aussehen. Außerdem stimmen sie grafisch nicht komplett mit dem Papierkartenbild überein; sie sind deshalb für die Kombinierung mit Papierseekarten nicht so gut geeignet wie Rasterkarten.

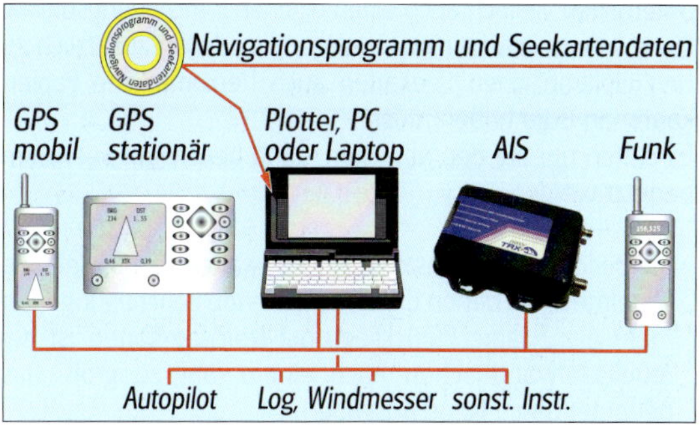

Für die elektronischen Seekarten braucht man ein Anzeigegerät (Plotter, PC oder Laptop), ein Navigationsprogramm und die Daten für die Seekarten. Das Anzeigegerät wiederum ist mit den Navigationsgeräten vernetzt, sodass man auch die Werte der Navigationsgeräte direkt auf dem Monitor und in der Seekarte sehen kann.

Kartenformate, die eine Mischung aus den positiven Merkmalen von Raster- und Vektorkarten ermöglichen, haben z. B. die Sportbootkarten des Delius Klasing Verlages: Eine Rasterkartendatei wird um einige auslesbare Daten ergänzt, woraus sich ergibt, dass die Rasterkarte immer noch perfekt mit der Papierseekarte kombiniert werden kann und ergänzende Vektordaten deutlich besser ausgelesen werden können.

Berichtigung von Seekarten

Die Vertriebsstellen für Seekarten und nautische Veröffentlichungen des BSH (Anschriftenliste unter www.bsh.de) beraten nicht nur bei der Anschaffung von Seekarten, sie

unterhalten vielfach auch einen eigenen Berichtigungsdienst. Die »Sicherheitsrichtlinien« besagen, dass man zusätzlich zu den elektronischen Seekarten auch herkömmliche Papierkarten an Bord haben muss.
Es dürfen nur auf den neuesten Stand berichtigte Seekarten benutzt werden:

- Die Berichtigungsdienste berichtigen Karten von Ostsee und Mittelmeer, bei denen die vorhergehende Berichtigung nicht mehr als 2 Jahre zurückliegt; bei Nordsee-Karten ist der Arbeitsaufwand schon nach einem Jahr zu groß. Das bedeutet dann: Neue Ausgabe.
  Übersegler werden in deutlich längeren Abständen neu herausgegeben.
- Man kann auch selbst berichtigen, u. a. mit Berichtigungspausen, die es für die amtlichen Seekarten gibt (Sammelberichtigungen für die Sportschifffahrt kostenlos unter www.bsh.de), und anhand von Berichtigungssätzen zu Sportbootkarten als Download.

Messen in der Karte

Wenn Sie eines Tages bedingt durch Stromausfall und Versagen aller elektronischen Navigationsinstrumente (selbst der GPS-Handys) wieder mit Kompass und Zirkel ein Ziel erreichen müssen, werden Sie sich mithilfe der folgenden Seiten an das erinnern, was Sie im Führerschein-Lehrgang erlernt haben.
Die Seekarte liegt nach Mercator in einem geradlinig und rechtwinklig verlaufenden Gradnetz, was zwar zu Verzerrungen führt, aber zur Navigation (außer in Polnähe) bestens

geeignet ist. Allerdings muss man wissen, dass man nur dann richtig messen kann, wenn man am Kartenrand auf gleicher Standortbreite (waagerecht) die Entfernung abgreift.

1 sm = 1 Bogenminute (z. B. 54° 34′ bis 54° 35′)
1 sm = 1852 m = 1,852 km

Kursbestimmung – Der Kurs wird in der Seekarte durch Verbindung (mit Lineal) von Punkt X mit Punkt Y festgelegt. Man bezeichnet den so entstandenen Winkel zum Meridian (Längenkreis) als »wahren Kurs«. Den kann man jedoch mit dem normalen Magnetkompass noch nicht steuern, da der Kompass zwei Ablenkungsfaktoren, dem Erdmagnetismus und dem Schiffsmagnetismus, unterliegt.

Den Wert des Erdmagnetismus, die Missweisung, findet man in der Seekarte, und die Ablenkung durch den Schiffsmagnetismus sollte man der Steuertafel entnehmen können.

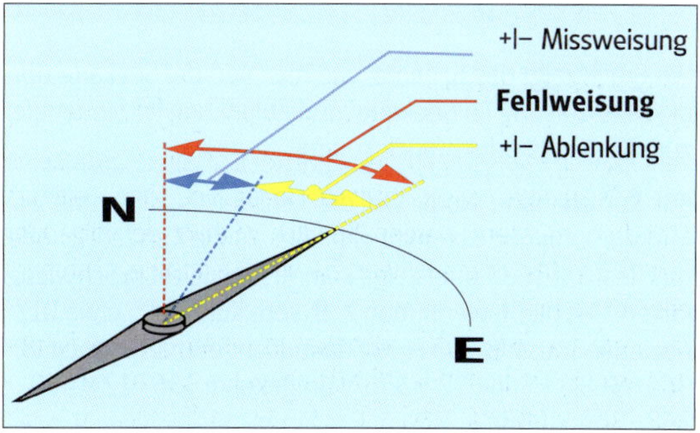

Kursumwandlung

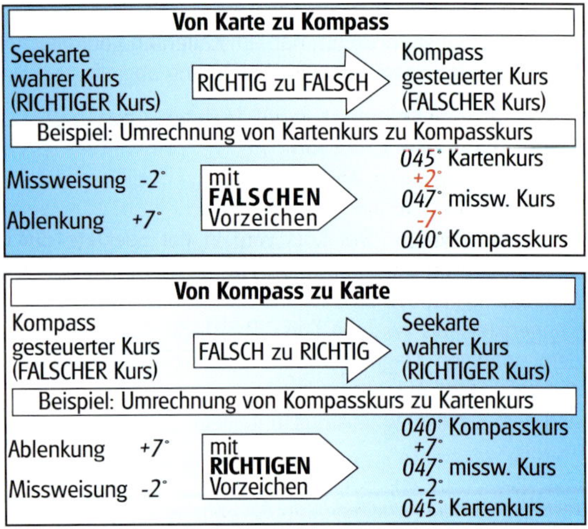

Die Rechenprozedur mit den Vorzeichen und dem Durchgang des Kurses durch Nord (360/000°).

Die Grafik zeigt das Schema, wie man von der Seekarte über die Missweisung (in Seekarte) und Ablenkung (in Steuertafel) zum Kompass oder zurück kommt.

Auf Kursen nahe Nord, wo die Fehlweisung (Summe aus Missweisung und Ablenkung) größer als die Kurszahl ist oder das Resultat 360° übersteigt, kommt man leicht in Schwierigkeiten. Das heißt, wenn man z. B. vom Kurs 008° etwa 012° abziehen muss (8 – 12 = –4), dann rechnet man einfach (8 + 360 = 368) → 368 – 12 = 356°. Umgekehrt: 356 + 12 = 368 → 368 – 360 = 008°.

Der Kurs allein reicht zur Navigation noch nicht aus. Der Standort ist jener Punkt, um den es schließlich geht.
Bestimmt wird er durch die Koordinaten:

Breite = ϕ (griech. Phi) Länge = λ (griech. Lambda)

Koppeln – Eine immer noch häufig praktizierte Methode, den Standort zu bestimmen, ist das Koppeln.
Man schätzt die auf dem Kurs zurückgelegte Strecke, indem man den Meilenzähler abliest oder die Geschwindigkeit x Zeit zugrunde legt.

Weg = Geschwindigkeit x Zeit
Geschwindigkeit = Weg : Zeit
Zeit = Weg : Geschwindigkeit

Natürlich ist das nicht genau. Man nannte es früher auch den gegissten Ort, was gleichbedeutend mit geschätzt ist. Korrigiert wird immer dann, wenn es vernünftig erscheint oder möglich ist: durch Peilung einer Landmarke, eines Sterns, einer Tiefenlinie oder über Elektronik.
Fährt man über längere Seestrecken nur mit »Koppelei« (Kompass und Log), muss man natürlich die Versetzung durch Wind und Strom, mögliche Messfehler des Logs usw. berücksichtigen.
Der Koppelort wird auf dem wahren Kurs aufgetragen und die Zeit daneben vermerkt. Wenn Sie keinen Meilenzähler haben oder bei der Reiseplanung mit voraussichtlichen Geschwindigkeiten arbeiten wollen, können Sie sich der Koppeltafel (S. 131) bedienen; das erspart das Umrechnen.

Notfall: Wenn alle elektronischen Hilfen, auch das Log und der Drehzahlmesser, ausfallen und man mit den Sternen nicht umgehen kann (weil Sextant usw. fehlen), muss man versuchen, Geschwindigkeit und Versetzung durch Wind/Strom möglichst realistisch einzuschätzen. Die Geschwindigkeit kann man, wenn das Wetter es zulässt, mit dem Relingslog präzisieren:

$$\text{Geschwindigkeit (sm/h)} = \frac{2^{*} \times \text{Messstrecke (m)}}{\text{gestoppte Zeit (s)}}$$

Die **Windversetzung** muss man über das Heck schätzen, indem man den Winkel Längsachse Boot zur Richtung des verwirbelten Wassers über den Daumen peilt. Die Werte werden genauso in die Rechnung eingesetzt wie Missweisung und Ablenkung (s. Seite 118).

Windversetzung nach Stb mit Vorzeichen +
Windversetzung nach Bb mit Vorzeichen –

* Faktor 2 ergibt sich aus der Umrechnung. Am besten eignet sich ein Fender an einer Leine, die mindestens 10 m lang sein sollte, sonst bekommt man keine brauchbaren Messwerte.

Die Stromversetzung ist die Differenz zwischen der Fahrt des Bootes über Grund und der Fahrt des Bootes durch das Wasser.

Man muss, wenn der Strom nicht genau mit der Längsachse läuft, mit Winkelfunktionen rechnen oder das Problem auf Papier mit dem Stromdreieck grafisch lösen (s. Skizze).

Zu beachten ist, dass der Strom in Fließrichtung benannt ist, während der Wind nach der Richtung benannt wird, aus der er kommt.

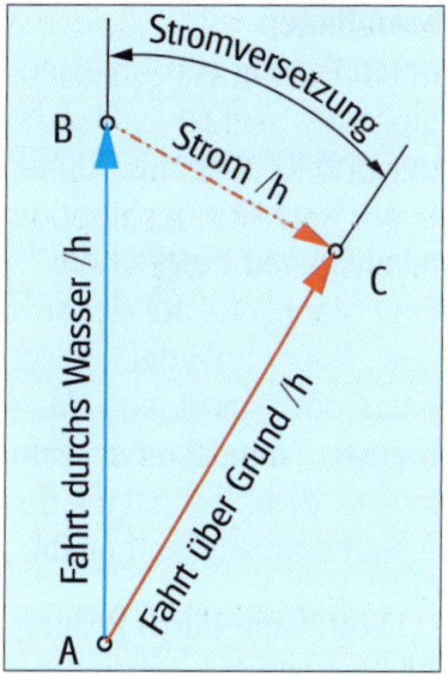

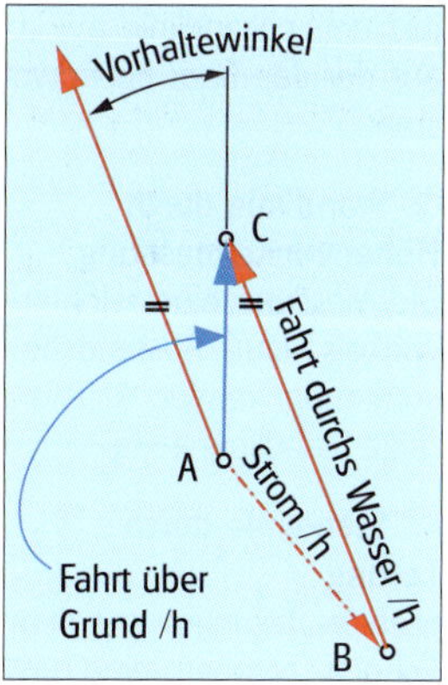

Oben:
Man zeichnet das Stromdreieck (für 1 Stunde) in die Seekarte in Richtung des wahren Kurses und erhält so die Stromversetzung für die eingezeichnete Zeit.

Unten:
Will man den Strom vorher ausgleichen, ermittelt man über das Dreieck den Vorhaltewinkel. Der Schiffsort ist A.

Standlinien
Durch Peilung von Objekten, die in der Seekarte verzeichnet sind (Leuchtturm, Tonne, usw.), lässt sich der Standort relativ genau bestimmen.
Eine Standlinie, auf der sich das Boot befindet, reicht dazu noch nicht aus. Man braucht mindestens eine zweite, deren Schnitt mit der ersten den Schiffsort ergibt.

① **Standlinie durch Peilung**
Winkelpeilung zu einem Objekt ergibt Standlinie a – a, auf der das Boot irgendwo steht.

② **Standlinie durch Höhenwinkelmessung**
Die Messung eines Höhenwinkels (zur Abstandsbestimmung) ergibt kreisförmige Standlinie a – a.

③ **Standlinie durch Lotung**
Mehrere Lotungen mit dem Echolot ergeben eine unregelmäßige Standlinie a – a (vgl. Seite 126).

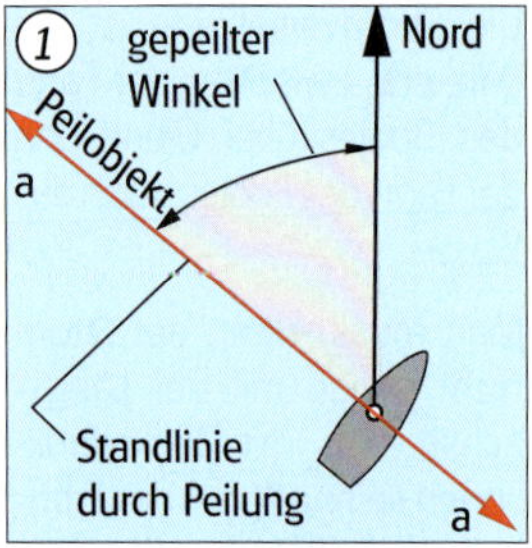

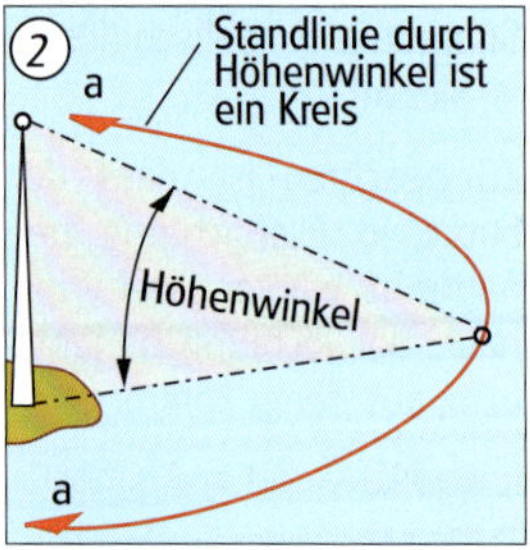

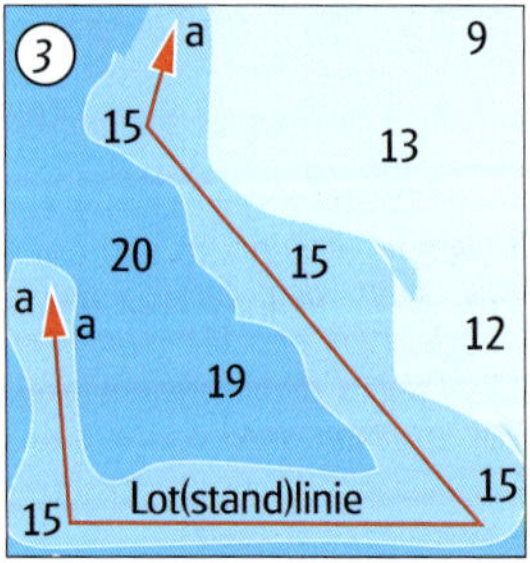

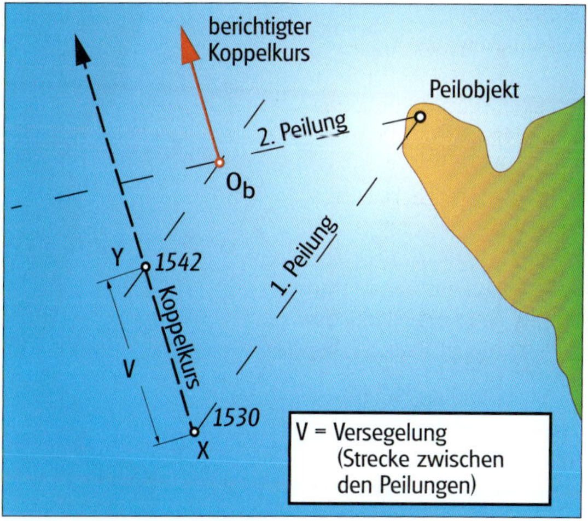

Es steht nur ein Peilobjekt zur Verfügung. Sie schippern auf Koppelkurs und peilen zum Zeitpunkt X. Da eine Standlinie nicht reicht, fahren Sie so lange weiter, bis eine weitere Peilung einen vernünftigen Wert ergibt (nicht unter 040° Peildifferenz).

Aus der Zeit und Geschwindigkeit wird auf dem Koppelkurs die Versegelung eingetragen und die 1. Peilung parallel durch Y gelegt. Im Schnittpunkt der parallel verschobenen 1. Peilung und der 2. Peilung liegt der beobachtete Ort (O_b), der wahre Schiffsort also.

Von dort aus wird weitergekoppelt. Die Versegelung kann der Koppeltafel (S. 131) entnommen oder auf dem Meilenzähler abgelesen werden.

Kreuzpeilung

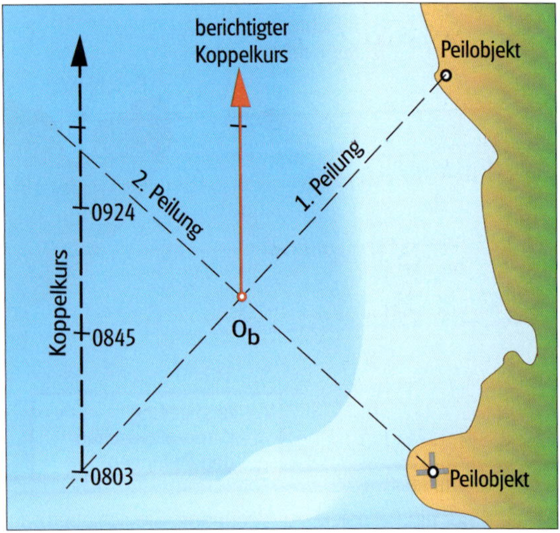

Na

Hier stehen mindestens zwei Peilobjekte zur Verfügung. Sie werden in dichter Zeitfolge gepeilt. Im Schnittpunkt der beiden Standlinien ist der beobachtete Ort (O_b).

Natürlich müssen alle Messungen, die mit dem Kompass erfolgen, für die Eintragung in die Karte auf die wahren Werte (FALSCH zu RICHTIG) umgerechnet werden. Den Zeitpunkt der Peilungen wählt man so, dass die Winkel weder zu spitz noch zu stumpf werden. Auf kleinen Booten ist ein genaues Peilen im Seegang oft nicht möglich. Dann sollte man mit dem Boot auf das Objekt zudrehen, um die Richtung zum Objekt ohne Peilung ablesen zu können.

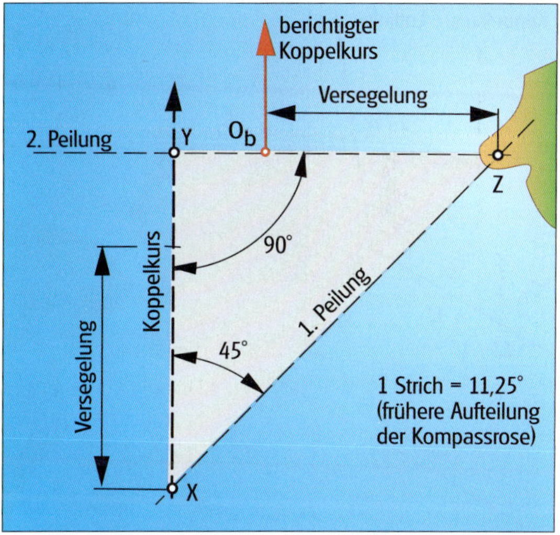

Vier Striche sind 45°. Die erste Peilung wird in dem Augenblick durchgeführt, wenn das Objekt 45° voraus ist, die zweite, wenn das Objekt querab liegt. Dadurch entsteht ein gleichschenkliges, rechtwinkliges Dreieck XYZ. Die zwischen den beiden Peilungen versegelte Strecke muss deshalb auch der Entfernung zum Peilobjekt entsprechen. Trägt man sie von diesem auf der Standlinie der zweiten Peilung auf, hat man den gesuchten Schiffsort O_b (umrechnen: FALSCH zu RICHTIG). Von dort wird der Kurs berichtigt.

Nachteil: Beide Peilungen müssen zu einem genauen Zeitpunkt erfolgen. Versäumt man ihn, kann man die Doppelpeilung nehmen.

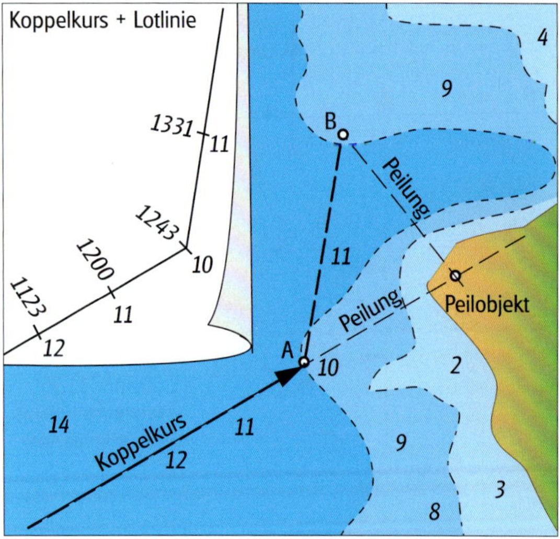

Verbindung von Peilungen und verschiedenen Lotungen: Boot steuert auf die Küste zu, bis es auf dem Echolot die 10-m-Linie erreicht (A), ändert dann den Kurs, und nachdem es in Punkt B wieder auf 10 Meter Wasser ist, wird das achterlich liegende Feuer noch einmal gepeilt. Sieht man in unsichtigem Wetter keine Peilobjekte, kann man die Reihenlotung auf ein Stück Transparentpapier (links oben) zeichnen, indem man (im Kartenmaßstab) mit den Lotungen koppelt. Schließlich wird das Papier so weit auf der Karte verschoben, bis sich die Lotungen mit den Tiefenangaben decken. Vorausgesetzt, es lässt sich auf Grund der Bodenbeschaffenheit überhaupt ein charakteristisches Bild zeichnen.

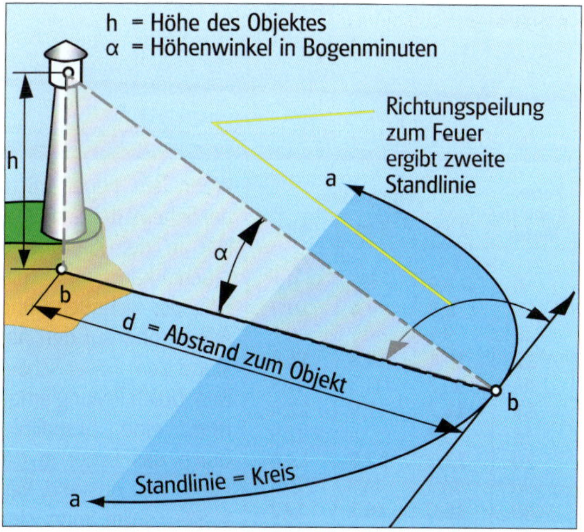

Mit einem Winkelmessinstrument wird der Winkel eines Objektes (z. B. Leuchtturm) über dem Wasser gemessen. Die Höhe des Feuerträgers findet man im Leuchtfeuerverzeichnis. Achtung: Nicht Dachspitze bis Erde messen, sondern Höhe der Lichtquelle bis Wasser.
Die Formel:

$$\text{Abstand (d) [sm]} = \frac{13}{7} \cdot \frac{\text{Höhe (h) [m]}}{\text{Winkel } (\alpha) \text{ [Bogenmin]}}$$

Dies ergibt eine kreisförmige Standlinie a – a, auf der sich das Boot befindet. Peilt man noch die Richtung zum Turm, erhält man eine zweite Standlinie b – b. Aus dem Schnitt ergibt sich der Schiffsort.

Feuer in der Kimm

Na

Feuerhöhe in Meter	Augeshöhe 2 m	Augeshöhe 3 m	Augeshöhe 4 m
6	8,0	8,7	9,2
8	**8,8**	**9,4**	**10,0**
10	9,5	10,1	10,7
12	**10,1**	**10,8**	**11,3**
14	10,7	11,3	11,9
16	**11,2**	**11,9**	**12,4**
18	11,7	12,4	12,9
20	**12,2**	**12,8**	**13,4**
30	14,3	14,9	15,5
40	**16,0**	**16,7**	**17,2**
50	17,6	18,2	18,8
60	**19,0**	**19,6**	**20,2**
70	20,2	20,9	21,5
80	**21,4**	**22,1**	**22,7**
90	22,6	23,2	23,8
100	**23,6**	**24,3**	**24,8**
110	24,6	25,3	25,9
120	**25,6**	**26,3**	**26,8**
130	26,5	27,2	27,7
140	**27,4**	**28,1**	**28,6**
150	28,3	28,9	29,5
160	**29,1**	**29,8**	**30,3**
170	29,9	30,6	31,1
180	**30,7**	**31,4**	**31,9**
190	31,5	32,1	32,7
200	**32,2**	**32,9**	**33,4**

Wenn ein Feuer (nicht der Schein) das erste Mal klar in der Kimm auftaucht, kann man mithilfe der Sichtweite und Augeshöhe auf den Abstand zum Feuer schließen. Durch Peilung erhält man eine Standlinie, durch das Feuer in der Kimm den Abstand. Verlassen sollte man sich nicht darauf, sondern das Verfahren nur als eine zusätzliche Hilfe betrachten, da die Kimm nicht immer scharf auszumachen ist.

Aus der Tabelle lässt sich für verschiedene Feuer- und Augeshöhen (m) der Abstand eines Feuers in der Kimm (Sichtweite in sm) ablesen.

Wenn der Schutzabstand zwischen Eisenteilen, Strom führenden Kabeln sowie Geräten mit Magnetfeld und dem Kompass mit 1 m eingehalten wird, braucht man auf Kunststoff- und Holzbooten nicht zu kompensieren.
Die Ablenkung durch Schiffsmagnetismus ist meist nicht größer als ± 5°. Dieser Fehler wird toleriert und mithilfe der Steuer- bzw. Ablenkungstabelle in die Navigation einbezogen (siehe nächste Seite).
Kompasse auf Stahlschiffen müssen kompensiert werden. Deshalb sollte man für Stahlschiffe immer einen Kompass mit Kompensiereinrichtung kaufen oder einen Fluxgate-Kompass einbauen, dessen Sonde ablenkungsfrei montiert werden kann.

Zum Kompensieren sollte man sich an einen Fachmann wenden.

Wichtig: Bei Stahlschiffen muss in jedem Frühjahr neu kompensiert werden, da sich der Schiffsmagnetismus im Winter verändern kann. Bei Holz- und Kunststoffyachten ist das nicht notwendig, allerdings sollte man den Kompass immer wieder mal auf dem Tonnenstrich überprüfen.

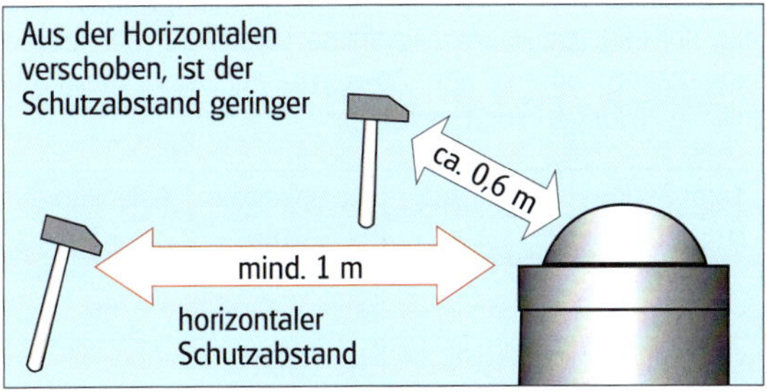

Ablenkungstabelle

So wird die Ablenkungstabelle erstellt:
Man geht auf eine Linie, deren missweisende Richtung bekannt ist (zwischen zwei Peilobjekte oder auf Deckpeilung mit Baken, Entfernung zu Peilobjekt ½ sm).

Legen Sie sich etwa auf Kompass-Nord und drehen Sie das Boot von ca. 010° zu 010°.

- Wenn Sie über einen kompensierten Kompass peilen können, wird die Kompasspeilung immer nahe am Wert der missweisenden Peilung (+|−) liegen.

Na

Ablenkung = missweisende Peilung − Kompasspeilung

- Wenn Sie nicht über den Kompass peilen können, müssen Sie die Peilscheibe zu Hilfe nehmen und mit der Schiffsseitenpeilung arbeiten:

Kompasspeilung = Seitenpeilung + Kompasskurs

Ablenkung = missweisende Peilung − Kompasspeilung

Die Ablenkung (Deviation) wird in die Ablenkungstabelle oder das Ablenkungsdiagramm (grafische Darstellung der Tabelle) eingetragen. Sprunghafte Abweichungen sind meist auf falsche Peilungen zurückzuführen.

Kompasskurs	Ablenkung	Kompasskurs	Ablenkung
N 000°	-4°	S 180°	+3°
.... alle 10° bis		.... alle 10° bis	
S 180°	+3°	N 360°	-4°

zurückgelegter Weg in Seemeilen

Zeit in min	1	2	3	4	5	6	7	8	9	10	12	14	16	18	20
1	–	**–**	–	**0,1**	0,1	**0,1**	0,1	**0,1**	0,2	**0,2**	0,2	**0,2**	0,3	**0,3**	0,3
2	0,1	**0,1**	0,1	**0,1**	0,2	**0,2**	0,2	**0,3**	0,3	**0,3**	0,4	**0,5**	0,5	**0,6**	0,7
3	0,1	**0,1**	0,2	**0,2**	0,3	**0,3**	0,4	**0,4**	0,5	**0,5**	0,6	**0,7**	0,8	**0,9**	1,0
4	0,1	**0,1**	0,2	**0,3**	0,3	**0,4**	0,5	**0,5**	0,6	**0,7**	0,8	**0,9**	1,1	**1,2**	1,3
5	0,1	**0,2**	0,3	**0,3**	0,4	**0,5**	0,6	**0,7**	0,8	**0,8**	1,0	**1,2**	1,3	**1,5**	1,7
6	0,1	**0,2**	0,3	**0,4**	0,5	**0,6**	0,7	**0,8**	0,9	**1,0**	1,2	**1,4**	1,6	**1,8**	2,0
7	0,1	**0,2**	0,4	**0,5**	0,6	**0,7**	0,8	**0,9**	1,1	**1,2**	1,4	**1,6**	1,9	**2,1**	2,3
8	0,1	**0,3**	0,4	**0,5**	0,7	**0,8**	0,9	**1,1**	1,2	**1,3**	1,6	**1,9**	2,1	**2,4**	2,7
9	0,2	**0,3**	0,5	**0,6**	0,8	**0,9**	1,1	**1,2**	1,4	**1,5**	1,8	**2,1**	2,4	**2,7**	3,0
10	0,2	**0,3**	0,5	**0,7**	0,8	**1,0**	1,2	**1,3**	1,5	**1,7**	2,0	**2,3**	2,7	**3,0**	3,3
20	0,3	**0,7**	1,0	**1,3**	1,7	**2,0**	2,3	**2,7**	3,0	**3,3**	4,0	**4,7**	5,3	**6,0**	6,7
30	0,5	**1,0**	1,5	**1,0**	2,5	**3,0**	3,5	**4,0**	4,5	**5,0**	6,0	**7,0**	8,0	**9,0**	10,0

Geschwindigkeit in Knoten (sm/h)

Logbuch

Aufgabe eines Logbuches ist es, nach Tagebuch-Art alles Wesentliche in schriftlicher Form festzuhalten, um es später rekonstruieren zu können. Da für die Eintragungen meist nur sehr wenig Zeit zur Verfügung steht und die Umstände zu Schönschrift nicht reichen, trägt man alles Notwendige in eine »Logkladde« (Schmierheft) ein und überträgt die Daten, wenn die Verhältnisse es zulassen. Es sei denn, dass man ohnehin die Daten elektronisch verarbeitet und speichert.

Die Führung eines Logbuches ist auch für die Sportschifffahrt gesetzlich vorgeschrieben; für sie ist allerdings die Form der Logbuchführung nicht festgelegt. In der gewerblichen Schifffahrt haben Kapitäne die Anweisung, z. B. bei Schiffsuntergang unter allen Umständen das Logbuch zu retten.

In erster Linie geht es darum, die Werte der navigatorischen Führung des Fahrzeugs festzuhalten sowie Eintragungen zum Zustand von Schiff und Besatzung zu machen.

Besondere Bedeutung erhält das Logbuch im Falle einer Havarie, die Rechtsansprüche Dritter nach sich zieht.

Logbücher für Yachten (auch elektronische) sind im Fachhandel zu verschiedenen Preisen und in unterschiedlicher Ausstattung erhältlich.

Funk an Bord

Fu

Die Zukunft hat auch im Funkbereich längst begonnen. Der digitale Satellitenfunk wird in den nächsten Jahren ungestörte, weltweite Kommunikation für jedermann ermöglichen. Hinter Begriffen wie DSC oder GMDSS verbirgt sich zwar Spitzentechnologie und große Zuverlässigkeit, bis wir aber die Technologie der Satellitenkommunikation genauso selbstverständlich nutzen können wie heute das Handy, müssen wir uns zum Teil noch mit althergebrachten, nicht immer störungsfreien Systemen verständlich machen.
Der Seefunk bringt mit den Nautischen Warnnachrichten (NWN) alle Unregelmäßigkeiten, mit denen Schiffe konfrontiert werden können. Eine überragende Rolle spielen unter anderem Wetter- und Warnfunk, Funkortung, Revier- und Hafenfunk, funkärztliche Beratung und der Seenotfunk.
Dies geschieht überwiegend im Sprechfunk und mithilfe von NAVTEX.

Die Frequenzbereiche sind wie folgt:

UKW = Ultrakurzwelle arbeitet auf 30–300 MHz. Die quasioptische Reichweite liegt um 20–30 Seemeilen.

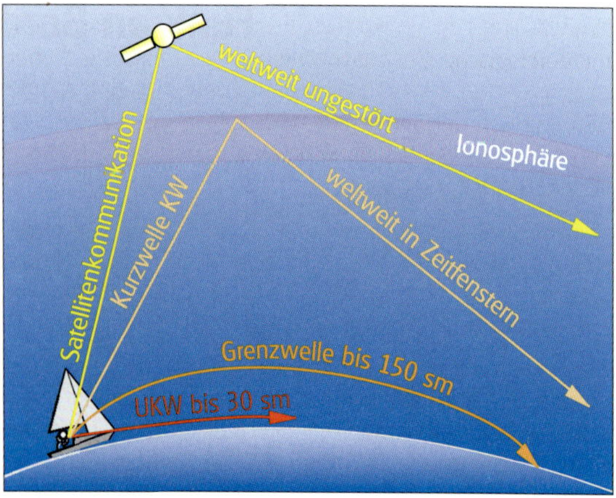

Funkbereiche

MW = Mittelwelle arbeitet in einem Frequenzbereich von 300–1606,5 kHz. Die Reichweite liegt zwischen 20 und 150 Seemeilen; nachts sind größere Reichweiten möglich. Seit Einführung von GMDSS (s. S. 138) wird die Mittelwelle im Seefunk nicht mehr verwendet.

GW = Grenzwelle arbeitet auf Frequenzen von 1606,5–3800 kHz. Die Mindestreichweite beträgt tagsüber 150 Seemeilen; auch hier sind nachts größere Reichweiten möglich.

KW = Kurzwelle funktioniert durch Brechung an der Ionosphäre weltweit. Der Seefunk arbeitet im 4-, 6-, 8- bis 30-MHz-Frequenzbereich.

NAVTEX (Navigational Text Messages) bietet die Möglichkeit, mit einem Empfänger über Telex auf 518 kHz (internationaler

NAVTEX-Dienst in englischer Sprache) u. a. nautische und meteorologische Warnnachrichten sowie maritime Sicherheitsinformationen zu empfangen, in deutscher Sprache auf 490 kHz von der Sendestation Pinneberg für das gesamte deutsche Seewarngebiet der Nord- und Ostsee. Informationen über NAVTEX-Sender im Jachtfunkdienst.

Seefunkstellen sind Funkanlagen auf Seeschiffen und können am Binnenschifffahrtsfunk nicht teilnehmen (mangels ATIS; vgl S. 136). Es gibt aber Kombi-Geräte für Seefunk und Binnenschifffahrtsfunk (mit ATIS).

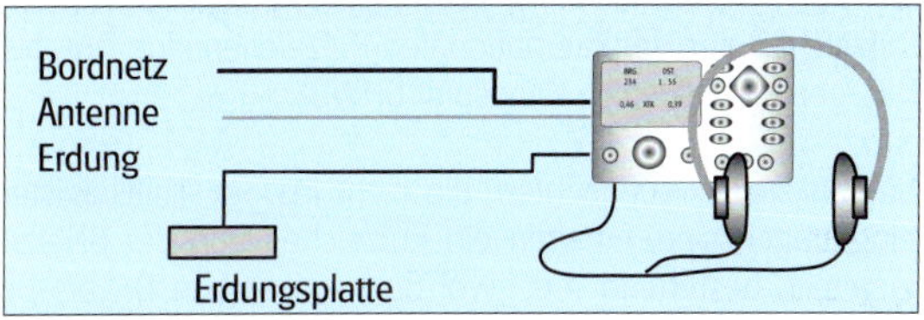

Seefunkstelle – Wird ein Funkgerät auf einem Seeschiff installiert, wird es zur Seefunkstelle. Die Erdungsplatte ist gewöhnlich für Grenz- und Kurzwellenanlagen erforderlich.

Schiffsfunkstellen sind Funkstellen auf Binnenschiffen; sie können am Seefunkdienst teilnehmen, mangels DSC-Controller aber nicht am GMDSS.

Das **Betreiben** von Funkanlagen auf Seeschiffen unter deutscher Flagge (Seefunkstellen) bedarf einer Frequenzzuteilung durch die Bundesnetzagentur (BNetzA), Außenstelle Hamburg.
Für die Ausstellung der Frequenzzuteilungsurkunde für den Binnenschifffahrtsfunk ist die BNetzA-Außenstelle Mülheim/Ruhr zuständig.

Seefunkstelle

Bedienen darf die Anlage nur ein Funkzeugnisinhaber (SRC und LRC für den Seefunkdienst, UBI für den Binnenschifffahrtsfunk).

Rufzeichen – Es dient der Identifizierung der Funkstelle und wird von der BNetzA, Außenstelle Hamburg (Seefunkstellen) bzw. Mülheim (Schiffsfunkstellen), erteilt.

Ist eine Yacht ins Seeschiffsregister eingetragen (vgl. S. 233), wird das vom Amtsgericht erteilte vierstellige Unterscheidungssignal zum gleich lautenden Rufzeichen der Seefunkstelle an Bord der Yacht. Für deutsche Seefunkstellen werden Rufzeichen aus der internationalen Rufzeichenreihe DAA bis DRZ gebildet (Beispiel: Windspiel/DHWD).

Seefunkstellen auf Yachten, die nicht ins Seeschiffsregister eingetragen sind, erhalten ein Rufzeichen von der BNetzA zugeteilt, bestehend aus zwei Buchstaben von DA bis DJ, gefolgt von vier Ziffern:

ATIS ist ein Senderidentifizierungssystem, das Schiffsfunkstellen (Binnen) haben müssen. Es handelt sich dabei um das umgewandelte digitalisierte Rufzeichen der betreffenden Schiffsfunkstelle.

MMSI = Maritime Mobile Service Identity. Das ist im DSC (s. S. 140) die selektive Seefunkstellen-**Rufnummer**, bestehend aus neun Ziffern: Die ersten drei Ziffern sind die Seefunkkennzahl (Maritim Idenfication Digit – MID), die jedem Land zugewiesen wurde: Deutschland 211, gefolgt von sechs Ziffern von 0 bis 9.
Anhand der MID kann unterschieden werden, ob es sich um eine Seefunkstelle, eine Rufnummer für eine Gruppe von Seefunkstellen oder eine Küstenfunkstelle handelt:

211... + 6 Ziffern	Seefunkstellen-Rufnummer.
0211... + 5 Ziffern	Seefunkstellen-Gruppenrufnummer
00211 + 4 Ziffern	Küstenfunkstellen-Rufnummer

Beispiel für eine deutsche **Seefunkstelle:**

Die MMSI einer deutschen **Küstenfunkstelle:**

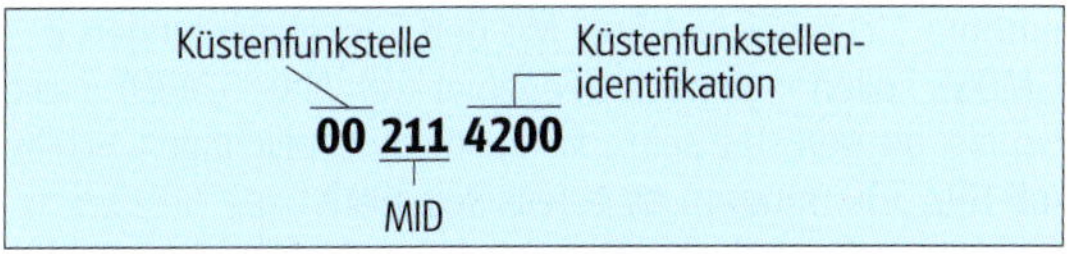

Die MMSI-Nummer wird in die EPIRB (s. S. 140) vom Händler einprogrammiert.
Die MMSI-Nummer ist nicht das Rufzeichen (s. Seite 136).

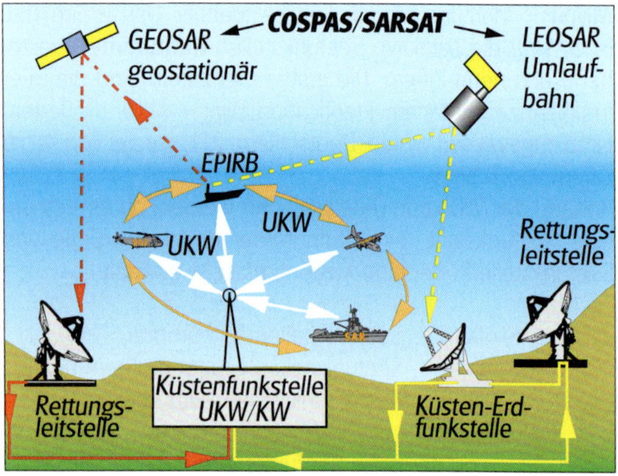

GMDSS – Sicherheitsfunksystem. Der Notruf geht über Satellit zur Rettungsleitstelle. Von dort wird die Rettungsaktion ausgelöst. Je nach Ausrüstung kann schließlich jeder mit jedem kommunizieren.

Fu

GMDSS ist die Abkürzung für Global Maritime Distress and Safety System (Weltweites Seenot- und Sicherheitsfunksystem). 1999 weltweit eingeführt, bietet GMDSS durch den Einsatz modernster Technik für die Schifffahrt eine wesentlich erhöhte Sicherheit auf See. Mit den Funkeinrichtungen des GMDSS sollen – je nach Seegebiet (vgl. Abb. S. 139) – alle Schiffe ausgerüstet sein, die ausrüstungspflichtigen Schiffe (ab BRZ 300) müssen es bereits seit 1999.

Die Hörwache auf dem Not- und Anrufkanal 16, die 2005 eingestellt werden sollte, besteht für die ausrüstungspflichtigen Schiffe auf absehbare Zeit auch weiterhin, wenn sie sich auf See befinden. Damit steht ein Kanal für Notalarmierung und

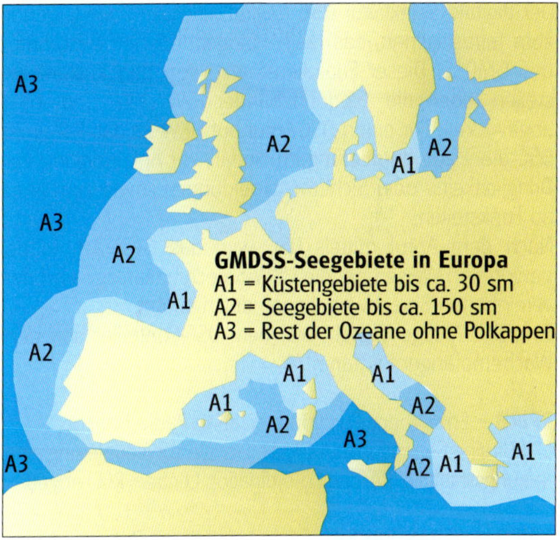

Die Seegebiete für die GMDSS-Ausstattung der Schiffe decken sich im Wesentlichen mit den Reichweiten von UKW (A1), Grenzwelle (A2) und mit der Satelliten-Abdeckung (A3).

Funkverkehr auch für Sportfahrzeuge zur Verfügung. Gleichwohl sollte der Sportskipper seine Funkausrüstung entsprechend anpassen oder ergänzen. Selbst bei keineswegs übertriebener, freiwilliger Funksicherheitsausrüstung erfährt ein Sportschiff einerseits ein großes Maß an zusätzlicher Sicherheit, zum anderen ermöglicht eine am GMDSS orientierte Ausrüstung im Seenotfall ein schnelleres und gezielteres Eingreifen. Funkanlagen müssen für die Teilnahme am GMDSS zertifiziert und entsprechend gekennzeichnet sein.

Der digitale Selektivruf **DSC** *(Digital Selective Calling)* gehört zum terrestrischen, das heißt landgebundenen Bestandteil des GMDSS. Dieser Funkdienst wird von den Küstenfunkstellen über die Frequenzbänder GW, KW und UKW abgewickelt. Für einen DSC-Anruf auf UKW ist das Kanal 70. DSC dient zur Alarmierung im Notfall, zur Ankündigung von Dringlichkeits- oder Sicherheitsmeldungen sowie zum Anruf an Funkstellen.
Nach dem Anruf mittels DSC wird das Gespräch in der gewohnten Weise über die UKW-Sprechfunkanlage und den vereinbarten Sprechweg (Kanal) durchgeführt.
Eine DSC-Anlage besteht aus dem DSC-Controller und dem Wachempfänger für Kanal 70.

EPIRB = Emergency Position Indicating Radio Beacon.
EPIRBs sind Seenotfunkbaken, die Signale zur Alarmierung einer Rettungsleitstelle (Rescue Co-ordination Centre – RCC) abgeben.

EPIRB–COSPAS/SARSAT: Sendezeit je nach Batterien bis ca. 48 Stunden; falls NMEA-Schnittstelle mit GPS verbunden, wird die letzte Position gesendet. Sonst keine Positionsmeldung.

COSPAS/SARSAT

Nach Auslösung des Notrufs werden die aktuellen Daten gesendet. Funktionsdauer je nach Batterien bis 48 Std. Positionsangaben werden in der Standard-Version nicht aktualisiert. Frequenzen 406 und 121,5 MHz

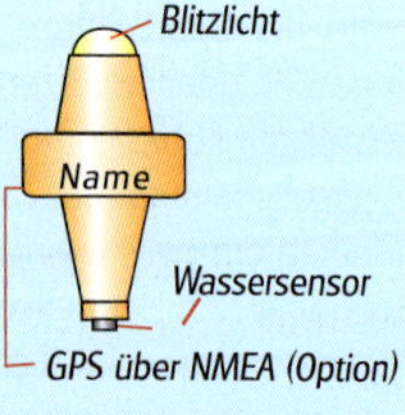

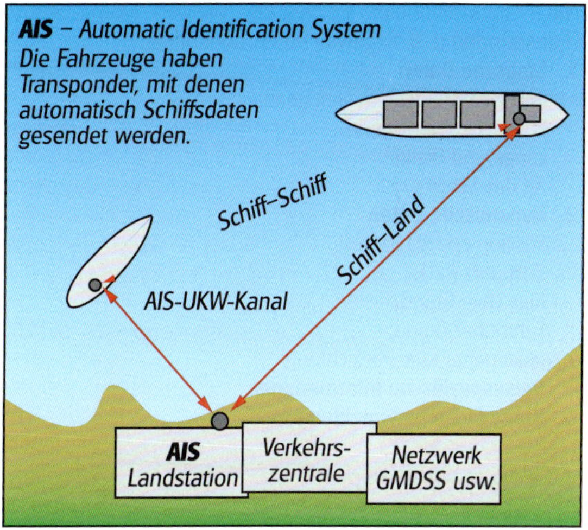

Das AIS-System arbeitet mit UKW. Auf dem Schiff ist ein Transponder, der Schiffsdaten sendet: Schiff–Schiff, Schiff–Land.

AIS ist ein Datenfunksystem zur Ortung von Schiffen, Tonnen, Baken usw. Es funktioniert auf UKW mit einer UKW-Antenne, Blackbox und Monitor oder Laptop (mit Software). Um selbst gesehen zu werden, bedarf es noch eines AIS-Transponders.

Schiffe mit einer Bruttoraumzahl (BRZ) ab 300 sind ausrüstungspflichtig (Standard AIS Class-A). Für die freiwillige Ausrüstung der Sportschifffahrt wurde AIS Class-B entwickelt. Die Geräte müssen vom Bundesamt für Seeschifffahrt und Hydrographie (BSH) zugelassen sein.

AIS

Nach internationaler Festlegung werden vom Sender (Transponder) u. a. folgende Daten übermittelt:

1. **Statische Daten**
   IMO-Nummer (sofern verfügbar)
   Rufzeichen und Name
   Länge und Breite
   Art des Schiffes
2. **Dynamische Daten**
   Position des Schiffes
   Zeitpunkt in UTC
   Kurs über Grund
   Fahrt über Grund
   gesteuerter Kurs (Kielrichtung)
3. **Reisespezifische Informationen**
4. **Kurze Sicherheitsmeldungen**

Seenot

Reichweite von Seenotsignalen
Aus heutiger Sicht und nach dem Stand der Technik sollte jedes Fahrzeug, das Küstengewässer und Seegewässer befährt, ein dem Fahrtgebiet entsprechendes Gerät an Bord haben, das über DSC GMDSS-tauglich ist. Das wäre im Mindestfall ein UKW-Gerät mit DSC, möglichst GPS-gekoppelt.

Reichweite der Geräte (UKW, GW, KW) siehe Seiten 133/134 (Funk-Notsignale)

Rote Fallschirm-Leuchtraketen sind die wirksamsten optischen Signale. Die Reichweite ist ca. 25 bis 35 sm, unter günstigsten Voraussetzungen 40 sm. Sie sollten nur abgefeuert werden, wenn in diesem Bereich ein möglicher Retter zu vermuten ist.

Rote Sternraketen oder Leuchtkugeln haben eine Reichweite von 5 bis 10 sm. Sie sind nur wirksam, wenn Sie selbst in der Lage sind, ein Flugzeug, Schiff, die Küste oder deren Lichter zu sehen.

Alle anderen Signale mit optischem oder akustischem Effekt sind nur im engeren Sichtbereich unter 3 sm und bei besten Voraussetzungen etwa 5 sm wirksam.
Die Notzeichen der KVR (s. S. 144/145) sind nur zum Teil für Yachten brauchbar.

Kanonenschüsse oder andere Knallsignale in Abständen von ungefähr einer Minute

MAYDAY

Das Sprechfunksignal aus dem gesprochenen Wort MAYDAY

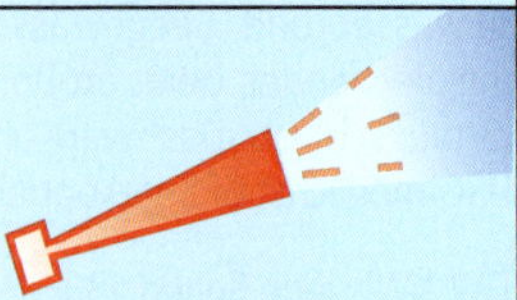

Anhaltendes Ertönen eines Nebelsignalgeräts

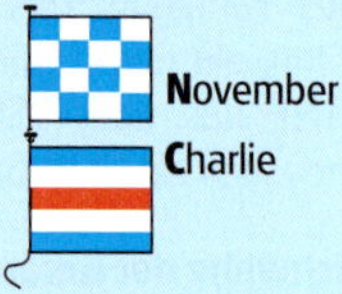

Das Notzeichen NC des Internationalen Signalbuches

Raketen oder Leuchtkugeln mit roten Sternen einzeln in kurzen Zwischenräumen

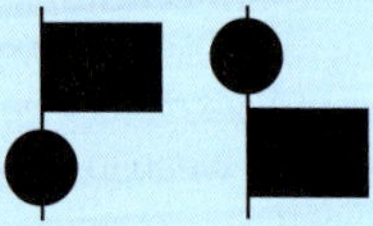

Signal aus viereckiger Flagge, darüber/darunter ein Ball oder Ähnliches

S O S

••• ▬ ▬ ▬ •••

Das durch Telegrafiefunk oder eine andere Signalart gegebene Morsesignal SOS

Flammensignale, z. B.: brennende Teertonnen, Altöltonnen o. dergleichen

 Eine rote Fallschirm-Leuchtrakete oder eine rote Handfackel	**Sprechfunk-Alarmzeichen** Das Sprechfunk-Alarmzeichen besteht aus 2 Tönen, die für die Dauer von 30 Sekunden bis zu 1 Minute abwechselnd gesendet werden
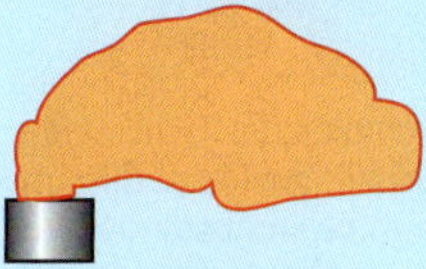 Ein Rauchsignal mit orangefarbenem Rauch	 Signale der Seenotfunkbake (EPIRB)
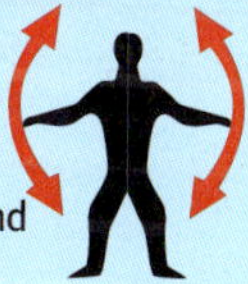 Langsames und wiederholtes Heben und Senken der seitlich ausgestreckten Arme	Zugelassene Signale, die über Funksysteme einschließlich Radartransponder auf Überlebensfahrzeugen übermittelt werden
Telegrafiefunk-Alarmzeichen Es löst die selbsttätigen Funk-Alarmgeräte auf den damit ausgerüsteten Fahrzeugen aus und besteht aus einer Folge von 12 Morsestrichen (je 4 s) innerhalb einer Minute. Der Zwischenraum zwischen den Strichen beträgt 1 Sekunde	Außerdem wird auf Zeichen für die Erkennung aus der Luft (orangefarbenes Tuch mit schwarzem Kreis oder Quadrat) und Wasserfärber hingewiesen

Sn

Signale vom Retter

Ist Ihre Notlage von einer Küstenrettungsstation, einem Seenotkreuzer, einem Schiff oder Flugzeug bemerkt worden, so geben diese eines der folgenden Signale:

Wir sehen Sie, Hilfe kommt sobald wie möglich

orangefarbenes Rauchsignal

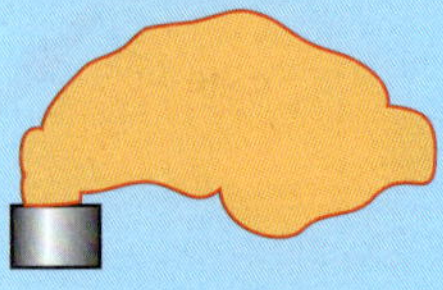

oder:

kombiniertes Licht- und Schallsignal (drei Blitzknallsignale, in Abständen von einer Minute abgefeuert)

oder:

weißes Sternsignal (drei Sternsignale, in Abständen von einer Minute abgefeuert)

Das Sternsignal ist das Nachtsignal. Alle drei Signale können auch am Tag oder nachts einzeln oder zusammen gegeben werden, je nachdem, wie wirksam sie sind. Man kann jedoch auch andere auffällige Signale, die kurz auf das eigene Seenotsignal folgen, als Bestätigung betrachten.

- Wenn Sie diese Signale sehen, springen Sie nicht gleich über Bord, um dem Retter entgegen zu schwimmen; das kann Sie Ihr Leben kosten.
- Die Rettung kann unter ungünstigen Bedingungen noch Stunden dauern (u. U. sogar abgebrochen werden!).

- Wenn Lebensmittel und Wasser rationiert waren, muss das weiter so bleiben.
- Wichtig: mit Geduld auf den Retter warten.

Spätestens jetzt muss der Skipper darüber nachdenken, ob er nur Frau und Kind in Sicherheit schickt und er selbst an Bord bleibt, um das Schiff zu bergen, oder ob er es aufgibt. Die Umstände können sich mit dem Wetter schnell verändern. Die Entscheidung ist sehr schwer. Sie sollte aber immer gegen das Schiff ausfallen. Möglicherweise würde durch Zögern oder zu optimistische Einschätzung der Lage der Retter in Gefahr gebracht.

Nicht selten ist auch der Retter in Gefahr, wenn er hilft. Sie erleichtern ihm die Arbeit am besten, wenn Sie sich ruhig verhalten und seine Anordnungen abwarten.

Der Retter leitet die Aktion, nicht der Schiffbrüchige!

Vom Flugzeug ist Rettung fast nur in Form von Rettungsgeräten, Proviant, Wasser, Rauchbojen und der Gewissheit zu erwarten, dass jetzt ein Retter kommen wird.

Im Küstengebiet wird die Hubschrauber-Rettung immer häufiger praktiziert. Sie ist bei ruhiger See relativ einfach, bei Seegang bedarf sie großer Aufmerksamkeit. Es ist sehr wichtig, dass der zu Rettende schnell, energisch und richtig handelt. Der Hubschrauber lässt eine Schlinge oder einen Rettungssitz herunter (vgl. S. 149).

Signale während der Rettung

In schwerem Wetter ist eine Rettungsaktion besonders schwierig und die Verständigung nur durch eine einfache Zeichensprache möglich. Die international gültigen Zeichen zur Verständigung während einer Rettungsaktion sehen wie folgt aus:

Allgemein	Tag	Nacht
Allgemein: **Ja** Im Besonderen: »Schießleine ist erfasst.« »Stertblock, Leine usw. ist fest.« »Hol weg.«	Heben und Senken der Arme oder einer weißen Flagge Zu jeder Tageszeit: grünes Sternsignal	Auf- und Niederbewegen eines weißen Lichtes oder Flackerfeuers
Allgemein: **Nein** Im Besonderen: »Fier weg.« »Nicht weiter holen.«	Hin- und Herbewegen der Arme oder einer weißen Flagge Zu jeder Tageszeit: rotes Sternsignal	Hin- und Herbewegen eines weißen Lichtes oder Flackerfeuers

Bis etwa Windstärke 8 können Hubschrauber in relativ begrenztem Aktionsradius eingesetzt werden. Meist bleibt jedoch für die Rettung nur wenig Zeit. Es muss schnell und überlegt gehandelt werden. Hier die drei bei der Hubschrauber-Rettung eingesetzten Geräte und ihre Benutzung.

Rettungsnetz: Wird vorwiegend zur Bergung von Verletzten eingesetzt. Der Verletzte setzt sich hin und hält sich fest.

Rettungsnetz

Rettungsschlinge: Sie wird in den Nacken gelegt, dann werden beide Arme durchgesteckt, sodass die Schlinge in die Achselhöhlen rutscht. Danach die Sicherungsschlaufe fest zuziehen.

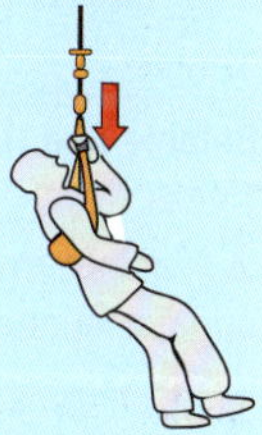

Rettungsschlinge

Rettungssitz: Wenn eine Person hochgezogen werden soll, setzt sie sich auf eine oder zwei der Sitzflächen und umfasst mit den Armen den Ankerschaft. Es können auch zwei Personen auf einmal aufgewinscht werden.

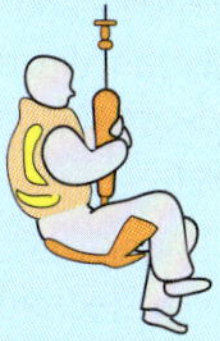

Rettungssitz

Rettung mit Raketenapparat

Längsseits gehen in schwerem Wetter oder bei Grundsitzern ist selten möglich. Die Verbindung wird vom Retter mit einem Raketenapparat hergestellt, mit dem eine dünne Leine über das Boot geschossen wird. Dieser Vorgang spielt sich immer in der gleichen Weise ab, unabhängig davon, ob später das Abbergen mit Hosenboje, Rettungsfloß, Schlauchboot oder nur am Holtau vor sich geht. Zur Verständigung dienen die Zeichen von Seite 148.

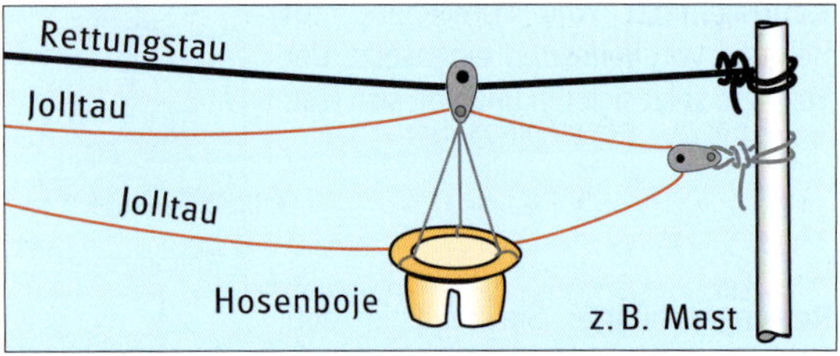

Sn

Befehle und Handgriffe für das Anbringen der Hosenboje

Retter	Schiffbrüchiger
1 schießt mit Raketenapparat dünne Leine über das Boot.	**2** erfasst sofort dünne Raketenleine und gibt bejahendes Zeichen.
3 steckt nach dem Zeichen ein Holtau oder einen Stertblock an die dünne Leine und gibt das Zeichen zum Holen.	**4** holt an der dünnen Leine das Holtau oder den Stertblock an Bord, belegt sofort und gibt Zeichen, dass die Leine fest ist.

5 Danach beginnt das Abbergen. Frauen oder Verletzte zuerst. Und jeder Arbeitsgang wird durch die Zeichen auf Seite 148 angekündigt oder abgeschlossen.

Überleben auf See ist eine Willenssache, sofern der Rumpf des Schiffes schwimmfähig geblieben ist oder Sie sich ins Schlauchboot oder eine Rettungsinsel retten konnten. Einige Grundregeln verlängern die Überlebenszeit um ein Vielfaches. Man kann unter Befolgung der nachstehenden wichtigsten Verhaltensregeln wochenlang überleben!

- Auch wenn es ganz schlimm wird: kein Seewasser und keinen Urin trinken
- Alkohol auf jeden Fall meiden
- Wenn Wasser rationiert wird, dann am ersten Tag überhaupt nichts, später 1/2 Liter und, wenn es ganz knapp wird, 1/4 Liter pro Tag und pro Kopf ausgeben
- Wasser nur schluckweise trinken und immer durch Gurgeln den Gaumen benetzen
- Wenn durch Regen wieder Wasser vorhanden ist, auch dann nur schluckweise trinken
- Jede Gelegenheit zum Wasserauffangen nutzen
- Verdauungsstörungen sind meist kein Grund zur Aufregung
- Wenn Wasser knapp wird, auch Lebensmittelrationen kürzen, da zum Verdauen und Ausscheiden Wasser verbraucht wird
- Körper möglichst trocken halten
- Körper vor Sonne schützen

- Jede Gelegenheit wahrnehmen, um Kleidung und Ausrüstung zu trocknen
- Körper und Rettungsgerät unter allen Umständen sauber halten und pflegen
- Körperliche Anstrengung auf ein Minimum herabsetzen
- Ausguck immer besetzt halten und jede Stunde ablösen
- Stange mit Signalkörper aufstellen (am besten Flagge und Ball improvisieren; vgl. S. 144). Das sieht man besser als das Fahrzeug
- Wenn Tabletten vorhanden, dann jedes Aufkommen von Seekrankheit damit bekämpfen
- Jedes Besatzungsmitglied muss eine Aufgabe zugeteilt bekommen, die es gewissenhaft ausführt
- Spiele spielen; wenn nicht vorhanden: erfinden
- Viel singen
- Alles bekämpfen, was zu Langeweile und zu Pessimismus führen könnte
- Achtung vor Verletzungen, besonders beim Fischfang (Stachel, Angelhaken) und bei Reparatur
- Ziehen Sie auch die anderen Kapitel und die folgenden Seiten zu Rate

Seenotsignalmittel

Nach den »Sicherheitsrichtlinien« gehören folgende Seenotsignalmittel an Bord von Yachten für mittlere Seeräume und Küstenfahrt:

4 rote Fallschirm-Leuchtraketen
4 weiße Handfackeln
4 rote Handfackeln
2 orangefarbene Rauchsignale

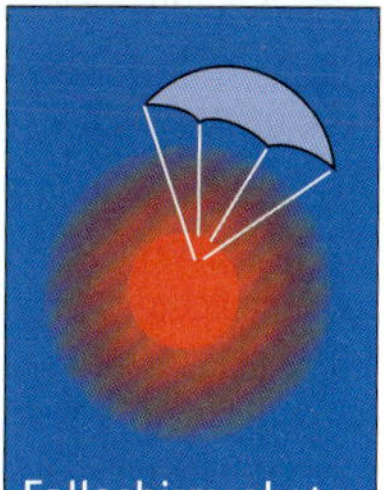

Fallschirmrakete

Anforderungen an die Signalmittel:
Steighöhe mind. 300 m
Brenndauer mind. 40 s
Lichtstärke mind. 30 000 cd

Einsatz der pyrotechnischen Signalmittel:
Mit den Fallschirm-Leuchtraketen (große Steighöhe) versucht man die Aufmerksamkeit eines Retters zu erregen.
Mit der Handfackel und dem Rauchsignal lotst man den Retter zu sich heran.

Notruf über Funk – Über Funk ist die Wahrscheinlichkeit, gehört zu werden, am größten. Vor allen Dingen hat der Notruf über Funk den Vorteil, dass man mit Sicherheit von sachkundigen Stellen empfangen wird. Das Wichtigste ist, die Position mit anzugeben (was bei mit GPS vernetzten Geräten mit DSC im GMDSS automatisch passiert; s. S. 138/140).

Neben den bereits genannten Seenotsignalen, mit denen man über weite Strecken einen Retter auf sich aufmerksam macht, gibt es eine Reihe von Signalmitteln, die besonders für das Auffinden eines Über-Bord-Gegangenen gedacht sind und deren schneller Einsatz über den Erfolg entscheidet. Sie gehören als Zusatzausrüstung zu Rettungswesten und Rettungskörpern, da sich die Erkenntnis durchgesetzt hat, dass eine über Bord gefallene Person bei Wind und See (bei ruhigem Wetter passiert es selten) schon nach wenigen Sekunden außer Sicht gerät.

Nachtrettungslichter – Sie werden mit Batterien oder Seewasserzellen betrieben. An Rettungswesten sind Nachtrettungslichter nicht sehr beliebt, da sie leicht irgendwo hängen bleiben. Wichtig sind sie jedoch an Rettungskörpern, die man dem ins Wasser Gefallenen hinterher wirft und so gleich seine Position weithin sichtbar macht. Am wirksamsten sind Elektronenblitz-Bojen mit Flagge.

Zweitonpfeifen – Damit macht der über Bord Gefallene akustisch auf sich aufmerksam. Der Doppelton ist wichtig, um die Verwechslung mit einem Möwenschrei zu vermeiden.

Schwimmflagge – Das ist eine Spiere, die mit einem Schwimmer sowie Ballastgewicht am unteren und einer orangefarbenen Flagge (oder Reflexfolie) am oberen Ende ausgerüstet ist und die nach dem Prinzip des Stehaufmännchens funktioniert (ebenso wie die Elektronenblitz-Boje). Sie wird zusätzlich mit dem Rettungskörper über Bord geworfen.

Farbbeutel – Sie färben das Wasser im Umkreis von etwa 50 m^2 gelb, was besonders Suchflugzeugen die Arbeit erleichtert.

Reflexfolien – Das sind spezielle Folien, die sehr stark reflektieren und an Rettungsbojen, -flößen und -westen angebracht werden.

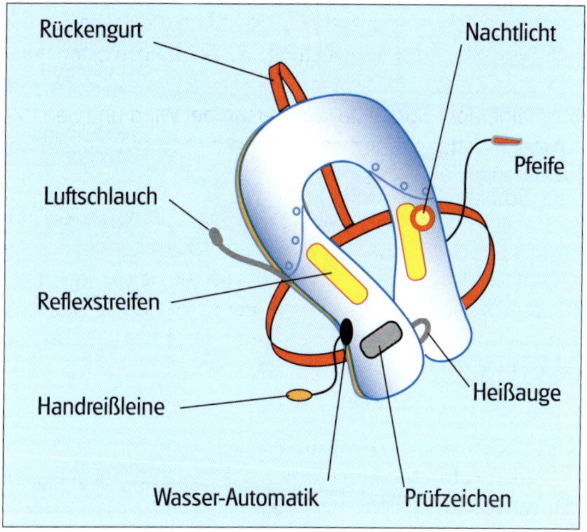

Für jede Person eine Rettungsweste!

Rettungswesten sind nach der Norm DIN EN ISO 12402 in vier Leistungsstufen eingeteilt. Stufe 150 (früher EN 396) ist für den Hochsee-Einsatz mit wetterfestem Ölzeug geeignet, Stufe 275 (früher EN 399) für Hochsee unter extremen Wetterbedingungen, mit schwerer Schutzkleidung und schwerer Ausrüstung.

Die optimale Lösung ist zumindest für Segler die Kombination aufblasbare Rettungsweste mit eingearbeitetem Sicherheitsgurt, denn wenn es Zeit für Schwimmwesten wird, sollte man auch anfangen, sich einzupicken.

Für aufblasbare Westen gehören Original-Pressluftflaschen in das Reserveschapp.

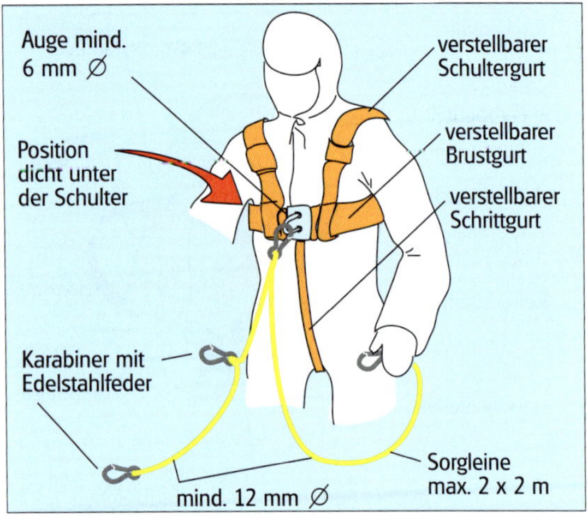

Der Sicherheitsgurt kommt seiner Bedeutung nach vor der Rettungsweste. Wenn man ihn nämlich konsequent einsetzt, braucht man die Rettungsweste nur bei Totalverlust.

Achten Sie beim Kauf auf guten Sitz dicht unter der Achsel, und prüfen Sie, ob der Gurt und die Leinen EN 1095 entsprechen.

Anwendung:
Auf keinen Fall an der Seereling einpicken. Befestigungspunkte möglichst tief an Deck suchen. Wenn man Reviere mit wirklich schwerem Wetter befährt, sollte man Strecktaue (6 mm Edelstahl) vorbereiten, die man vor Eintritt des schweren Wetters im Cockpit und an Deck spannt.

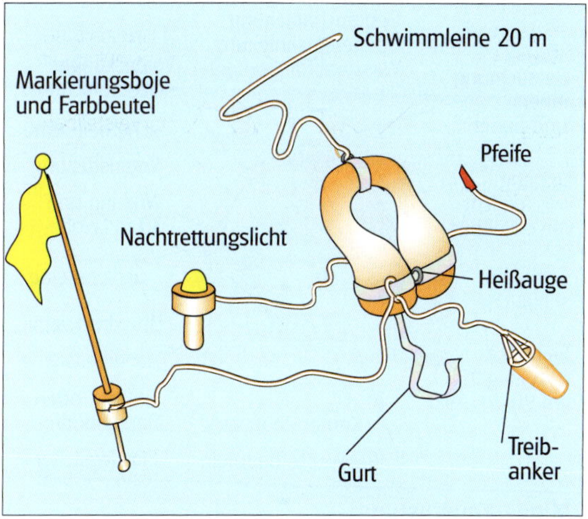

Der Rettungskörper mit Markierungsboje ist eine Weiterentwicklung des Rettungsringes. Der Rettungskörper erfüllt die Kriterien einer Feststoffweste, und mit seinen starken Gurten ist auch die Bergung eines Ohnmächtigen einfacher.

Das für die Rettungsboje vorgeschriebene Zubehör ist sehr umfangreich (Abb.), und man muss in all den Leinen penibel Ordnung halten, damit der Rettungskörper auch Wirksamkeit entfaltet, wenn er über Bord geworfen wird.

Die Markierungsboje ist nach den »Sicherheitsrichtlinien« nur für den zweiten Rettungskörper vorgeschrieben, der in den Fahrtgebieten 0 bis 2 (s. S. 83) gefahren werden soll.

Vielfach hat man auf Yachten auch eine Bergeschlinge (Lifesling) für das Bergen eines über Bord Gegangenen.

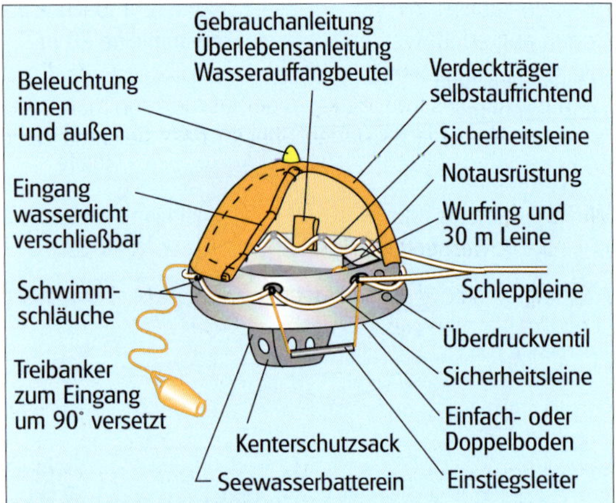

Mindestausrüstung:
3 rote Handfackeln, Reparaturset, wasserdichte Taschenlampe, Sicherheitsmesser, Ösfass, 2 Paddel, Blasebalg oder Pumpe, Treibanker, 2 Schwämme, 6 Antiseekrankheitstabletten je Person. Nottasche siehe rechte Seite.

Die Rettungsinsel ist der einzig wirksame Schutz vor Unterkühlung nach Totalverlust. Sie soll den in der Abbildung gezeigten Anforderungen entsprechen und die genannte Mindestausstattung haben.

Die Rettungsinsel muss in den vom Hersteller festgelegten Intervallen bei Fachfirmen gewartet werden.

Kennung der Rettungsinsel: Der Name der Yacht oder die Segelnummer sollte bei der ersten Wartung an geeigneter

Stelle in großen Zahlen und Buchstaben auf Dach oder Boden aufgeklebt werden.
Inseln im Container fährt man im Cockpit oder an Deck. Leichte Inseln (bis max. 40 kg) in der Tasche kann man in der Nähe des Niedergangs stauen, aber so, dass sie sofort (nach 15 s) einsatzbereit sind.

Wichtig: Wenn es die Situation zulässt, direkt vom Schiff in die Insel umsteigen und nicht erst ins Wasser springen.

Achtung: Sobald die Insel aufgeblasen ist, treibt sie bei Wind schneller, als man schwimmen kann!

Die Nottasche ist eine Ergänzung des sehr spärlichen Inhalts der Rettungsinsel. Je nach Bootsgröße und Revier sollte man eine Tasche immer bereitstehen haben, deren Inhalt im Notfall schnell ergänzt werden kann. Wenn ihr Gewicht 15 kg übersteigt, sollte man eine zweite Tasche einrichten, denn schon der zusätzliche Wasservorrat sollte bei vier Personen 2 x 10 l sein.

Nottasche (nach ORC-Richtlinien)
Treibanker mit Leine, 2 Sicherheitsdosenöffner, Erste-Hilfe-Kasten, Trinkbecher mit der Aufteilung für 10, 20, 30 ccm, 2 Leuchtstäbe oder Schwimmlampen, Tagessignalspiegel und Signalpfeife, 2 rote Fallschirmraketen, 3 rote Handfackeln, Lebensmittelrationen und Traubenzucker oder Ähnliches, wasserdichte Gefäße mit Frischwasser, Tafel mit Lebensrettungs-Notsignalen, Nylongarn und Plastiktüten.

Vor dem Einsatz Inhalt ergänzen mit EPIRB, SAR-Transponder, UKW-Gerät, Mobiltelefonen, allen Seenotsignalmitteln, weiterem Trinkwasser, Verpflegung, Schiffspapieren und Logbuch.

Notproviant

Folgendes resultiert aus einer Analyse der Sicherheitsvorschriften in der gewerblichen Schifffahrt, den Empfehlungen der Sportverbände und den Erfahrungen von schiffbrüchigen Fahrtenskippern:
Weit vor der festen Nahrung steht im Seenotfall das **Wasser**. Unter günstigen Bedingungen überlebt man ohne Wasser maximal 14 Tage, ohne feste Nahrung – bei ausreichend Wasser – 40 bis 50 Tage.
Es wird weitgehend vom Fahrtgebiet abhängen, welche Mengen Trinkwasser (in Dosen) und Notproviant gefahren werden sollten. Nur darf man nicht das Abtreiben in selten befahrene Gewässer unterschätzen, auch wenn man in Küstenrevieren fährt.
Der Skipper muss abschätzen, wie viel an Notproviant und Trinkwasser er für nötig hält.

Sn

Um bei Kräften zu bleiben, braucht eine Person pro Tag:

- 400 Gramm Wasser (das ist eine Dose)
- 800 kcal feste Nahrung (angereicherte Kraftnahrung – Traubenzucker, Brot und Ähnliches)

Anstrengung, Hitze, eiweißreiche sowie feste Nahrung verbrauchen zusätzlich Wasser. Deshalb sollten Fisch oder Fleisch nur gegessen werden, wenn ausreichend Wasser vorhanden ist. Wenn es knapp ist, sollte die Aufnahme fester Nahrung sogar noch weiter eingeschränkt werden.
Wann die Trinkwassermenge von 400 Gramm pro Tag und Kopf herabgesetzt wird, muss der Skipper entscheiden – und zwar aus der Situation heraus (Standort und Treibgeschwindigkeit).
Die ersten 24 Stunden werden weder Wasser noch feste Nahrung ausgegeben.

In europäischen Seegewässern werden bis zur Rettung kaum mehr als fünf Tage vergehen. Diese Zeit würde man theoretisch ohne Wasser und feste Nahrung überstehen. Trotzdem ist auch auf diesen Revieren Notverpflegung erforderlich. Schon nach zwei Tagen ohne Wasser sinkt die Moral von Schiffbrüchigen sehr stark ab, und die Gefahr von Fehlentscheidungen sowie die Unfallwahrscheinlichkeit steigen enorm an.

Trotz der Pflichtausstattung der handelsüblichen Rettungsgeräte (Rettungsinseln) mit Notproviant und 4 bis 8 Dosen Trinkwasser sollten Sie eine zusätzliche Nottasche (s. S. 159) mit Notausrüstung bereit halten, die Sie, wenn die Verhältnisse es zulassen, mit auf die Rettungsinsel nehmen. Dort kann man dann auch eine Ergänzung der Notration unterbringen.

Große Bedeutung hat der Notproviant besonders in den Passatgebieten oder auf längeren Seetörns, die außerhalb der Schifffahrtswege liegen und meist durch tropische Regionen führen, wo der Wasserbedarf mit etwa einem Liter sehr knapp bemessen ist (ohne Einschränkung des Wohlbefindens sind 2 1/2 Liter pro Tag erforderlich).

Das soll nicht heißen, dass man bei einer Atlantik-Überquerung für 65 Tage Notproviant bereithalten muss (14 Tage sind ausreichend), jedoch sollte man, wenn die Lage es irgend möglich macht, jeden greifbaren Wasservorrat mit in die Rettungsinsel oder das Schlauchboot nehmen. Die Möglichkeit ist bei guten Nerven in den meisten Fällen gegeben.

Abwettern – Mit zunehmendem Wind und Seegang muss die Segelfläche ständig verkleinert werden, bis schließlich ein Zustand erreicht ist, in dem von Segeln nicht mehr die Rede sein kann. Man ist gezwungen, den Sturm abzuwettern, das heißt, etwas zu unternehmen, damit Besatzung und Boot das Wetter ohne oder mit möglichst geringem Schaden überstehen. Es haben sich vier Techniken herausgebildet, die mit wechselndem Erfolg angewandt werden. Befindet man sich in der Nähe einer Leeküste, so muss unter allen Umständen versucht werden, mit stark gerefftem Tuch jeden möglichen Meter nach Luv herauszusegeln.
Jeder Seesegler tut gut daran, die für sein Schiff beste Methode auszutesten. Ein mühsames, aber lohnendes Geschäft.

Beiliegen – Unter Beiliegen versteht man das Abwettern mit Trysegel und back gesetzter Sturmfock. Die Pinne ist festgebunden, meist etwas nach Lee, um dem Boot eine leichte Tendenz zum Anluven zu geben. In diesem Zustand liegt das Boot quer zur See. Der Gleichgewichtszustand ist relativ stabil. Die Schlingerbewegung wird durch den Winddruck auf die Segel stark gedämpft. Die durch die Versetzung nach Lee in

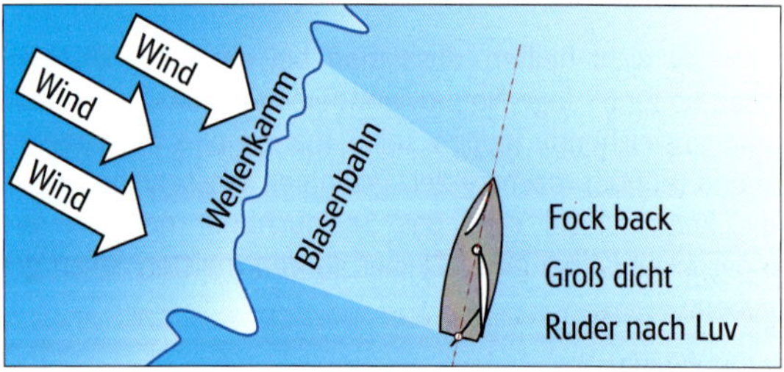

Luv erzeugte Blasenbahn wirkt beruhigend auf die See, da die Brecher schon in Luv des Bootes in der Wirbelstrecke auslaufen.

Vor Topp und Takel – Lenzen vor Topp und Takel bedeutet, ohne Segel mit dem Boot vor dem Wind zu laufen. Das Boot wird nur noch von der Kraft des Windes auf das nackte Rigg angetrieben. Die Wellen laufen von hinten auf, was sehr viel Aufmerksamkeit am Ruder erfordert. Lässt die Aufmerksamkeit des Rudergängers nach, so besteht die Gefahr des Querschlagens, was bei achterlicher See verheerende Folgen haben kann. Das Querschlagen ist deshalb begünstigt, da das Boot mit dem Durchlaufen einer Welle eine sehr große Beschleunigung bekommt. Gleichzeitig taucht das Vorschiff in das Wellental ein, wo eine Gegenströmung herrscht, die das Vorschiff abzubremsen versucht. Dies führt zu einem äußerst labilen Gleichgewichtszustand – ein sehr gefährlicher Augenblick!
Es empfiehlt sich in jedem Fall, eine lange Leine in Form einer Bucht mit einem angebundenen Gegenstand wie einem kleinen Treibanker, einer Kette oder etwas Ähnlichem über den Spiegel auszufahren, um eine den Kurs stabilisierende und die Geschwindigkeit vermindernde Wirkung zu erzielen.
Vor Topp und Takel zu laufen ist eine Möglichkeit, abzuwettern, wenn Sturm und See so weit zugenommen haben, dass ein Beidrehen beziehungsweise Beiliegen nicht mehr ratsam erscheint.

Vor Seeanker – Vor Seeanker treibend macht ein Boot den geringsten Weg nach Lee. Man wird diese Technik deshalb dann wählen, wenn der Seeraum nach Lee nicht besonders

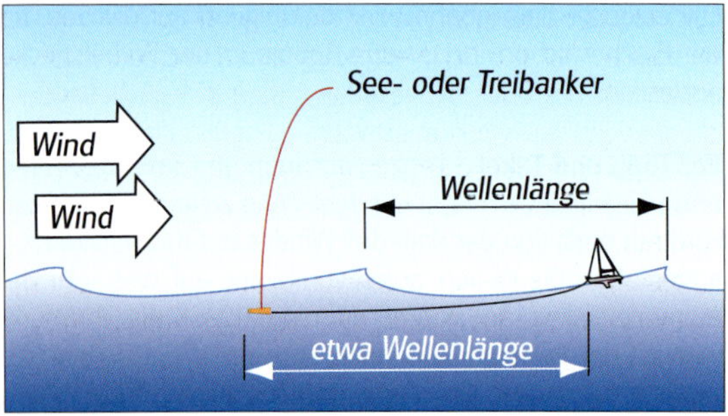

groß ist und die anderen Möglichkeiten auf Grund der größeren Driftgeschwindigkeiten ausscheiden. Der Seeanker bringt aber auch Probleme, da kein Boot sich genau in den Wind legt, gleichgültig, wie der Treibanker auch beschaffen sein mag. Das liegt einerseits am Wasserwiderstand des Rumpfes und andererseits am Luftwiderstand des Riggs. Das geht so weit, dass die Boote quer zur See und zum Wind liegen oder in einigen Fällen das Heck zum Wind drehen. Diese Neigung kann man im Allgemeinen durch das Setzen eines sehr kleinen Segels im hinteren Bereich des Bootes abstellen. Auf Yachten mit zwei Masten kann man am Besan ein Trysegel setzen und dichtholen. Auf Booten mit nur einem Mast kann man beispielsweise die Sturmfock mit dem Vorliek am Achterstag, am Baum oder lose fahren.

Es gibt allerdings auch eine ganze Anzahl von Booten, die weitaus besser liegen, wenn der Seeanker über das Heck ausgefahren wird. Das ist nicht sehr günstig, da durch das breite Heck mehr Brecher über Deck rollen, als dies vom Bug her der Fall ist.

Sehr wichtig ist vor allen Dingen die Länge der Ankerleine. Der Treibanker darf nur so weit ausgefahren werden, dass er genau wie das Boot im Wellental oder auf dem Wellenberg ist. Ist der Anker zu kurz angebracht, verliert er nicht nur seine Wirkung, die entgegengesetzten Bewegungen von Boot und Anker sind auch sehr unangenehm und führen sehr schnell zum Bruch der Leine.
Auf alle Fälle ist der Seeanker eher etwas für große Traditionsyachten. Eine moderne Yacht wird aktiv sein wollen und die Wellen aussegeln.

Sich selbst überlassen – Dies ist die passive Art, einen Sturm abzuwettern:

- alle Segel bergen
- alles festlaschen, auch das Ruder
- Schotten dichtmachen

Und nun das Boot sich selbst überlassen. Die Besatzung wartet unter Deck das Unwetter ab.
Das hat einen Nachteil: Die Bewegungen des Bootes sind sehr unregelmäßig und ruckartig, was die Kräfte der Crew stark beansprucht. Jeder Eigner sollte sein Boot bei passender Gelegenheit einmal sich selbst überlassen, um sein Verhalten kennenzulernen.
Einem Seesegler wird diese Methode nicht gerade zusagen, doch wird man sie zumindest im Krankheitsfall anwenden.

Die Notreparatur steht der Seemannschaft viel näher als dem Bootsbauerhandwerk.

Man muss davon ausgehen, dass bei schönem, ruhigem Wetter kaum etwas passiert. Bruch hat man immer dann, wenn man ohnehin durch Sturm und Seegang genug um die Ohren hat und jeder Handgriff besondere Anstrengung bedeutet.

Wer in dieser Situation nicht schnell reagiert und instinktiv richtig handelt, befindet sich im Handumdrehen in Seenot.

Hier können nur einige Tipps gegeben werden, da die Möglichkeiten zu vielfältig sind und, einigermaßen umfassend behandelt, ein Buch für sich ergäben.

Wichtig ist immer, dass die Notreparatur wirksam ist und so lange hält, bis man in ruhigem Wetter oder im nächsten Hafen die »erste Hilfe« an der Bruchstelle verbessern kann.

Voraussetzung ist selbstverständlich, dass man eine Werkzeugkiste an Bord hat, in der eine Eisensäge und ein Bolzenschneider (zum Kappen von Stagen usw.) sowie die notwendigsten Ersatzteile nicht fehlen.

Sie finden auf den folgenden Seiten häufig mehrere Reparaturmöglichkeiten, sodass Sie je nach den Gegebenheiten zwischen dem primitivsten Weg und einer richtigen Reparatur wählen können.

Sehr eng mit der Notreparatur verbunden sind die Fehlersuche bei der Maschine (ab S. 247) und die Leckage auf See (S. 171).

Häufig muss man für die Zeit der Notreparatur das Boot sich selbst überlassen (siehe dazu S. 165).

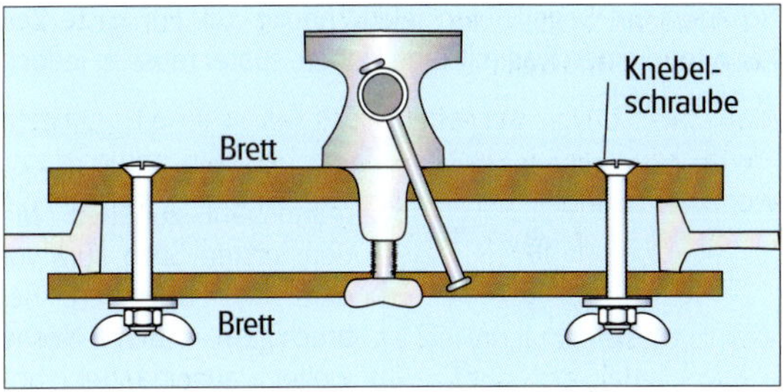

An Bord einer jeden Yacht gehört ein Schraubstock, den man mit einigen Handgriffen so befestigen kann, dass auch Reparaturen mit viel Kraftaufwand möglich sind. Der geeignetste Platz ist das Eingangsluk. Der Schraubstock ist fest auf ein Brett montiert, das über das Luk reicht. Von unten wird er mit einem zweiten Brett und Flügelschrauben am Luk festgeklemmt (Abb.).
So einen Platz sollte man auch unter Deck haben, z. B. zwischen den Kojen oder in der Pantry.

Wenn die Leinenverbindung große Lasten halten soll (z. B. Want), muss ein Stück Holz dazwischengeschoben werden. Die lose Part wird an der festen Part beigebunden oder Sie verwenden Drahtklemmen und Kauschen (sofern in der Ersatzteilkiste vorhanden).

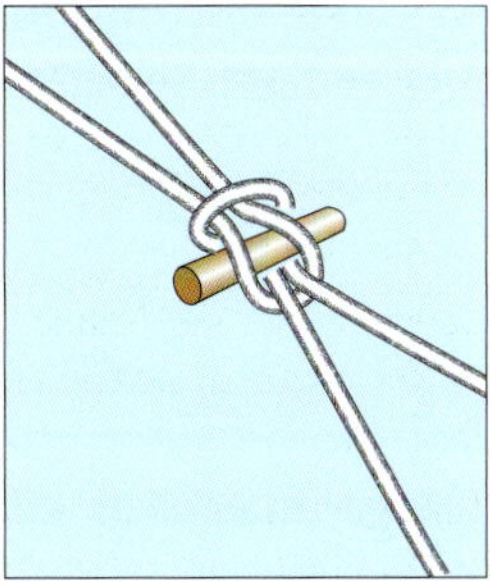

Notreparatur am Segel

Schäden am Segel treten relativ häufig auf. Für kurze Zeit kann man einen Riss mit Tape kleben, später muss er jedoch genäht werden.

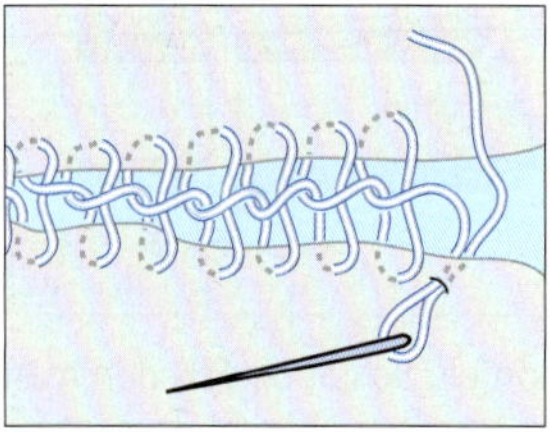

Gerader Riss: Mit Bootsmannsnaht zunähen. Mit dem ersten Stich kurz vor dem Riss beginnen. Bei brüchigem Tuch Stiche weiter auseinander ansetzen und zum Schutz mit Tape überkleben.

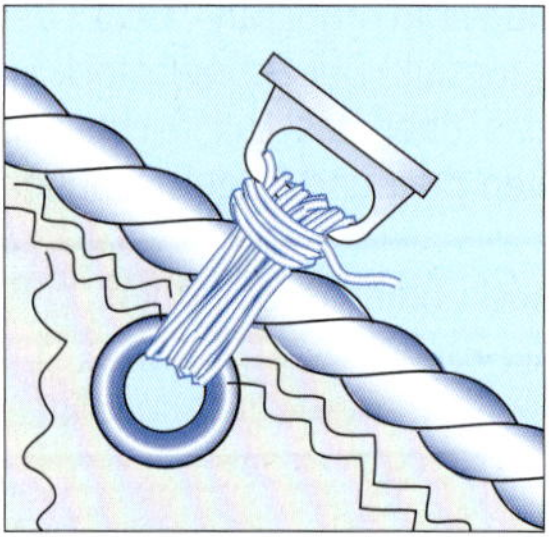

Rutscher: Dickes Garn verwenden. Doppelt nehmen, ausstreichen, einfetten und Knoten ans Ende setzen. Faden oft durchziehen und zwischen Liek und Rutscher ca. 1/2 cm Abstand lassen. Quertörns mit halben Schlägen fixieren.

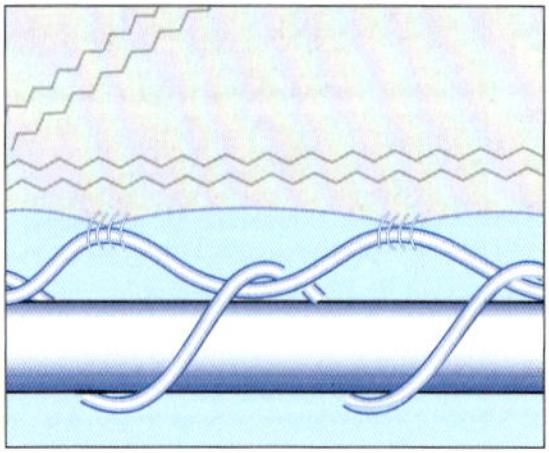

Notliek: So wird ein Segel an eine Notspiere (geschienter Baum usw.) angeschlagen, das sich nicht mehr in die Keep schieben lässt. Häufig kann man ein Segel provisorisch mit losem Liek fahren.

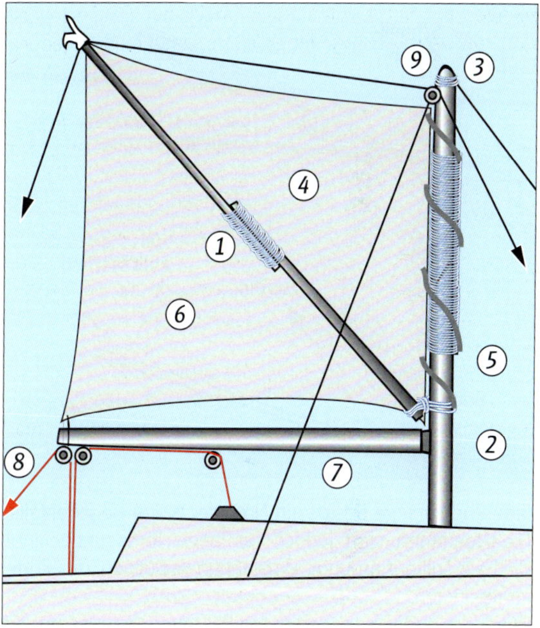

Für ein Notrigg eignet sich am besten ein Sprietsegel, da der Notmast gewöhnlich nicht lang ist. An einem kurzen Mast lässt sich relativ viel Segelfläche setzen.
① Spriet, ② Mastreste, ③ Persenningstück, vierfach gefaltet und mit Takling befestigt, ④ Fock, ⑤ Achterliek angereiht, ⑥ anderes Stagsegel, ⑦ Baum (heil geblieben), ⑧ Schotzug zusätzlich über Spi-Block, ⑨ Block.

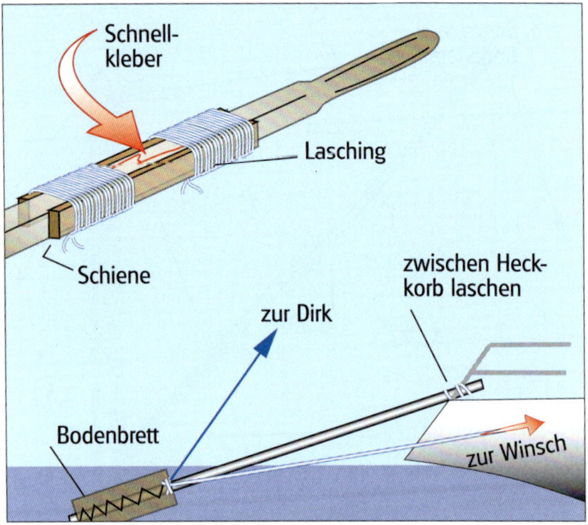

Jede Ruderanlage besitzt ein Notruder (sollte sie jedenfalls). Die Notpinnen sind jedoch für lange Törns ungeeignet. Deshalb sollte man unter Umständen versuchen, das Ruder zu reparieren.

Bruch am Ruder macht oft guten Rat teuer. Wenn es nur die Pinne ist, kann man sie mit zwei Holzlatten (Pinnenrest oder Paddel mit Bootshaken) schienen. Verliert man das Ruder ganz, muss man sich mit Bodenbrettern, dem Kajüttisch und Ähnlichem behelfen. Reißt das Steuerseil einer Radsteuerung, sodass man es nicht zusammenklemmen kann, müssen vom Rudersegment zwei Leinen über Blöcke ins Cockpit geschoren oder direkt vom Ruderblatt an der Bordwand (außen) hochgeführt werden.

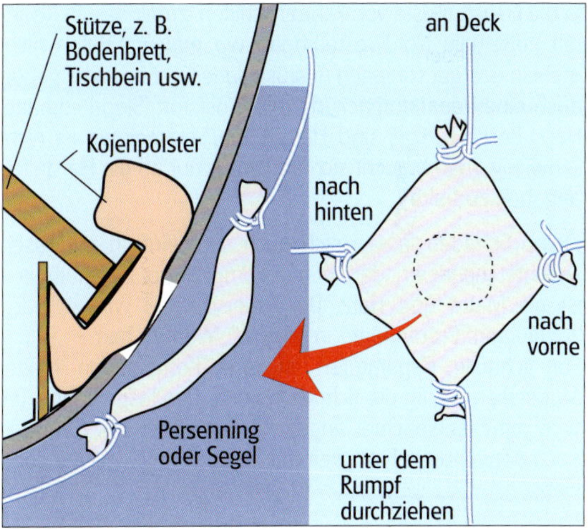

Keine Panik, wenn der volle Wasserstrahl durch den Rumpf schießt! Zur Abdichtung sind die Holzpfropfen (Notausrüstung) gedacht.

- Leck in Luv: Boot durch Abfallen stärker krängen.
- Leck in Lee: Über Stag gehen, dann nimmt der Wasserdruck ab.
- Erste Hilfe gegen großes Leck: Kojenpolster vor das Leck stopfen und im Zweifelsfall draufsetzen, bis jemand mit einer Stütze zu Hilfe kommt. Wenn die Wasserflut stoppt und die Lenzpumpe in der Lage ist, den Wasserspiegel zu senken, wird die provisorische Abdichtung innen weiter verbessert. Erst danach sollte man, wenn die Reise noch länger dauert, von außen das herkömmliche Lecksegel anbringen.

Schnellreparatur mit Kunststoff

In die Ersatzteilkiste von Fahrtenschiffen, zumindest in Revieren außerhalb Nordwesteuropas, wo man im Hafen nicht mehr in den gut sortierten Ausrüsterladen gehen kann, gehört auch eine Reparaturpackung mit Kunststoff (Standardmatte, Harz, Beschleuniger und Härter). Die Verarbeitung ist nicht schwierig, man braucht sich im Prinzip nur an die Herstellerangaben zu halten.

Kleine Schäden lassen sich auch sehr einfach mit Faserspachtel reparieren, der noch unkomplizierter zu verarbeiten ist als Matte und Harz. Der Faserspachtel wird je nach zugefügtem Pastenhärter in 5 bis 20 Minuten hart.
Für schnelle Reparaturen ist eine Kombination beider Materialien häufig die richtige Lösung. Das losgerissene Teil wird mit Faserspachtel angesetzt und dann das Ganze je nach notwendiger Festigkeit mit 2 oder 3 Lagen Matte überklebt.

Voraussetzung für eine gute Haftung: gründliches Entfetten und Schleifen der zu reparierenden Oberflächen.

Voraussetzung für Kunststoffreparaturen ist generell, dass man die Reparaturstelle mindestens 1 ½ Stunden (im Notfall, sonst länger) trocknen lassen kann, was bei Notreparaturen nicht immer möglich ist.

Kunststoff können Sie mit folgenden **Werkzeugen** bearbeiten: Holzraspel, Eisensäge, Schleifpapier, normale Holzbohrer.

Achtung! Die Arbeiten mit Kunststoff sind feuergefährlich, Feuchtigkeit schadet, zuviel Harz ist schlecht.

Matten- oder Gewebestücke so lange antupfen, bis sie ganz durchsichtig geworden sind, dann ist alle Luft raus.

Voraussetzung dafür, Holz mit Kunststoff zu reparieren oder zu verstärken, ist, dass man das richtige Material zur Hand hat. Normales Polyesterharz haftet auf Holz schlecht. Diese Eigenschaft besitzen nur Epoxid oder spezielle Polyesterharze mit Zusätzen. Für eine Notreparatur sollte man Epoxidharz mit einem schnellen Härter (2–5 Minuten) zur Verfügung haben.

① Spiere mit kurzer Bruchstelle (mit Holz zusätzlich versteift und dann mit Glasmatte umwickelt und dadurch verstärkt).
② Spiere mit langer Bruchstelle.
③ Notreparatur eines ausgerissenen Beschlages. Das Loch im Deck wird mit Holz und Harz ausgefüllt.
④ Durchgebrochenes Deck mit Decksbalken.

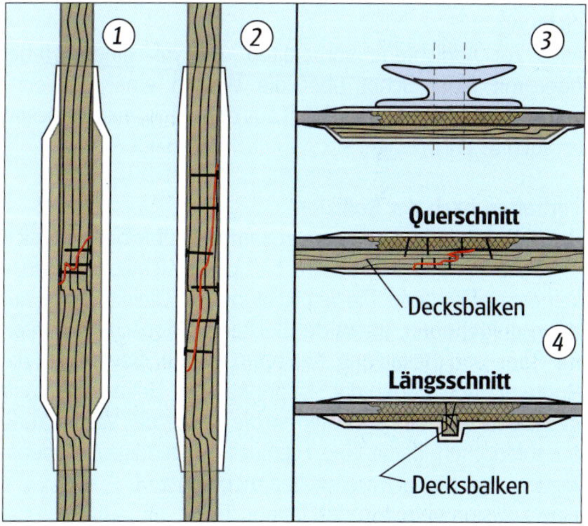

Sn

Kollision

Versuchen Sie alles zu tun, um eine Kollision, in der die Rümpfe mit 90° aufeinandertreffen, zu vermeiden. Drehen Sie das Schiff möglichst auf einen Parallelkurs und, wenn es geht, in gleich laufende Richtung. Selbst entgegen der Fahrtrichtung ist der Aufprall nicht so stark wie bei 90°. Hier spielen die Entschlossenheit des Skippers und das richtige Ruderlegen in letzter Sekunde die entscheidende Rolle. Machen Sie sich vor allem gründlich mit dem »Manöver des letzten Augenblicks« im Abschnitt »Wegerecht« (S. 14) vertraut.

90°-Kollision

Eine Kollision kann durchaus so heftig sein, dass das andere Schiff in der Rumpföffnung hängen bleibt. Das ist, wenn das Wetter es zulässt, für den ersten Augenblick die beste Abdichtung.

Alles zur Abdichtung vorbereiten und mit einem Hebel oder mit einer Schot über die Winsch eine Ausbrechvorrichtung und dann das Schiff aus dem Leck herausdrücken (s. auch S. 171).

Verhalten nach der Kollision

Beide Boote haben so lange zusammenzubleiben und sich gegenseitig Hilfe zu leisten, bis klar ersichtlich ist, dass keinem Gefahr droht. Die Verpflichtung zur Hilfeleistung ist nur dann aufgehoben, wenn der Beistand erhebliche Gefahren für Boot und Besatzung bedeuten würde. Bevor sich die Boote trennen, haben die Skipper Adresse, Heimathafen und gegebenenfalls den Zielhafen sowie Name der Versicherung auszutauschen, damit eine eventuell notwendige Schadensregulierung ohne Schwierigkeiten möglich ist.
Eine Kollision gehört in das Tagebuch!

Abschleppen und Bergen

Das Abschleppen eines bemannten Schiffes ist eine Hilfeleistung. Als Bergung bezeichnet man das Abschleppen eines unbemannten Schiffes. Der Gesetzgeber macht allerdings keinen Unterschied zwischen Abschleppen und Bergen (Rechtsfolgen und Kosten).

Wird eine Yacht abgeschleppt, so entsteht durch die Schleppverbindung ein stillschweigendes Abkommen auf der Basis **»no cure, no pay«** (kein Erfolg, keine Bezahlung). Man nennt die Art dieses Abkommens »Lloyd's Open Form«.

Wenn vor dem Abschleppen kein anderer Vertrag gemacht wird, sollte man bei Übergabe/Übernahme der Schleppleine den Zuruf »open form« nicht vergessen; damit ist gemeint, dass man mit einem Bergungsvertrag auf Basis der »Lloyd's Open Form« einverstanden ist.

Bergelohn

Berger hat Anspruch auf Bergelohn. Kein Eigentumsrecht! Bezahlt wird der Aufwand des Bergers (Schiff, Material, Zeit) im Verhältnis zum Wert des Schiffes in geborgenem Zustand, der Gefährdung des eingesetzten Materials und der Mannschaft. Die von der Deutschen Gesellschaft zur Rettung Schiffbrüchiger durchgeführten Hilfeleistungen (Lebensrettung) sind kostenlos. Im Gegensatz zu »Sachrettung«, z. B. Abbergen einer verlassenen Yacht. Der Versicherer übernimmt im Allgemeinen diese Kosten und beteiligt sich auch bei Lebensrettung an den allgemeinen Kosten der Rettungsdienste.

Bergelohn-Verhandlungen der Versicherung überlassen!

> Wichtig: Auf alle Fälle Schiffs- und Eigner- bzw. Skippernamen des Retters, Stichworte über Verlauf der Aktion und Wetterverhältnisse sowie Uhrzeiten notieren.

Verlassen des Schiffes

Wird eine Yacht, von ihrer Mannschaft verlassen, geborgen, geht sie nicht in das Eigentum des Bergers über (Bergelohn vgl. S. 175). Der Bergelohn wird in so einem Fall jedoch entschieden höher sein als bei einer Hilfeleistung (Abschleppen eines bemannten Bootes). Doch gilt auch hier: Der Eigner oder Versicherer haftet nicht über den Wert der geborgenen Sache hinaus. Bergekosten oder Kosten der Hilfeleistung in Fällen, in denen noch kein Besitz- oder Verfügungsverlust vorliegt, werden meist von den Kasko-Versicherern übernommen.

Wichtig: Auch wenn Ihr Schiff hoch und trocken auf dem Sand liegt: Verlassen Sie es erst dann, wenn Sie für Bewachung gesorgt haben. Sie sind und bleiben der Eigentümer des Schiffes und haben für den richtigen Ablauf der Bergungsaktion nach besten Kräften zu sorgen. Verständigen Sie sofort Ihren Kasko-Versicherer und holen Sie von ihm im Zweifelsfall Weisungen ein.

Strandgut

Bezüglich der Haftung des Eigners für die gestrandete Yacht gelten die Bestimmungen der §§ 486 ff. HGB in Verbindung mit dem Übereinkommen von 1976 über die Beschränkung der Haftung für Seeforderungen (Haftungsbeschränkungsübereinkommen). Danach ist die Haftung für Schiffe bis zu BRZ 250 beschränkt auf 166 500 SZR für Körperschäden und 83 500 SZR für Sachschäden.*

Angetriebene Yachten gehen nicht in den Besitz des Finders über.

* SZR = Sonderziehungsrecht, täglich vom Internationalen Währungsfonds (IWF) festgelegt (zzt.: ~0,91 SZR ≈ 1 Euro).

Verlust des Schiffes

Hier ist zu unterscheiden:

- Totalverlust – Das Schiff ist unwiederbringlich verloren (verbrannt, in großer Tiefe gesunken).
- Konstruktiver Totalverlust – Die Reparaturkosten erreichen oder übersteigen die Versicherungssumme.

Wichtig: Hier ist die Vereinbarung einer »festen Taxe« in der Kaskopolice (nur als Fotokopie an Bord) vorteilhaft (Ausschluss der Unterversicherung).

Personenschäden im Seenotfall

(oder bei Schiffsunfällen)

Die Kaskoversicherung deckt nur die Sachschäden (das Schiff usw.).

Die Haftpflichtversicherung deckt Ansprüche Dritter, die aus Verschulden des Eigners, Skippers oder der Crew entstanden sind.

Sofern ein Verschulden denkbar oder nachweisbar ist, kann auch der Skipper von der Crew (sofern nicht bezahlte Crew) haftpflichtig gemacht werden.

Über eine Insassenunfallversicherung nach Pauschalsystem (wie im Kfz-Bereich) können Personenschäden an Bord auf direktem Weg gedeckt werden.

Wrackbeseitigung

Nach dem Bundeswasserstraßengesetz ist der Eigner als so genannter »polizeilicher Störer« grundsätzlich zur Wrackbeseitigung verpflichtet, damit »die Sicherheit und Leichtigkeit des Verkehrs gewährleistet ist und kein anderer geschädigt, gefährdet oder mehr, als nach den Umständen unvermeidbar behindert oder belästigt wird« (§ 3 Verordnung zu den KVR).

Die Wasser- und Schifffahrtsverwaltungen als Strompolizeibehörde können zur Gefahrenabwehr »in Ersatzvornahme« tätig werden, wenn der Eigner das Wrack nicht sofort beseitigt oder beseitigen kann. Die Kosten dafür werden dem Eigner in Rechnung gestellt. (Vergleich: Pkw, der abgeschleppt wird, weil er die Sicherheit des Verkehrs beeinträchtigt.) Die Haftungsbegrenzung greift auch hier (s. S. 176 unter »Strandgut«).

Die **Grundberührung** ist so lange harmlos, solange sie kontrolliert ist. Unkontrolliert kann sie zu schweren Schäden, ja zum Verlust des Schiffes führen.

Festkommen – Festgekommen ist ein Boot, wenn man es mit seinem eigenen Antrieb oder mit Bordmitteln nicht mehr flott bekommt. Steht in dieser Situation eine Wetterverschlechterung oder ablaufendes Wasser bevor, darf der Skipper nicht zu lange mit dem Notruf oder ROT-Schießen zögern, um möglichst schnell Hilfe zu bekommen. Sonst können die Umstände schon mit einer Winddrehung zur Strandung führen.

Strandung bringt meist den Verlust des Bootes und eine ernste Gefährdung von Menschenleben mit sich.

Legerwall – Befindet man sich mit seinem Boot auf Legerwall, das heißt, die Küste ist in Lee (Wind und See sind auflandig), muss man alles tun, um das Boot vor einer Grundberührung zu bewahren. Es wird vom Seegang mit Wucht auf Grund gesetzt, verliert die Manövrierfähigkeit, jede Welle setzt es weiter auf Land, bis es zerschlagen wird. Rechtzeitig Notruf senden oder ROT schießen und nicht zu lange auf ein Wunder hoffen! Wie man jemand von Legerwall befreit – vgl. S. 184.

Blitzmanöver bei Grundberührung

Wenn man auf Grund festsitzt, lässt sich natürlich theoretisieren, wie man das hätte vermeiden können. Wäre man durch ein schnelles Manöver, durch Verminderung der Krängung über die Untiefe hinweggekommen? Tatsächlich gibt es bei schneller und richtiger Reaktion in vielen Fällen die Chance, mit einem »Blitzmanöver« freizukommen.

Man muss sich bewusst machen, dass man bei einem Segelboot mit Mittelkiel durch Krängung den Tiefgang verringert, während man beim Kimmkieler den Tiefgang vergrößert (Abb.).

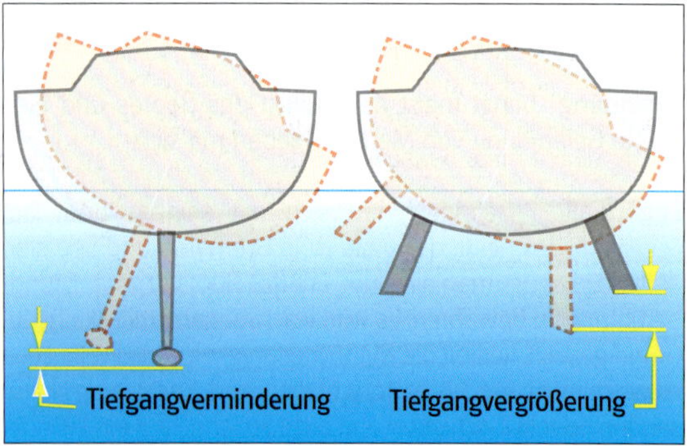

Diese Möglichkeit, über die Klippe oder den Sand hinwegzukommen, setzt natürlich Ortskenntnis voraus, sonst jagt man möglicherweise das Schiff noch höher auf den Sand.

Bei den im Folgenden geschilderten Manövern wird davon ausgegangen, dass die Grundberührung auf einer Untiefe stattfindet, über die man nach dem Rumpsen auch mit verminderter Krängung nicht hinwegkommt.

Aufgelaufen – am Wind

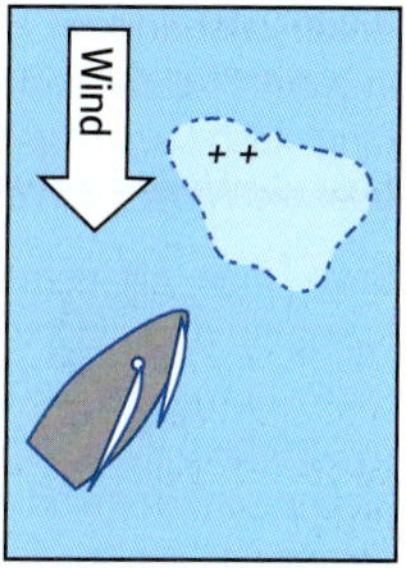

Wenn Sie einen Kurs am Wind segeln und auflaufen, sollten Sie nicht gleich die Schoten losschmeißen. Durch die dichtgehaltenen Schoten wird das Boot stark gekrängt. Hilft das nicht, versuchen Sie das (die) Segel back zu setzen und vielleicht das Groß loszuwerfen, damit das Boot durch Drehung heruntergedrückt wird.

Aufgelaufen – auf raumem Kurs

Laufen Sie mit raumem Wind auf, wird das Boot, bevor Sie reagieren können, stark gekrängt. Der erste Handgriff: sofort Schoten los! Danach wird der Anker geworfen. Vorsichtshalber, damit das Boot nicht weiter auf die Untiefe versetzt wird. Versuchen Sie die Segel zu bergen und, wenn der Anker hält, das Boot in den Wind zu drehen.

Aufgelaufen – vor dem Wind

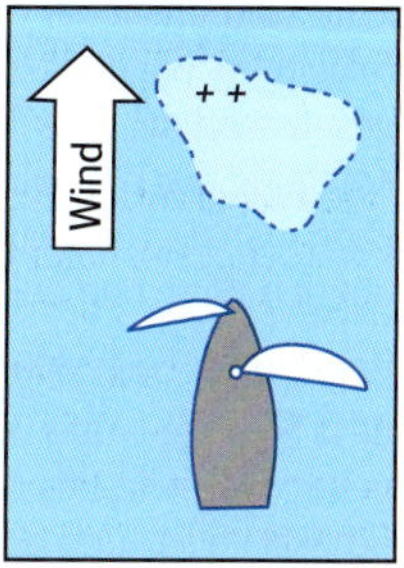

Laufen Sie vor dem Wind auf: Schoten los und Anker weg! Wenn der Anker fasst, kann man versuchen, durch Dichtholen des Großsegels das Boot in den Wind zu drehen. Gelingt es aber, das Groß ohne viel Drehung zu bergen (wenig Wind), dann ist das besser, als das Boot mit dem Segel zu drehen.

Sn

Anker ausbringen

In jedem Fall muss nach dem Aufsitzen der Anker mit dem Dingi nach Luv ausgebracht (u.U. beide Anker) und das Boot über die Winsch von der Untiefe geholt werden (s. Seite 183).

Bevor man mit dem Versuch beginnt, den Tiefgang durch Krängung zu verringern, muss der Anker ausreichend weit ausgebracht werden. Steht ein Dingi zur Verfügung, wird der Anker ausgefahren (Abb. rechts oben). Ist dies nicht der Fall, müssen Sie ihn schwimmend ausbringen. Dazu binden Sie Anker und Kettenvorläufer an eine Schwimmweste (oder mehrere) oder leere Wasserkanister, bis Anker und Kette gut schwimmen.

Die Krängung erreicht man wie folgt:

- Besatzung hängt sich in die Wanten.
- Der Baum wird mit Bullentaljen querschiffs festgemacht, ans Fall gehängt und belastet.
- Zusätzlich kann das mit Wasser gefüllte Dingi mit der Großschot zur Baumnock gehievt werden.

Wenn der Kiel durch Krängung freikommt, muss das Boot an der Ankerleine in tieferes Wasser verholt werden. Die Ankerleine wird entweder an das Großfall gesteckt ① und mit der Fallwinsch angeholt oder mit dem Großfall auf Spannung gesetzt und mit einer Talje auf das Deck gezogen ②. Wenn die Krängung durch Gewichtsverlagerung aber ohnehin ausreicht, kann man die Leine auch mit einer Hahnepot vorn und achtern auf den Winschen belegen ③ und so das Boot verholen.

Wenn Hilfe naht, zeigen Sie durch Hinhalten einer Leine an, dass Sie Hilfe wünschen und Ihre Leine zum Schlepper übergeben wollen (rechts unten). Das Ende stecken Sie durch einen Schäkel im Fall und belegen erst dann auf der Klampe.

Anker ausbringen mit dem Dingi

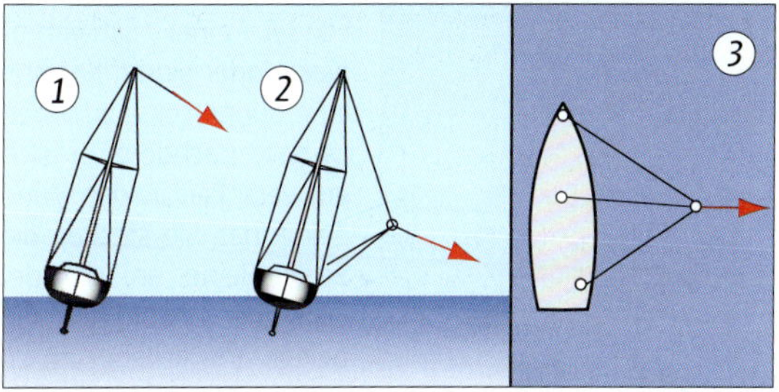

Krängen mit Fall und Hahnepot

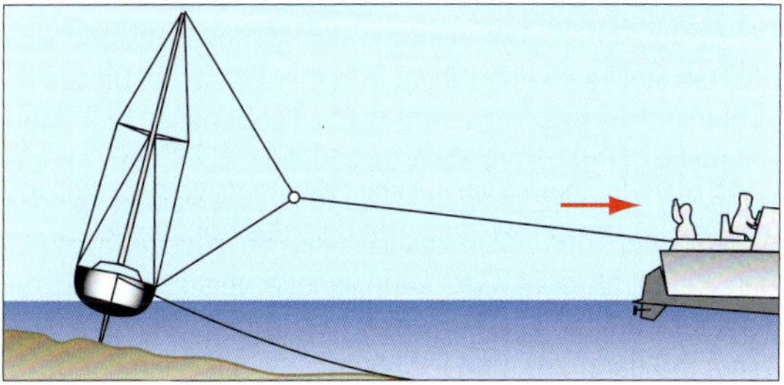

Schleppleine mit Schäkel oder starkem Block am Fall

Abbergen von Legerwall

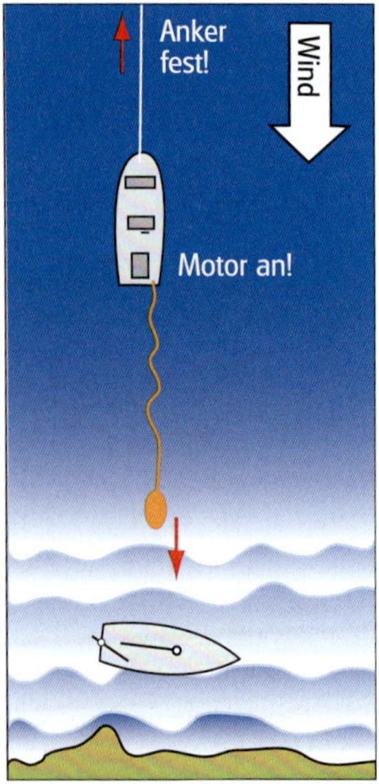

Wenn Sie auf Legerwall (Wind und Seegang) geraten sind, ist mit Bordmitteln selten etwas zu machen. Dazu kommt, dass es für den Helfer auch sehr gefährlich werden kann.

So läuft das Manöver ab:
Der Helfer lässt an einem Fender, einer Schwimmweste oder einem Kanister eine dünne Leine zu Ihnen treiben, nachdem er sich gut verankert in den Wind gelegt hat. Sie stecken die Schleppleine an, die der Schlepper an Bord holt und belegt, ehe er langsam zu schleppen beginnt.

Der Schleppende geht während des Manövers nicht ankerauf und stellt seine Maschine in keiner Phase ab. Diese Prozedur ist sehr gefährlich, und der Schleppende schert dabei unter Umständen sehr stark aus, sodass die Spannung der Leine ihn dann ruckartig zurückholt. Auf gar keinen Fall darf er versuchen, den Anker zusätzlich zu belasten, er muss für den Retter bleiben. Man kann jedoch versuchen, mit der Schleppleine den eigenen Anker mitzugeben. Der Schlepper bringt ihn dann aus, und Sie können die Ankerleine anholen und so die Bemühungen des Schleppers unterstützen.

Wetter

Das wichtigste Hilfsmittel für die Beurteilung der Wetterentwicklung ist der Wetterbericht über Radio, Telefon, NAVTEX, Online-Dienste, Funk oder/und die Wetterkarte beim Hafenmeister. Doch das allein genügt für eine sichere Reise noch nicht. Wetterberichte werden für relativ großräumige Gebiete gegeben, und die Vorhersage oder gar die Aussichten sind von so vielfältigen Umständen beeinflusst, dass diese, lokal gesehen, nicht immer stimmen können oder sogar falsch gedeutet werden. So ist z. B. der Land- oder Seewind in der Lage, den im Wetterbericht vorhergesagten Wind abzuschwächen oder zu verstärken. Am Ort gesehen, ließe das den Schluss zu, der Wetterbericht sei unzutreffend, aber einige Meilen von der Küste entfernt stimmt er dann.
Als Skipper sollte man in der Lage sein, die Entwicklung anhand eigener Beobachtung zu kontrollieren, um Abweichungen rechtzeitig zu erkennen. Die Qualität der Vorhersage hat sich in den letzten Jahren wesentlich verbessert; wenn auch die Vorhersagezeit häufig nicht stimmt, der Wetterablauf ist meist zutreffend, und den heißt es mit eigener Beobachtung richtig einzuschätzen (Barometer, Thermometer, Wolken und Wind).

Querwindregel

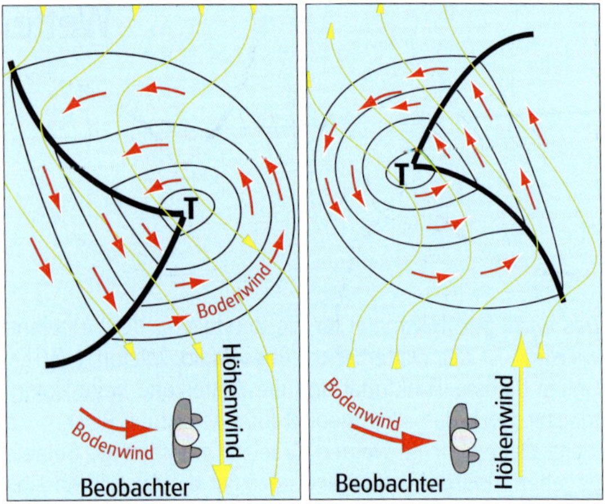

- *Hohe Wolken kommen von links*
- *Sie befinden sich vor dem Tief*
- *Schlechtes Wetter kommt*

- *Hohe Wolken kommen von rechts*
- *Sie befinden sich hinter dem Tief*
- *Wetter wird immer besser*

Hier eine der brauchbarsten Wetterregeln für die persönliche Wetterbeurteilung. Diese Regel ist aber nur bei unseren häufigen Westwetterlagen anzuwenden, bei denen Bilderbuchtiefs am laufenden Band durchziehen (funktioniert nicht bei festliegenden Tiefs und Hitzetiefs).

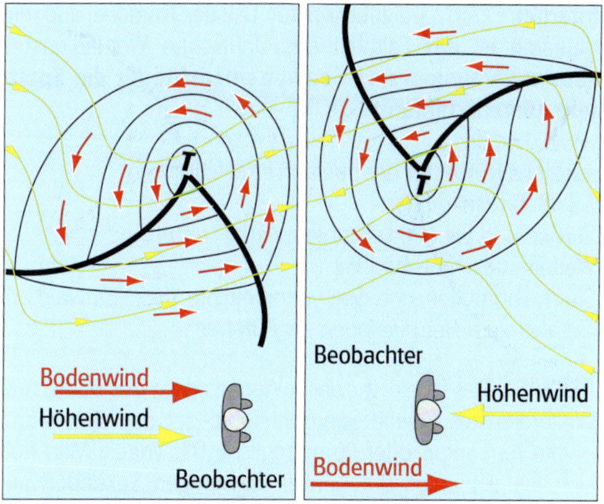

- *Hohe Wolken kommen von hinten*
- *Sie befinden sich im Warmsektor*
- *Die Kaltfront ist im Anmarsch*

- *Hohe Wolken kommen von vorn*
- *Das Tief zieht südlich vorbei*
- *Kein schlechtes Wetter zu erwarten*

So funktioniert es: Sie stellen sich mit dem Rücken zum Wind und beobachten die Zugrichtung der hohen Wolken (Zirruswolken – das sind die feinen, strähnigen); was Sie dabei zu erwarten haben: siehe oben.

Internet – Am geeignetsten für Ostsee, Nordsee und die Balearen ist das Faltblatt des Deutschen Wetterdienstes **»Sturmwarnungen und Seewetterberichte für die Sport- und Küstenschifffahrt«** als PDF-Datei:
www.dwd.de
spezielle Nutzer *(in der oberen Leiste anklicken)*
Schifffahrt *(linke Leiste)*
Service und weitere Leistungen *(linke Leiste)*
Wetterkundliche Lehrmittel
Sturmwarnungen und Seewetterberichte *(hier: Hinweis auf Faltblatt zum Herunterladen als PDF-Datei)*

SEEWIS – Das ist ein spezieller Wetterservice des Deutschen Wetterdienstes für die Sportschifffahrt, der den Datenabruf online für Laptop oder PC ermöglicht. Der Vorteil: Man holt sich ein gezipptes Datenpaket in wenigen Sekunden auf den Rechner. Was man dazu braucht, ist ein Rechner mit Windows (PC, Laptop usw.) mit Internetanschluss (Modem oder ISDN) oder an Bord ein GSM-fähiges Handy.
Der Inhalt des Datenpakets umfasst:

- aktuelle Wettermeldungen europäischer Küsten- und Seestationen sowie von Schiffen
- Wetterkarten (Analyse- und Vorhersagekarten) mit Isobaren und Fronten
- Satellitenbild/Satellitenfilm
- Zeitreihen (Punkt/Termin-Vorhersagen) für ausgewählte Orte und Seegebiete (darstellbar wahlweise als Grafik-Symbole, Diagramme oder als Klartext)
- Textvorhersagen (der übliche Seewetterbericht)
- Wind- und Sturmwarnungen für die deutsche Nord- und Ostseeküste

Eine Demoversion sowie aktuelle Informationen und Preise finden sich im Internet: www.dwd.de/SEEWIS oder www.seewis.de
SEEWIS ist von Montag bis Freitag (1000–1200 Uhr) telefonisch unter 040/66 90-18 52 erreichbar.
Die SEEWIS-Daten gibt es allerdings nicht umsonst; man muss ein Abo mit dem Deutschen Wetterdienst abschließen.

SEEWIS-Fax – Seewetterinformationen u. a. für Nord- und Ostsee, Mittelmeer, Ostatlantik, Karibik; Anfragen zu Monats-, Saison-, Jahresabos: Tel. 0 40/66 90-1911.

Warntelefon – Unter 0 40/66 90-12 09 sind rund um die Uhr Wind- und Sturmwarnungen für die deutsche Nord- und Ostseeküste bzw. Teilgebiete davon abrufbar. Liegen keine Warnungen vor, sind Windvorhersagen zu hören.

Seewetterberichte über Küstenfunkstellen und Rundfunksender – Angaben über Sender, Frequenzen und Sendezeiten von Wetterberichten für den gesamten Nord- und Ostseeraum bzw. das Mittelmeer finden Sie im aktuellen Jachtfunkdienst Nordsee, Ostsee und Englischer Kanal bzw. Mittelmeer des BSH.

Die internationalen **Wettervorhersagegebiete** für Nordsee, Ostsee, Atlantik und Mittelmeer sind auf den nächsten Seiten dargestellt. Darüber hinaus gibt es nationale Gebietseinteilungen, wie etwa in Großbritannien, Dänemark und Norwegen.

Internationale Wettervorhersagegebiete

Nordsee	N 1	Viking
	N 2	N-lich Utsira
	N 3	S-lich Utsira
	N 4	Forties
	N 8	Dogger
	N 9	Fischer
	N 10	Deutsche Bucht
	N 11	Humber
	N 12	Themse
	A 5	Engl. Kanal Osttteil
	A 6	Engl. Kanal Westteil
Ostsee	B 1	Bottenvik
	B 2	Norra Kvarken
	B 3	Bottensee
	B 4	Ålandsee und Ålandinseln
	B 5	Finnischer Meerbusen
	B 6	Rigaischer Meerbusen
	B 7	Nördliche Ostsee
	B 8	Mittlere Ostsee
	B 9	Südöstliche Ostsee
	B 10	Südliche Ostsee
	B 11	Westliche Ostsee
	B 12	Belte und Sund
	B 13	Kattegat
	B 14	Skagerrak
Mittelmeer	M 1	Golfe du Lion
	M 2	Balearen
	M 3	Ligurisches Meer
	M 4	Westlich Korsika–Sardinien
	M 5	Tyrrhenisches Meer
	M 6	Adria
	M 7	Ionisches Meer
	M 9	Ägäis/Taurus
	M 10	Palos
	M 11	Alboran
Atlantik	M 8	Biskaya
	M 12	Kanarische Inseln

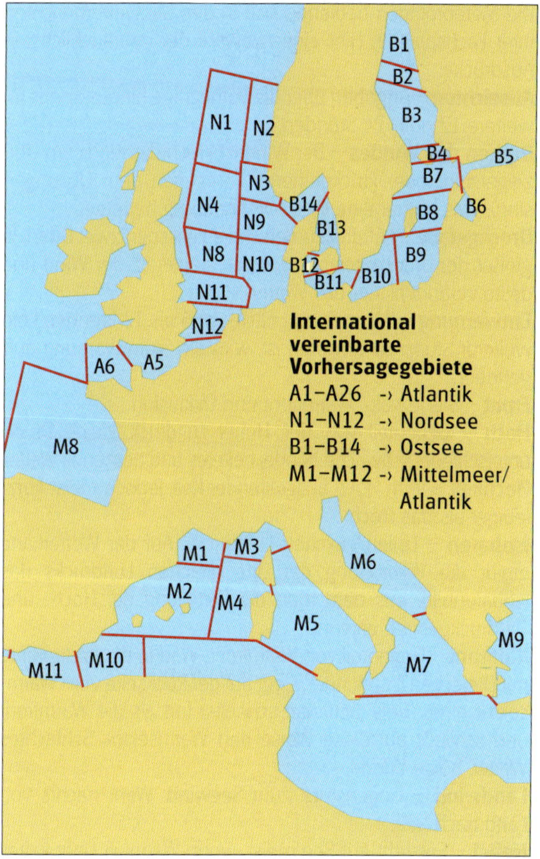
B1
B2
B3
B4
B5
B6
B7
B8
B9
B10
B11
B12
B13
B14
N1
N2
N3
N4
N8
N9
N10
N11
N12
A5
A6
M1
M2
M3
M4
M5
M6
M7
M8
M9
M10
M11
International vereinbarte Vorhersagegebiete
A1–A26 -› Atlantik
N1–N12 -› Nordsee
B1–B14 -› Ostsee
M1–M12 -› Mittelmeer/Atlantik

Die Meteorologen bedienen sich in den Seewetterberichten ihrer Fachsprache. Hier eine Auswahl der gebräuchlichsten Ausdrücke:

Aussichten – Angaben über die Vorhersage hinaus, meist für weitere 12 oder 24 Stunden.

Drehen des Windes – Der Wind ist »rechtdrehend« (im Uhrzeigersinn) oder »rückdrehend« (entgegen dem Uhrzeigersinn), was immer eine Wetterveränderung bedeutet.

Druckgefälle – Luftdruckunterschied zwischen zwei Orten. Je größer der Druckunterschied, desto stärker ist der Wind und desto veränderlicher das Wetter.

Entwarnung – Wenn in den nächsten 6 bis 12 Stunden kein weiterer Sturm zu erwarten ist, wird die Sturmwarnung aufgehoben.

Front – Siehe Kalt-, Warmfront und Okklusion.

Hoch – Gegenteil von Tief. Hoher Luftdruck, kleine Druckunterschiede, schwache Winde, heiteres und trockenes Wetter.

Hochkeil – Vom Hoch ausgreifender Keil, jedoch meist kurzlebiger als das Hoch.

Isobaren – Linien gleichen Luftdrucks. Auf der Wetterkarte ergibt die Verbindung der Orte gleichen Luftdrucks das Isobarenbild, aus dem man die Verteilung der Hoch- und Tiefdruckgebiete erkennt.

Kaltfront – Gegenteil von Warmfront. Wird in der Wetterkarte mit Dreiecken bezeichnet. Liegt auf der Rückseite vom Warmsektor eines Tiefs. Schreitet schneller fort als die Warmfront und schließt auf diese Weise den Warmsektor. Schlechtes Wetter, böige Winde.

Landwind – Gegenstück zum Seewind. Weht nachts von Land nach See.

Nebel – Entsteht auf See meist, wenn Warmluft über kaltes

Wasser streicht. Horizontalsicht geht auf 0,5 sm oder darunter zurück.

Nieseln – Sehr kleintröpfiger Regen, der die Sicht stark herabsetzt und oft beim Durchgang einer Warmfront auftritt.

Okklusion – Wird in der Wetterkarte abwechselnd mit den Symbolen der Kalt- und Warmfront (Dreieck/Halbkreis/Dreieck usw.) bezeichnet. Bildet den Zusammenschluss von Kalt- und Warmfront. Tritt mit zunehmendem Altern des Tiefs auf. Je weiter sie fortschreitet, umso langsamer wird die Zuggeschwindigkeit des Tiefs, bis es schließlich keinen Warmsektor mehr hat und damit sein Dasein beendet.

Rechtdrehend – Wind dreht im Uhrzeigersinn.

Rückdrehend – Wind dreht entgegen dem Uhrzeigersinn.

Schauerwetter – In wechselndem Abstand einander folgende Wind- und Regenböen. In Kaltluftmassen und auf der Rückseite von Tiefs.

Schlechtwettergebiet – Allgemeine Bezeichnung, wenn es sich nicht um charakteristisches Frontwetter handelt.

Seewind – Gegenstück zum Landwind. Thermisch verursachter auflandiger Wind. Weht tagsüber und erreicht am Nachmittag seine größte Stärke (bis Windstärke 5). Flaut gegen Abend ab.

Störung – Bezeichnung für noch nicht voll ausgebildete Tiefs oder Fronten.

Sturmstärke – Windstärke 8 und mehr.

Sturmwarnung – Wenn in den nächsten 6 Stunden Windstärken von 8 und mehr zu erwarten sind, werden vom Deutschen Wetterdienst, Geschäftsfeld Seeschifffahrt, Sturmwarnungen herausgeben.

Teiltief – Meist von Sturm begleitete Randstörung eines Tiefs mit schneller Zuggeschwindigkeit.

Tief – Gegenstück zum Hoch. Luftdruck niedrig, kräftige Bewölkung, Niederschläge, starke Winde.
Tiefausläufer – Zungenartige Isobarenausbuchtung.
Tiefdrucksystem – Umfangreiches Tief, meist mit mehreren Zentren und entsprechenden Fronten.
Tiefdruck-Trog – Tritt auf der Rückseite von umfangreichen Tiefs auf. Oft von stärkeren Winden begleitet.
Umlaufender Wind – Schwacher Wind aus verschiedenen (umlaufenden) Richtungen.
Umspringender Wind – Plötzliche Änderung der Windrichtung bei Durchgang von Fronten.
Vorhersage – Angaben über die Wetterentwicklung in den folgenden 12, 24 oder 48 Stunden bis 5 Tage.
Warmfront – Wird in der Wetterkarte mit Halbkreisen bezeichnet. Liegt an der Vorderseite des Warmsektors eines Tiefs. Gegenstück zur Kaltfront.
Westwetter – Typisches Wetter unserer Breiten. Tiefs ziehen von West nach Ost. Sehr wechselhaftes, vorwiegend schlechtes Wetter.
Zyklonenfamilie – In Abständen von ein bis zwei Tagen aufeinanderfolgende Tiefs.

Windstärke (Beaufort-Skala) . . . . s. Seite 288
Wetterkartensymbole . . . . s. Seite 289
Seegangsskala . . . . s. Seite 290
Wellengröße . . . . s. Seite 291

Schifffahrtszeichen

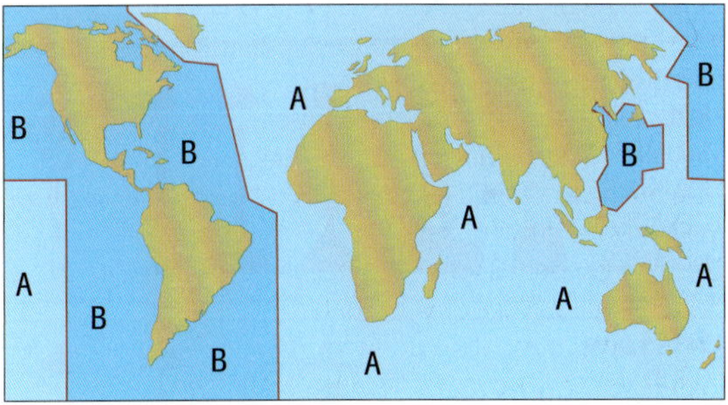

Die Betonnungsregionen A und B

Es gibt weltweit zwei Betonnungssysteme, die sich prinzipiell und in der Tonnenform gleichen und nur durch die Farbgebung unterscheiden.
Das ist in Europa, Afrika bis Indien und Australien das

Betonnungssystem A (ROT an Bb).

Das hiervon abweichende

Betonnungssystem B (ROT an Stb)

ist in Nord-, Mittel- und Südamerika sowie in Japan, Südkorea und den Philippinen eingeführt.

Das Betonnungssystem A setzt sich zusammen aus lateralen Zeichen zur Seitenbezeichnung, kardinalen Zeichen zur Richtungsbezeichnung, Einzelgefahr-, Mitte-Schifffahrtsweg- und Sonderzeichen.

Seitenbezeichnung (laterale Zeichen)

Die Tonnen sind Leucht- und Spierentonnen, Stangen, Pricken und der Fahrwasserseite entsprechend Spitz- und Stumpftonnen.

Bb-Seite
ROT
STUMPF
ZYLINDER
GERADE
NUMMER

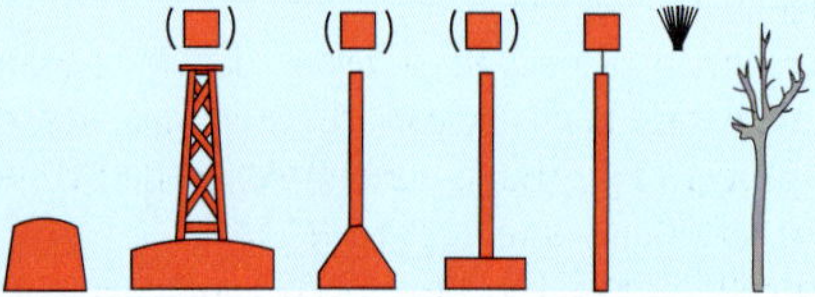

Stb-Seite
GRÜN
SPITZ
KEGEL
UNGERADE
NUMMER

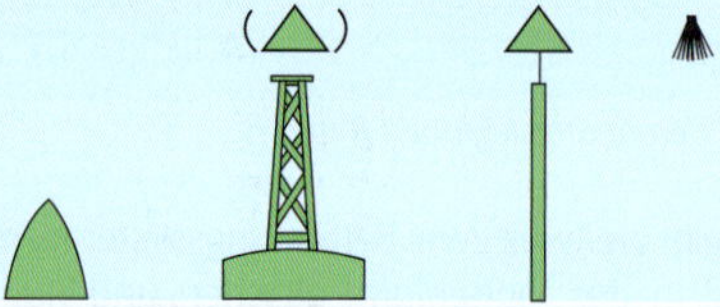

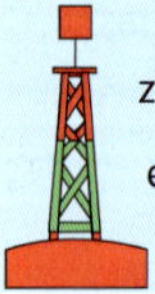

ABZWEIGUNG/EINMÜNDUNG
Das Hauptfahrwasser wird durchgehend bezeichnet. An der Abzweigung bzw. Einmündung bekommt die Tonne des Hauptfahrwassers einen (entgegengesetzt) farbigen Querstreifen: **GRÜN** -› für Stb-Seite des an Bb liegenden »Nebenfahrwassers«. **ROT** -› für Bb-Seite des an Stb liegenden »Nebenfahrwassers«.

Mitte Schifffahrtsweg und Zufahrt zu Fahrwassern (von See)
ROT/WEISS (senkrecht)
BALL
Spiere und Stange
immer mit Toppzeichen

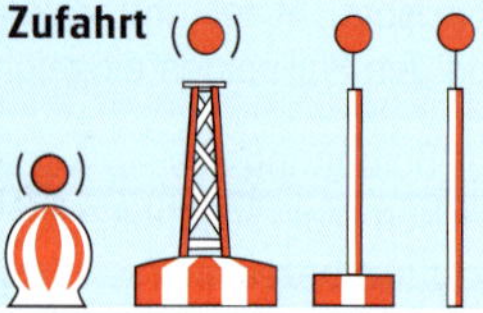

Allgemeine Gefahrenstellen

Die Zeichen werden in einem durch Toppzeichen und Anstrich erkennbaren Quadranten zur Untiefe, dem Wrack oder der Gefahr aufgestellt, und zwar so, dass sie immer auf der Passierseite liegen.

Die Tonnen sind gelb/schwarz, die Toppzeichen Kombinationen aus zwei Kegeln. Wie sich das aus der Sicht des Skippers zeigt, finden Sie auf den beiden folgenden Seiten. Die Abbildung unten zeigt das Prinzip.

Tonnenformen: Leucht-, Baken- und Spierentonnen sowie Stangen.

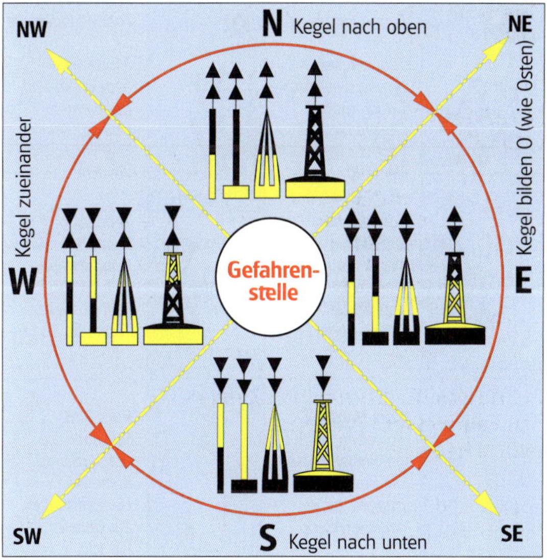

Richtungsbezeichnung

So liegt die Gefahr (Wrack/Untiefe) zum Schifffahrtszeichen auf nördlichen bzw. südlichen Kursen.

Toppzeichen bezeichnet Süd-Quadranten. Untiefe (Wrack) liegt dahinter.

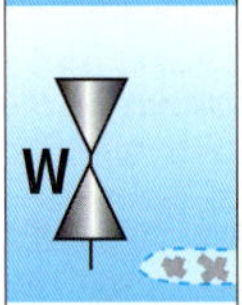

Toppzeichen bezeichnet West-Quadranten. Untiefe (Wrack) liegt Stb-Seite. Tonne Stb lassen.

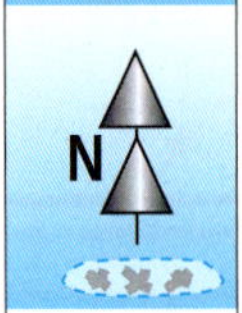

Toppzeichen bezeichnet Nord-Quadranten. Untiefe (Wrack) liegt vor Tonne. Vorsicht!

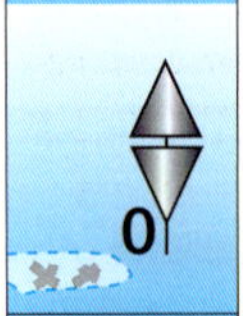

Toppzeichen bezeichnet Ost-Quadranten. Untiefe (Wrack) liegt Bb-Seite. Tonne Bb lassen.

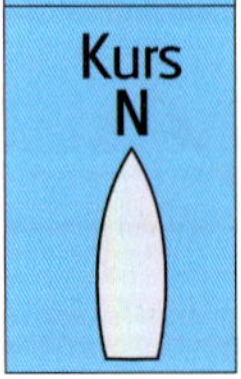

Kurs Nord.
So sehen Sie auf nördlichen Kursen die Bezeichnungen zur Untiefe (Wrack).

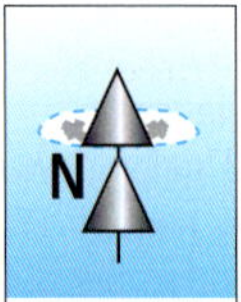

Toppzeichen bezeichnet Nord-Quadranten. Untiefe (Wrack) liegt dahinter.

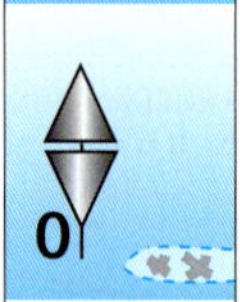

Toppzeichen bezeichnet Ost-Quadranten. Untiefe (Wrack) liegt Stb-Seite. Tonne Stb lassen.

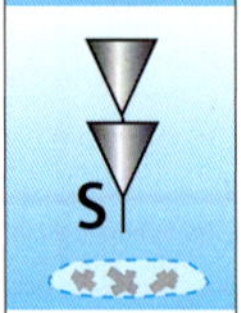

Toppzeichen bezeichnet Süd-Quadranten. Untiefe (Wrack) liegt vor Tonne. Vorsicht!

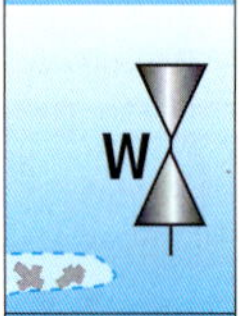

Toppzeichen bezeichnet West-Quadranten. Untiefe (Wrack) liegt Bb-Seite. Tonne Bb lassen.

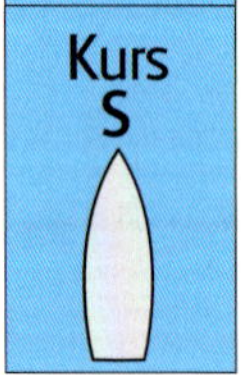

Kurs Süd.
So sehen Sie auf südlichen Kursen die Bezeichnungen zur Untiefe (Wrack).

So liegt die Gefahr (Wrack/Untiefe) zum Schifffahrtszeichen auf westlichen bzw. östlichen Kursen.

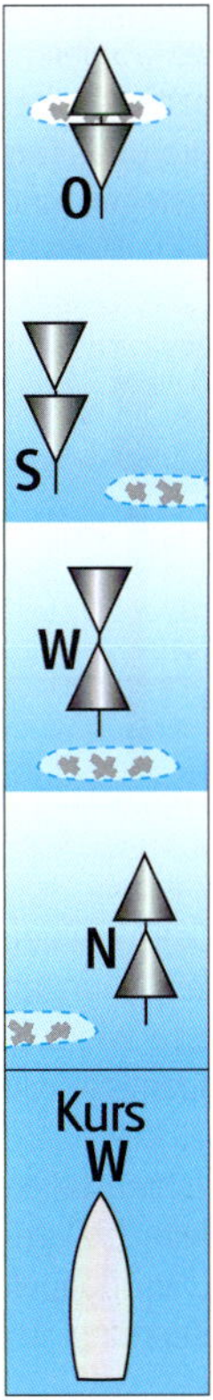

Toppzeichen bezeichnet Ost-Quadranten. Untiefe (Wrack) liegt dahinter.

Toppzeichen bezeichnet Süd-Quadranten. Untiefe (Wrack) liegt Stb-Seite. Tonne Stb lassen.

Toppzeichen bezeichnet West-Quadranten. Untiefe (Wrack) liegt vor Tonne. Vorsicht!

Toppzeichen bezeichnet Nord-Quadranten. Untiefe (Wrack) liegt Bb-Seite. Tonne Bb lassen.

Kurs West.
So sehen Sie auf westlichen Kursen die Bezeichnungen zur Untiefe (Wrack).

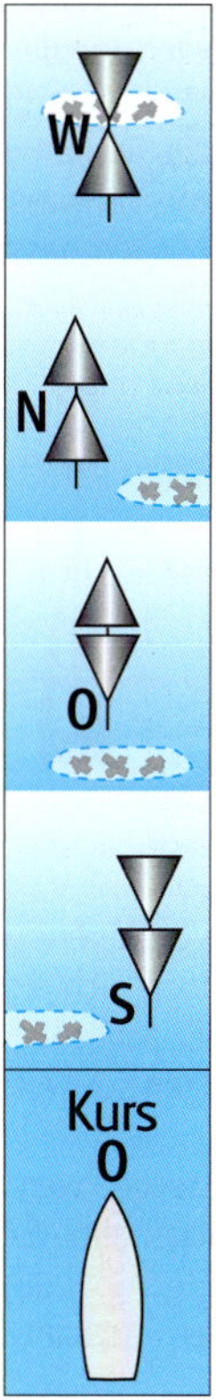

Toppzeichen bezeichnet West-Quadranten. Untiefe (Wrack) liegt dahinter.

Toppzeichen bezeichnet Nord-Quadranten. Untiefe (Wrack) liegt Stb-Seite. Tonne Stb lassen.

Toppzeichen bezeichnet Ost-Quadranten. Untiefe (Wrack) liegt vor Tonne. Vorsicht!

Toppzeichen bezeichnet Süd-Quadranten. Untiefe (Wrack) liegt Bb-Seite. Tonne Bb lassen.

Kurs Ost.
So sehen Sie auf östlichen Kursen die Bezeichnungen zur Untiefe (Wrack).

Einzelgefahrenstelle

Als Einzelgefahr definiert man Gefahrenstellen, um die herum tiefes Wasser ist (z. B. Wracks oder steil aus der Tiefe ragende Felsen usw.).
Einzelgefahrenstellen werden mit Leucht-, Baken-, Spierentonnen oder Stangen mit doppeltem Balltoppzeichen bezeichnet. Farbe der Tonnen: schwarz/rot/schwarz quer. Das Ganze ist wie eine Fahrwasserspaltung zu verstehen und somit auf beiden Seiten passierbar.

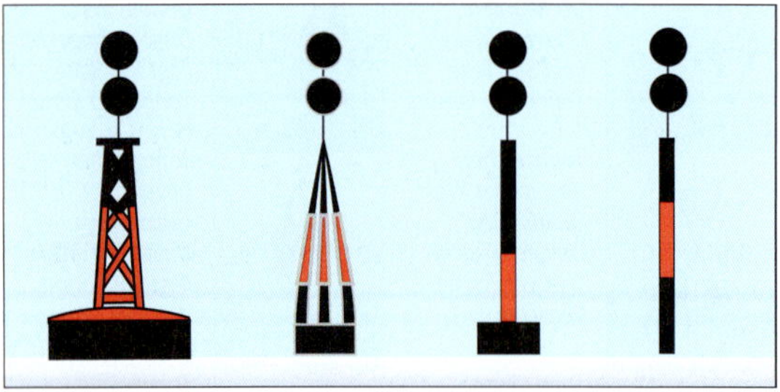

Sz

Neue Gefahren

Der Begriff »Neue Gefahren« wird für neu entdeckte Gefahren verwendet, die noch nicht in nautischen Veröffentlichungen aufgeführt sind. Er schließt natürliche Hindernisse wie z. B. Untiefen oder Felsen sowie auch künstliche Hindernisse wie Wracks ein.
Neue Gefahrenstellen werden wie Einzelgefahrenstellen (s. o.) oder wie allgemeine Gefahrenstellen (s. Seite 197) gekennzeichnet, jedoch mindestens ein Sichtzeichen doppelt und ggf. mit einer Radarantwortbake mit der Kennung »D« versehen.

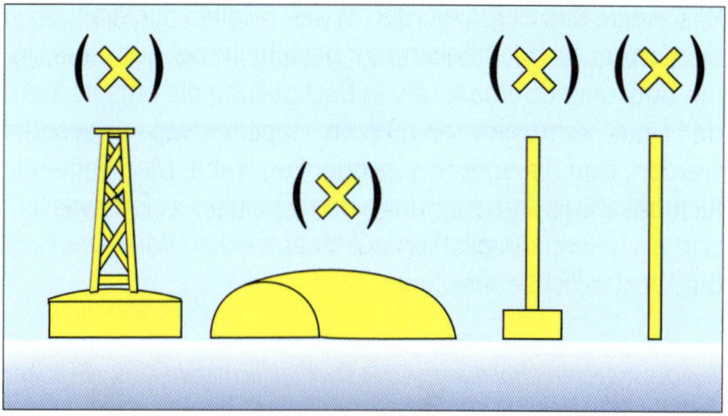

Die Sonderzeichen sollen, da sie nicht zu Navigationszwecken ausgelegt werden, mit den anderen Schifffahrtszeichen nicht zu verwechseln sein.
Tonnenform: beliebig, vorzugsweise Leucht-, Fass-, Spierentonne oder Stange
Farbe: gelb
Toppzeichen: gelbes liegendes Kreuz
Verwendung: Ozeanografische Messstationen, Baggerschüttstellen, militärische Übungsgebiete, Kennzeichnung von Kabeln und Rohrleitungen sowie von Reeden und Fischereigründen

Richtbaken

Besondere Richtlinien werden in vielen Fällen mit Richtbaken bezeichnet. Ein Richtbakenpaar besteht immer aus einer Unter- und einer Oberbake, die in Deckpeilung die entsprechende Linie kennzeichnen. Wenn Toppzeichen verwendet werden, sind die Spitzen einander zugekehrt. Man findet die Richtbaken als Bezeichnung von Richtlinien in Fahrwassern und als Begrenzungsbaken auf Messstrecken (Meilenbaken). (Vgl. auch »Richtfeuer«, Seite 228.)

Auf der mittleren Abbildung ist das Boot auf richtigem Kurs, die Baken decken sich. Links ist das Boot zu weit nach Bb und rechts zu weit nach Stb gelaufen, die Baken decken sich nicht.

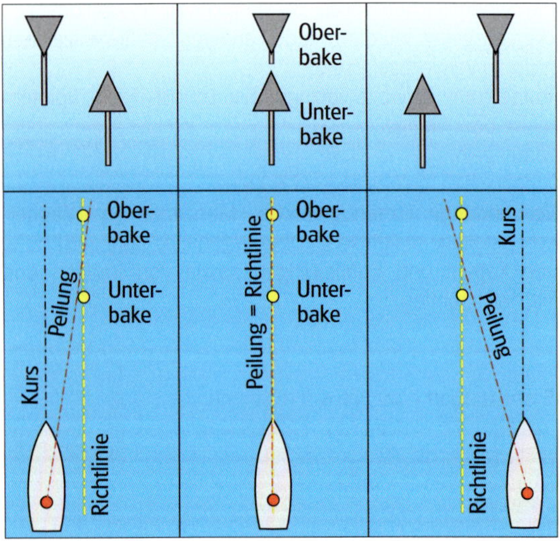

Sz

Im Bereich der SeeSchStrO und der Schifffahrtsordnung Emsmündung sind nicht nur die Schifffahrtszeichen in die gesetzlich vorgeschriebene Verkehrsregelung einbezogen; Gebots-, Verbots-, Warn- und Hinweistafeln regeln zusätzlich den Verkehr.

Ge- und Verbote gelten im Bereich der Tafel, innerhalb der durch Zusatztafeln (unten) kenntlich gemachten Strecke oder bis zu der blauen Tafel, die das Ende einer Gebots- oder Verbotsstrecke markiert.

Entfernungsangaben für den Geltungsbereich sind in weißen Tafeln über dem Tafelzeichen angegeben.

Streckenangaben für das Ver- oder Gebot stehen in dreieckigen weißen Tafeln rechts oder links des Schifffahrtszeichens.

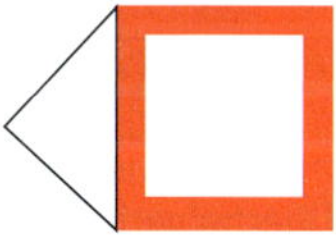

Ergänzungen oder Hinweise stehen auf rechteckigen weißen Tafeln unter dem zu ergänzenden Schifffahrtszeichen.

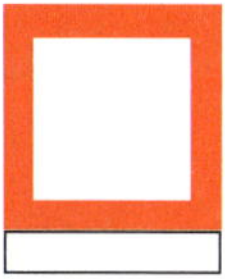

Gebots- und Verbotszeichen

Gebotszeichen sind rechteckige weiße Tafeln mit rotem Rand und schwarzem Symbol im weißen Mittelfeld.

Verbotszeichen haben zusätzlich einen diagonalen roten Strich.

Warnzeichen und **Hinweiszeichen** sind blau und haben in der Mitte ein weißes Symbol.

Überholverbot für alle Fahrzeuge.

Überholverbot für Schleppverbände.

Begegnungsverbot an Engstellen. Vorfahrtsregelung an Engstellen s. S. 22.

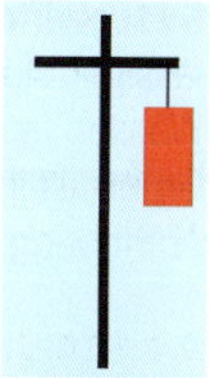

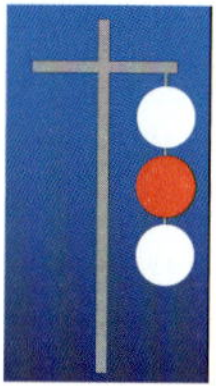

Geschwindigkeitsbeschränkung wegen Gefährdung durch Sog und Wellenschlag – Nach der Tafel unten Mitte ist die Geschwindigkeit so zu drosseln, dass keine Gefährdungen durch Sog und Wellenschlag eintreten. Die gleiche Bedeutung hat die Flagge »A« (Taucher – Unterwasserarbeit) oder ein roter Zylinder bzw. nachts drei Rundumlichter (Weiß über Rot über Weiß).

A

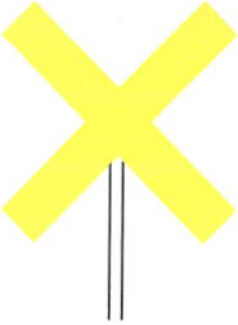

Geschwindigkeitsbeschränkung vor Stellen mit Badebetrieb – Strände und Ufer mit Badebetrieb dürfen in einem 500 m breiten Abstand vom Ufer nur mit höchstens 8 km/h (4,3 kn) befahren werden.

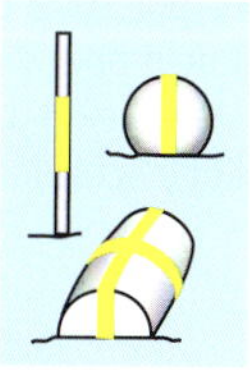

Fahrverbot für Maschinenfahrzeuge, Wassermotorräder und Surffahrzeuge – Die mit einem rechtwinkligen gelben Kreuz versehenen weißen Fass- und Kugeltonnen sowie die weißen Stangen mit gelbem Band kennzeichnen Badegebiete, die von Maschinenfahrzeugen und Wassermotorrädern nicht befahren werden dürfen. Also: Motor hochklappen, wenn's geht, und paddeln!

Durchfahrtsschneisen können durch zusätzliche weiße Flaggen als Toppzeichen gekennzeichnet sein.

Sz

Geschwindigkeitsbeschränkung – Die zulässige Höchstgeschwindigkeit durch das Wasser, auf dem Nord-Ostsee-Kanal über Grund, ist in km/h angegeben. Sie darf bis zur Aufhebung nicht überschritten werden.

Stoppen, bis Durchfahrt frei – Dieses Tafelzeichen steht vor beweglichen Brücken, Sperrwerken und Schleusen.

Fahrabstand vom Ufer – Die Zahl gibt in Metern den Mindestabstand an, der auf der nachfolgenden Strecke vom Ufer einzuhalten ist.

Sz

Ankerverbot – Ankern ist in einem Abstand von weniger als 300 m nach beiden Seiten verboten! Als Mittellinie der Verbotszone gilt die Verbindungslinie zwischen den beiden Tafeln oder die Peilung der Baken über dem Verbotszeichen. Man darf in diesen Bereichen auch nicht den Anker oder die Kette schleifen lassen.

Festmacheverbot – An der Uferstrecke im Anschluss an dieses Zeichen darf nicht festgemacht werden.

Liegeverbot – Ankern oder Festmachen an der nachfolgenden Strecke dieser Uferseite ist verboten.

Fahrtrichtung einhalten – Es ist die Richtung des Pfeils einzuschlagen.

Schallsignal geben – Gebot, das in einer Zusatztafel angegebene Schallsignal zu geben.

Anhalten in Schleusen – Gebot, vor den Tafeln an den Schleusenmauern anzuhalten, solange die Ausfahrt nicht freigegeben ist: senkrechter gelber Streifen an den Schleusenmauern vor den Schleusentoren.

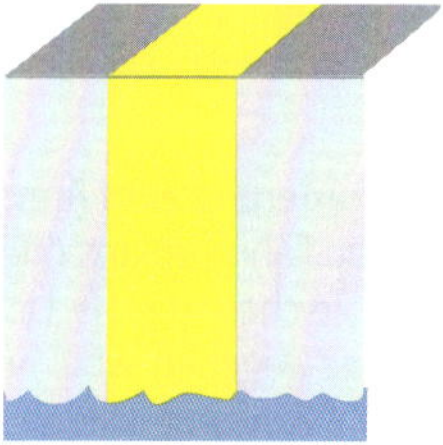

Gebots- und Verbotszeichen

Brückendurchfahrt – Die Brücke darf nur innerhalb der beiden weißen Dreiecke passiert werden. Das Verbot gilt nicht für Fahrzeuge von weniger als 12 m Länge.

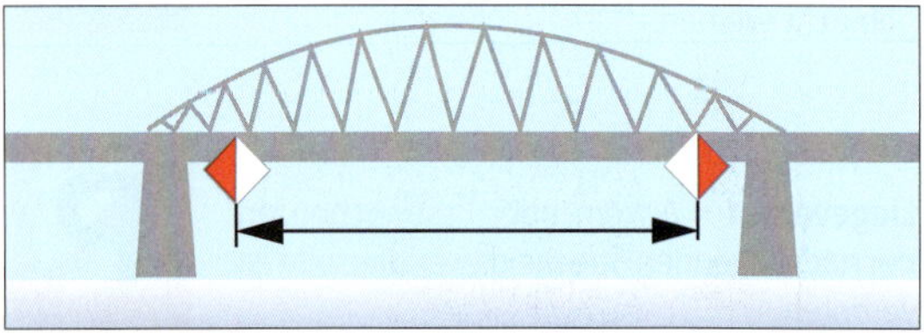

Sperrgebiet – Verbot für alle Fahrzeuge, die gesperrte Fläche zu befahren (Ausnahme mit besonderer Zulassung).

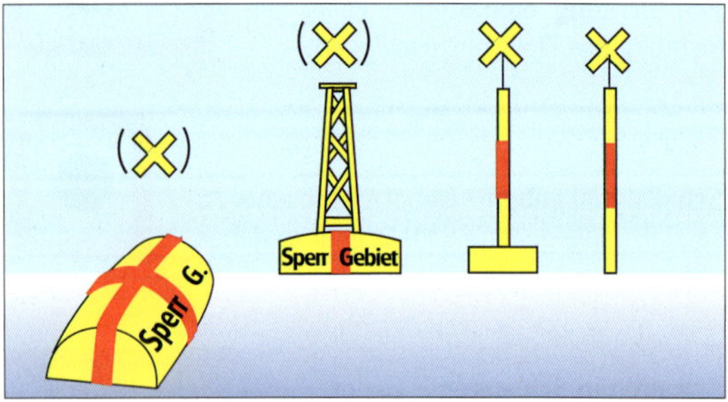

Aufforderung zum Anhalten – Wenn von einem Fahrzeug des öffentlichen Dienstes das Zeichen »L« als Lichtsignal oder mit Flagge gegeben wird, heißt das: »Bringen Sie Ihr Fahrzeug sofort zum Stehen.«

Sz

Sperrung der gesamten Seeschifffahrtsstraße oder einer Teilstrecke

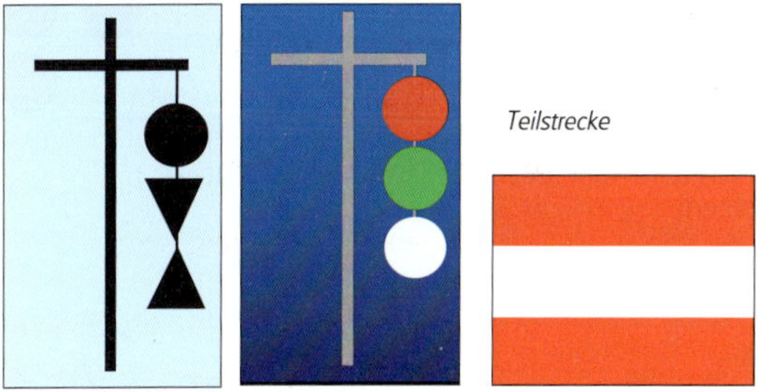

Dauernde Sperrung (oben) – Die Zeichen bedeuten die dauernde Sperrung der Seeschifffahrtsstraße. Vor dem Sichtzeichen ist zu stoppen! Ball über Stundenglas = Tagsignal, Rot/Grün/Weiß = Nachtsignal. Die rot-weiß-rote Tafel kennzeichnet die Sperrung einer Teilstrecke.

Vorübergehende Sperrung (unten) – Schwenken eines roten Lichtes oder einer roten Flagge bedeutet: Beginn der Sperrung. Schwenken eines grünen Lichtes oder einer grünen Flagge bedeutet: Ende der Sperrung.

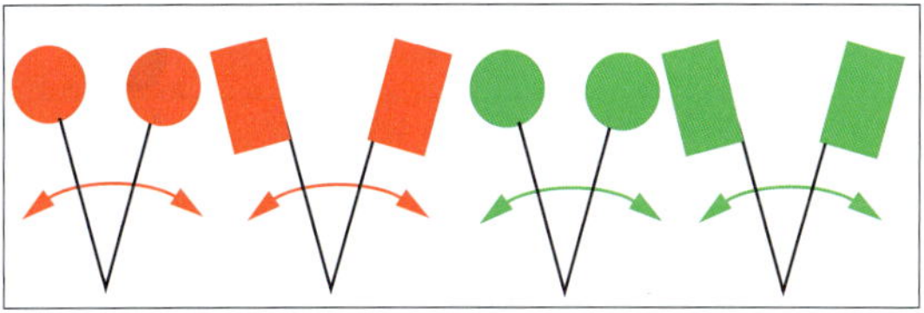

Durchfahren/Einfahren/Ausfahren (Brücke/Sperrwerk/Schleuse)

Durchfahren/Einfahren verboten!		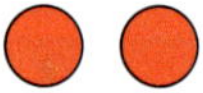
Freigabe wird vorbereitet!*		
Anlage kann durchfahren werden, wenn Durchfahrtshöhe ausreicht – aber Vorfahrt beachten! Vorfahrt in Tiden- und strömenden Gewässern hat das mit dem Strom fahrende Boot; steht das Wasser, so dasjenige, das vorher gegenan fuhr! In stromfreien Gewässern hat das Fahrzeug Vorfahrt, das grundsätzlich die Steuerbordseite des Fahrwassers zu benutzen hat!		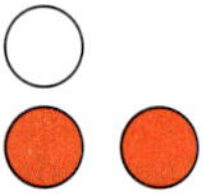
Hubbrücke steht in der ersten Hubstufe und kann durchfahren werden, wenn die Höhe ausreicht!		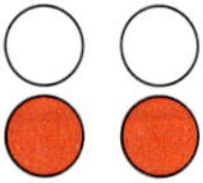
Anlage ist geöffnet! Gegenverkehr gesperrt!		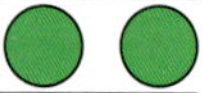
Anlage ist auch für Gegenverkehr geöffnet! Vorfahrt beachten (roter Text oben)!		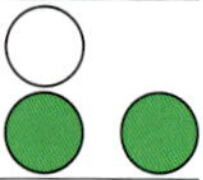
Ausfahren aus Schleusen	verboten	
	ausfahren	
Die Anlage ist für die Schifffahrt gesperrt.		

* Herrenbrücke/Trave darf durchfahren werden, wenn Durchfahrtshöhe ausreicht!

Fährstelle für frei fahrende Fähre

Fährstelle für nicht frei fahrende Fähre

Durchfahren von festen Brücken – Die Öffnung der Brücke wird der Schifffahrt zum Durchfahren empfohlen (quadratische, auf der Spitze stehende gelbe Tafel).

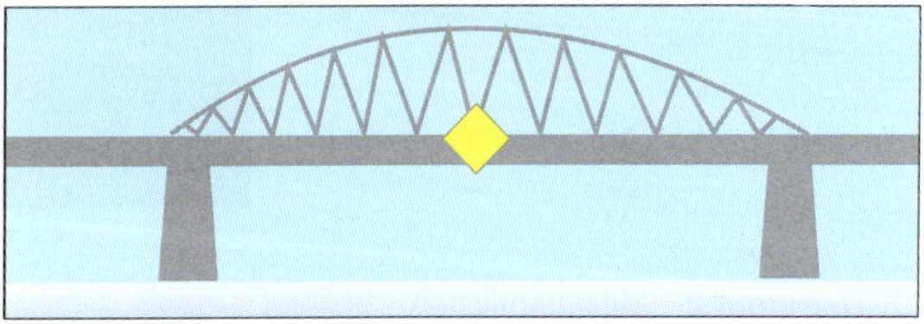

In beiden Richtungen befahrbar.

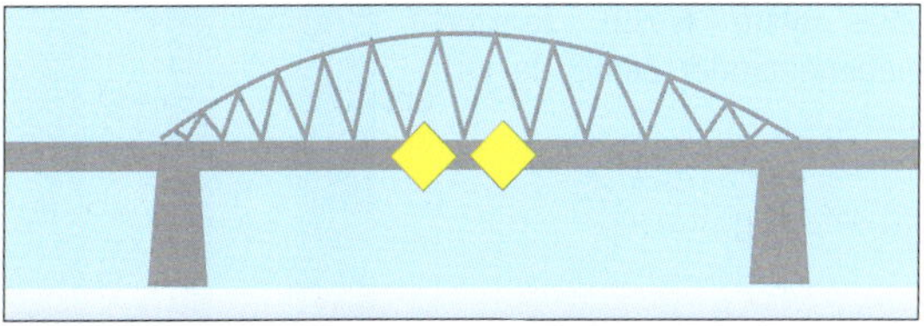

In einer Richtung befahrbar (Gegenverkehr gesperrt).

Außergewöhnliche Schifffahrtsbehinderung – Diese Zeichen werden an besonderen Stellen an Signalmasten gezeigt.

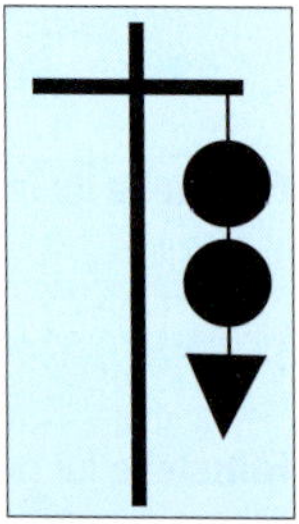

Am Tage: zwei schwarze Bälle über einem schwarzen Kegel mit der Spitze nach unten.

Nachts: drei feste Lichter übereinander, die beiden oberen rot, das untere grün.

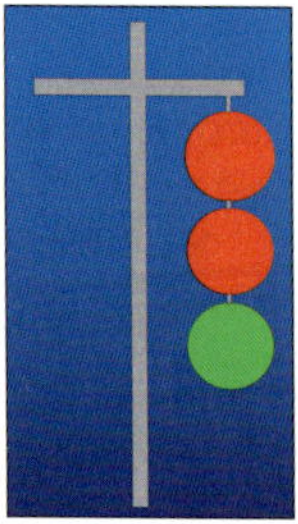

Querströmung – Mit gefährlichen Querströmungen ist zu rechnen: zwei feste weiße, senkrecht nebeneinander stehende Lichtbalken.

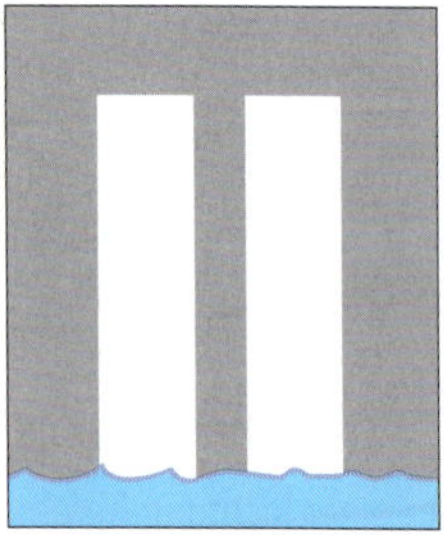

- Im Fahrwasser ist das **Wasserskilaufen und Schleppen von Wassersportanhängen sowie das Fahren mit einem Wassermotorrad oder einem Kite- oder Segelsurfbrett** außer auf den bekannt gemachten oder durch Sichtzeichen (s. nebenstehend) freigegebenen Wasserflächen verboten.
- Außerhalb des Fahrwassers ist das Wasserskilaufen und das Schleppen von Wassersportanhängen sowie das Fahren mit einem Wassermotorrad oder einem Kite- oder Segelsurfbrett erlaubt. Die Behörde kann jedoch bestimmte Flächen sperren. Kite- und Segelsurfer müssen von Badestellen 50 m Abstand halten.
- Bei Nacht, bei verminderter Sicht und in Zeiten, die von der Behörde bekannt gemacht sind, ist Wasserskilaufen, Schleppen von Wassersportanhängen, das Fahren von Wassermotorrad oder Kite- oder Segelsurfbrett nicht erlaubt.
- Die Führer von Zugbooten der Wasserskiläufer und von Wassersportanhängen sowie die Wassermotorradfahrer und Kite- oder Segelsurfer haben allen Fahrzeugen auszuweichen; untereinander haben sie nach den KVR auszuweichen. Die Führer von Zugbooten, die Wassersportanhänge schleppen, haben diese bei der Begegnung mit Fahrzeugen, Wassermotorrädern und Kite- oder Segelsurfern in ihrem Kielwasser zu halten.

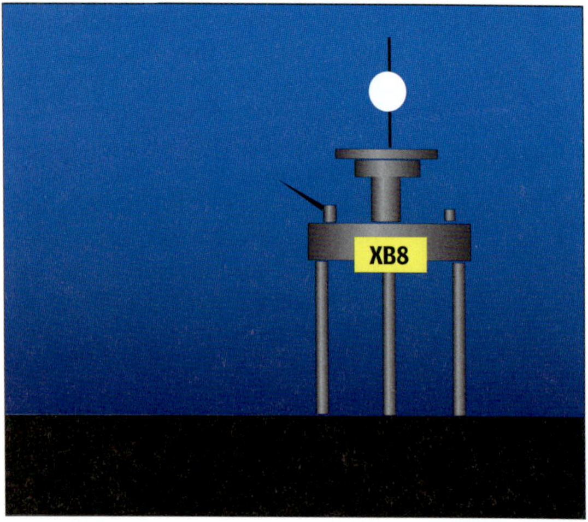

Bohrinseln werden nach den Empfehlungen der IALA* gekennzeichnet: große gelbe Tafeln (nachts beleuchtet) mit dem Namen und weiße Blitzfeuer meist mit Morsekennung U (• • —) alle 15 s. Bei Sicht unter 2 sm soll ein Nebelschallsender nach allen Richtungen U (• • —) mit Wiederkehr 30 s geben, bei Sicht unter 0,5 sm soll unabhängig davon ein zweiter Nebelschallsender Signale aussenden.

Meist sind die Kennzeichen in der Praxis von Arbeitslichtern und den Abfackel-Flammen so stark überflutet, dass sie nicht auszumachen sind. 500 m Abstand sind für alle Offshore-Anlagen als Sicherheitsabstand zu betrachten.

* IALA = International Association of Lighthouse Authorities

Leuchtfeuer

Dieses Kapitel ersetzt nicht das Leuchtfeuerverzeichnis und die Seekarte.

Genau genommen sind Leuchtfeuer Schifffahrtszeichen für die Nacht und gehörten logischerweise in den Abschnitt »Schifffahrtszeichen«. Wir behandeln sie jedoch der Einfachheit halber hier getrennt.

Leuchtfeuer dienen nicht nur zur Warnung vor Untiefen oder zur Fahrwasserbezeichnung (Leuchttonnen) – die Leuchttürme, Großtonnen und Feuerschiffe ermöglichen auch eine präzise Ortsbestimmung, vorausgesetzt, man kennt ihren Standort, ihre Höhe und ihre Sichtweite.

Diese Angaben sowie die genaue Beschreibung der befeuerten festen Schifffahrtszeichen, der Feuerschiffe und befeuerten Großtonnen findet man im *Leuchtfeuerverzeichnis.*

Das Leuchtfeuerverzeichnis muss wie alle anderen nautischen Veröffentlichungen auf den aktuellen Stand berichtigt werden.

Die Berichtigungen kann man sich über das Internet beschaffen (www.bsh.de), wo sie unter »Nachrichten für Seefahrer« als »Sammelberichtigungen« aufgeführt sind. Das BSH gibt das Leuchtfeuerverzeichnis in 3 Teilen für die östliche Nordsee und Ostsee heraus. Für die anderen Gebiete empfiehlt das BSH die jeweiligen Ausgaben der britischen *List of Lights and Fog Signals*; darin sind Feuer ab 8 m Höhe erfasst.

Lichterscheinungen der Feuer

Festfeuer – Die Lichterscheinung des Festfeuers ist von gleich bleibender Stärke ohne Unterbrechung (weiß oder farbig).

Schein – Die Lichterscheinung zwischen zwei Verdunkelungen oder Abschwächungen oder zwischen zwei Lichterscheinungen anderer Farbe. Sie dürfen höchstens die Dauer der Lichterscheinung haben.

Blink – Das Aufleuchten von mindestens 2 s Dauer aus einer im Verhältnis zur Lichterscheinung mindestens 1 s längeren Unterbrechung oder aus schwachem Licht heraus.

Blitz – Das Aufleuchten von weniger als 2 s Dauer aus einer im Verhältnis zur Lichterscheinung mindestens 1 s längeren Unterbrechung oder aus schwachem Licht heraus. Bei deutschen Feuern beträgt die Zeitdauer für den Blitz im Allgemeinen höchstens 1 s.

Funkel – Blitze im Zeitabstand von 1,2 s oder 1,0 s. Das Funkelfeuer hat 60 Lichterscheinungen/Minute.

Schnelle Funkel – Blitze im Zeitabstand von 0,6 s oder 0,5 s. Das schnelle Funkelfeuer wird mit 100 oder 120 Lichterscheinungen/Minute ausgesendet.

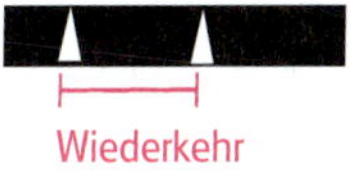

Wiederkehr – Die Zeit vom Eintritt einer bestimmten Kennung bis zum Wiedereintritt der nächsten.

Kennung – Folge von Lichterscheinungen, die rhythmisch wiederkehren.

Die schematischen Darstellungen der verschiedenen Kennungen auf den folgenden Seiten muss man sich als Zeitband vorstellen, in dem die Lichterscheinungen des Feuers ablaufen. Zusätzlich zur Art der Kennung (z. B. unterbrochenes Feuer) sind in eckigen Klammern die Abkürzungen genannt: als Erstes die internationale, hinter dem Schrägstrich die nationale. In neuen Ausgaben und berichtigten Nachdrucken deutscher Seekarten werden die internationalen Abkürzungen, Zeichen und Begriffe verwendet, in älteren Ausgaben findet man noch die nationalen. Mehr darüber ist aus der vom BSH herausgegebenen »**Karte 1 I INT 1:** Zeichen, Abkürzungen, Begriffe in deutschen Seekarten« ersichtlich.

Weiß wird nur dann genannt, wenn ein Feuer mehrere Farben hat. Abkürzungen international und national:
weiß = W/w., rot = R/r., grün = G/gn., gelb = Y/g.

Unterbrochenes Feuer [Oc/Ubr.]

Unterbrochenes Feuer mit Einzelunterbrechung [Oc/Ubr.]

Unterbrochenes Feuer mit Gruppen, hier z. B. mit 2 Unterbrechungen [Oc (2)/Ubr. (2)]

Gleichtaktfeuer [Iso/Glt.] haben abwechselnd Schein und Verdunkelung gleicher Zeitdauer (1,5 bis 4 s).

Blitzfeuer [Fl/Blz.] sind Feuer mit Einzelblitzen oder mit Gruppen von Blitzen oder mit verschiedenen Gruppen.

Blitzfeuer mit Einzelblitzen [Fl/Blz.]

Blitzfeuer mit verschiedenen Gruppen, hier z. B. mit 2 + 1 Unterbrechungen [Fl (2+1)/Blz. (2+1)]

Blinkfeuer [LFl/Blk.] sind Lichterscheinungen von mindestens 2 s Dauer.

Funkelfeuer [Q/Fkl.] haben schnell aufeinander folgende Lichterscheinungen, und zwar gewöhnlich 50 oder 60 Blitze/min.

Funkelfeuer mit dauerndem Funkeln [Q/Fkl.]

Funkelfeuer mit Gruppen von Funkeln, hier z.B. mit 3 Unterbrechungen [Q (3)/Fkl. (3)]

Unterbrochenes Funkelfeuer [IQ/Fkl. unt.]

Schnelles Funkelfeuer [VQ/SFkl.] ist ein Funkelfeuer mit gewöhnlich 100 oder 120 Blitzen/min.

Schnelles Funkelfeuer mit dauerndem schnellem Funkeln [VQ/SFkl.]

Kennungen der Feuer

Schnelles Funkelfeuer mit Gruppen von 3 schnellen Funkeln [VQ (3)/SFkl. (3)]

Unterbrochenes schnelles Funkelfeuer [IVQ/SFkl. unt.]

Wechselfeuer [Al/Wchs.] haben weiße oder farbige Scheine. Werden in Deutschland nicht verwendet.

Wechselfeuer mit Einzelwechseln rot-weiß [Al.WR/Wchs.w.r.]

Mischfeuer sind alle Feuer mit Kennung aus einer Mischung von verschiedenen Lichterscheinungen und Farben. Werden in Deutschland nicht verwendet.

Mischfeuer aus Festfeuer und Blitzen [FFl/F. Blz.]

Morsefeuer [Mo/Mo.] zeigen Lichterscheinungen (lange und kurze) nach dem Morsealphabet.

Morsefeuer mit Kennung für Buchstaben K [Mo(K)/Mo.(K)]

Kommt ein Feuer in Sicht, muss seine Kennung ausgemacht werden, um festzustellen, ob es sich um das erwartete Feuer handelt. (Sind die Tonnen als Wegpunkte in den GPS-Empfänger eingegeben, erübrigt sich das natürlich.)

Als Grundlage zum Auszählen der Kennung dient die auf den vorhergehenden Seiten gezeigte Wiederkehr.

Das ist relativ einfach, wenn man dicht unter der Küste an einer Reihe von Feuern entlangschippert. Hier wird es häufig schon reichen, mit der Zahl der Lichterscheinungen einer Wiederkehr das Feuer zu erkennen. Treten Zweifel auf, nimmt man die Uhr (Stoppuhr) zur Hilfe und/oder zählt die unterschiedlichen Lichterscheinungen. Schließlich kann man das Feuer durch Peilung zu einem anderen Feuer oder dem bekannten Schiffsort bestimmen.

Schwieriger wird es bei großen Entfernungen, verminderter Sicht und/oder unsicherer Position beim Landfall.

Noch schlimmer sind fehlende Feuer und/oder zeitlich falsche Lichterscheinungen.

Durch Verschmutzung der Feuerdreheinrichtung, Temperaturschwankungen und große Entfernungen erscheint das Lichtsignal häufig verändert. An der Grenze der Sichtbarkeit eines Feuers kommen die Lichterscheinungen verkürzt an (z. B. Blink als Blitz).

Weiter verändert sich auf große Entfernung und in schlechtem Wetter unter Umständen die Farbe, sodass Weiß (und sogar Grün) rötlich wirkt. Auch die Tragweiten der Farben bei gleicher Lichtquelle sind verschieden (Weiß am größten, Grün am kleinsten).

Trag- und Sichtweite

Die Nenntragweite der Leuchtfeuer wurde international auf eine meteorologische Sichtweite (am Tage) von 10 sm festgelegt (entspricht einem Sichtwert von 0,74).

Unter anderen Sichtverhältnissen (bei einer Nenntragweite von 20 sm) würde sich die Tragweite eines Feuers wie folgt verändern:

Sichtstufe	Wetterbericht	Tragweite ca.
9	sehr gute Sicht	60 sm
8	gute Sicht	29 sm
Nenntragweite (Sichtwert 0,74) 20 sm		
7	mäßig gute Sicht bis leichter Dunst	16 sm
6	mäßiger Dunst	9 sm
5	starker Dunst	5 sm
4	sehr starker Dunst	2,5 sm
3	leichter Nebel	1,5 sm
2	mäßig dichter Nebel	0,7 sm
1	dichter Nebel	0,3 sm
0	sehr dichter Nebel	bis 0 sm

Die geografische Sichtweite eines Feuers kann man nach folgender Formel berechnen:

Sichtweite = 2,075 x (√ Feuerhöhe + √Augeshöhe)

Die Sichtweite ergibt sich in sm, die Höhen werden in m eingesetzt. Siehe auch Tabelle Seite 128.

Lf

Tragweite eines Feuers ist die Entfernung, in der das Feuer noch eine deutliche Lichterscheinung zeigt. Die Tragweite ist also einerseits von der Lichtstärke des Feuers und andererseits von dem Sichtigkeitsgrad der Luft abhängig.

Geografische Sichtweite ist die Entfernung, aus der man ein Feuer gerade noch über die Kimm hinweg ausmachen kann. Sie ist also abhängig von der Augeshöhe (h) des Beobachters und der Höhe (H) des Feuers (vgl. auch Formel S. 222).

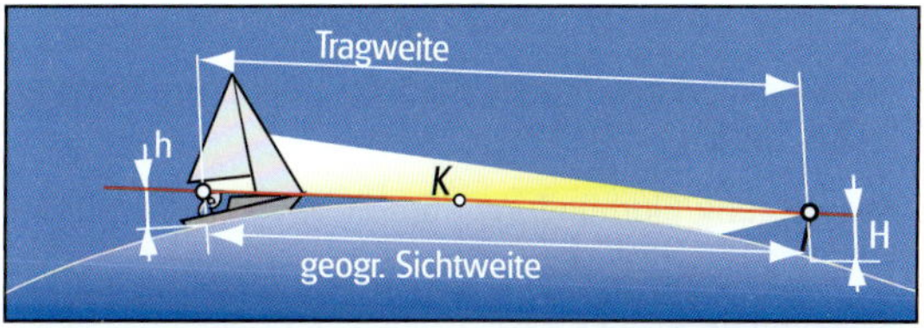

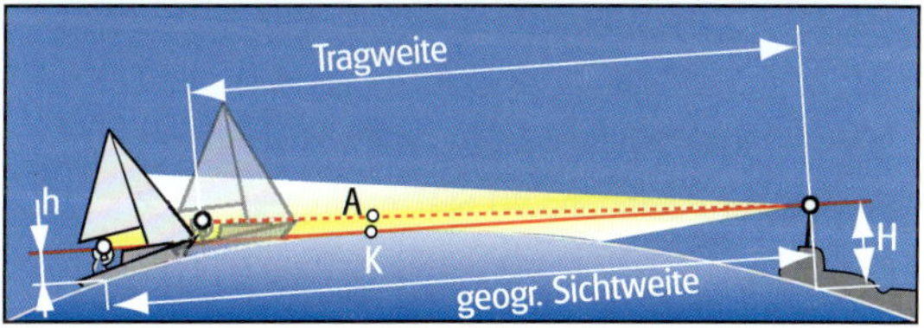

Ist die Tragweite des Feuers gleich groß wie oder größer als die geografische Sichtweite, kann man es in einem gewissen Abstand in der Kimm ausmachen (K in Abb. oben). Stünde das gleiche Feuer auf einem Berg, sodass zwar seine Tragweite bliebe, die Sichtweite aber größer wäre, erschiene es nicht in der Kimm. Es würde erst nach Erreichen der Tragweite über der Kimm (A) sichtbar werden (Abb. unten).

So werden die Kennungen für Leuchttonnen eingesetzt:

- **Lateralsystem**

Zufahrt zu Fahrwassern von See, Mitte Schifffahrtsweg – Feuer weiß, Kennung Iso/Glt. oder Oc/Ubr.

Bb-Seite – Feuer rot, Kennung Fl/Blz., Fl (2)/Blz. (2), Oc (2)/Ubr. (2), Oc (3)/Ubr. (3), Q/Fkl., IQ/Fkl. unt. oder Iso/Glt.

Stb-Seite – Feuer grün, Kennung wie Bb-Seite

Abzweigung/Einmündung Bb-Seite – Feuer rot, Kennung Fl (2 + 1)/Blz. (2 + 1)

Abzweigung/Einmündung Stb-Seite – Feuer grün, Kennung Fl (2 + 1)/Blz. (2 + 1)

Einzelgefahr – Feuer weiß, Kennung Fl (2)/Blz. (2)

- **Kardinalsystem** (alle Sektoren weißes Feuer)

Nordsektor – Kennung VQ/SFkl. oder Q/Fkl.

Ostsektor – Kennung VQ (3)/SFkl. (3) oder Q (3)/Fkl. (3)

Südsektor – Kennung VQ (6)+LFl/SFkl. (6) + Blk. oder Q (6) + LFl/Fkl. (6) + Blk.

Westsektor – Kennung VQ (9)/SFkl. (9) oder Q9/Fkl. (9)

Sonderzeichen – Feuer gelb, Kennung Fl/Blz., Oc (2)/Ubr. (2) oder Oc (3)/Ubr. (3). Ozeanische Messstationen (beschriftet mit ODAS) nur Fl (5)/Blz. (5)

Leuchttürme und fest gegründete Feuer an Hauptansteuerungs- und Hauptortungspunkten führen weißes Blitz-, Blink- oder unterbrochenes Feuer.

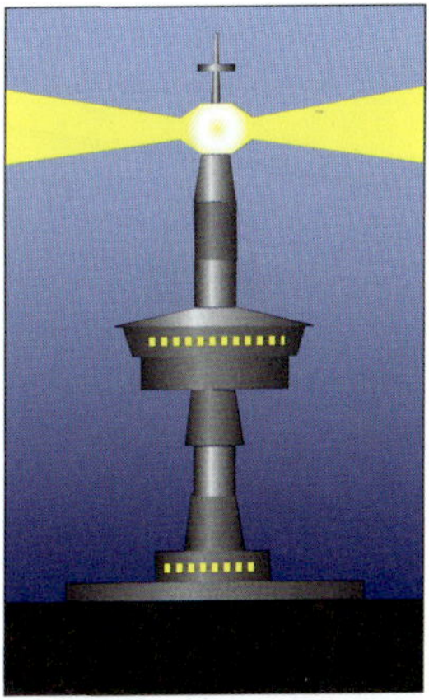

Feuerschiffe und Großtonnen sind dort platziert, wo es nicht möglich ist, fest gegründete Feuer aufzustellen. Sie führen weißes Gleichtakt- oder unterbrochenes Feuer.

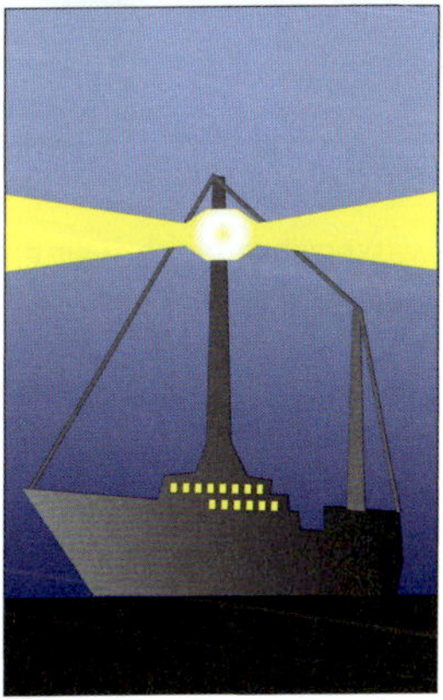

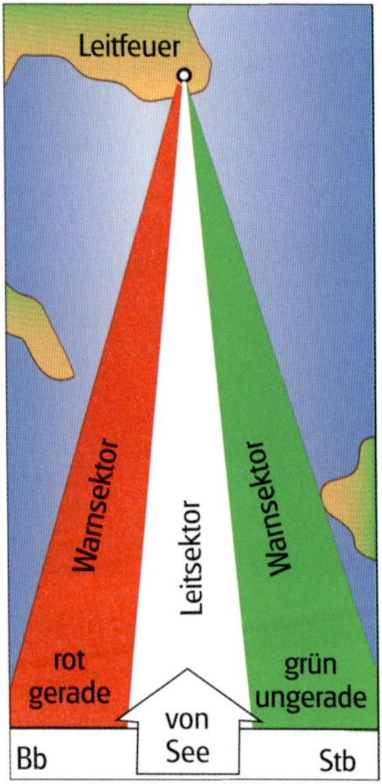

Leitfeuer sind Einzelfeuer mit Sektoren. Der mittlere Leitsektor hat vorzugsweise weißes Festfeuer.
Die Warnsektoren haben von See her gesehen an
Stb grünes Festfeuer oder weiße Blitze mit ungerader Zahl und an
Bb rotes Festfeuer oder weiße Blitze mit gerader Zahl.

Torfeuer sind zwei Feuer gleicher Feuerhöhe, gleicher Lichtstärke und gleicher Kennung, die zu beiden Seiten der Fahrwasserachse einander genau gegenüber (rechtwinklig zur Fahrwasserachse) und von der Fahrwasserachse gleich weit entfernt angeordnet sind. Für Torfeuer wird in der Regel weißes Festfeuer gewählt.

Uferfeuer sind Feuer, die den Verlauf einer Uferlinie kenntlich machen.

Luftfahrtfeuer sind Feuer, die der Luftfahrt dienen und im Leuchtfeuerverzeichnis nur aufgenommen werden, soweit sie von See aus sichtbar sind. Wegen ihrer großen Lichtstärke und Feuerhöhe haben sie oft eine größere Tragweite als die für die Schifffahrt bestimmten Leuchtfeuer. Doch ihr Standort, ihre Farbe oder Kennung kann sich ändern, bevor die Schifffahrt unterrichtet worden ist. Sie sollen deshalb für die Navigation nicht verwendet werden.

Warnfeuer haben im Allgemeinen rote Farbe und kennzeichnen Funkmasten, Türme usw. als Hindernisse für die Luftfahrt.

Quermarkenfeuer stehen etwa querab zur Fahrtrichtung und bezeichnen den Ort, an dem eine Kursänderung z. B. vom Leitsektor des einen zum Leitsektor des anderen Feuers oder von einem Richtfeuer zum anderen Richtfeuer vorgenommen wird. Es gibt nur noch sehr wenige Quermarkenfeuer; sie werden nach und nach eingestellt.

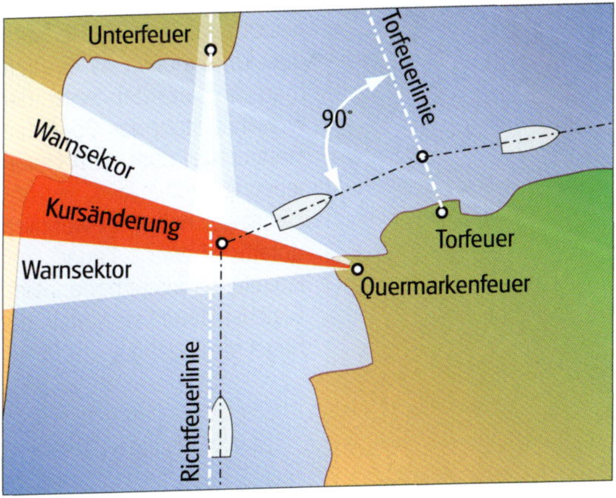

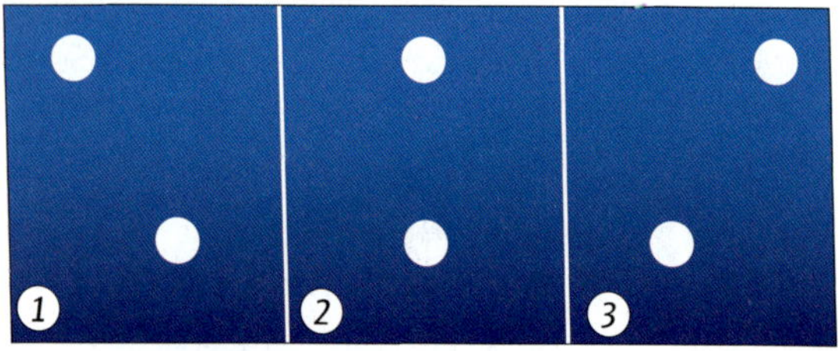

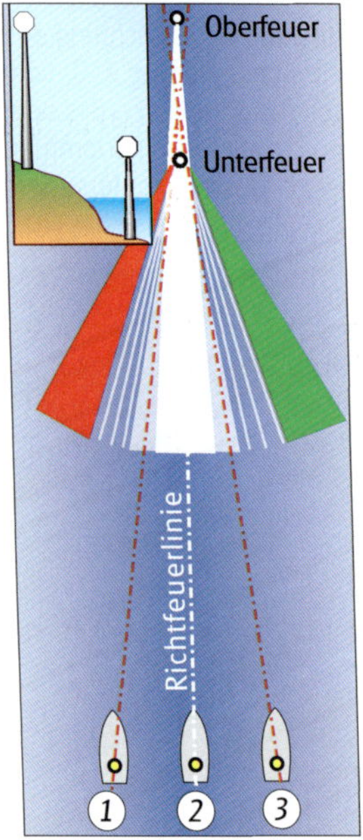

Richtfeuer sind Unter- und Oberfeuer in Deckpeilung (übereinander), wenn man genau auf der Richtlinie fährt ②.

Befindet man sich auf der Bb-Seite der Richtlinie, wandert das Oberfeuer auf die Bb-Seite des Unterfeuers ①. Steuert man auf der Stb-Seite der Richtlinie, steht das Oberfeuer steuerbords über dem Unterfeuer ③.

Richtfeuer haben gewöhnlich unterbrochenes Feuer mit Einzelunterbrechungen und Gleichtaktfeuer; sie sind in der Regel gleichgängig.

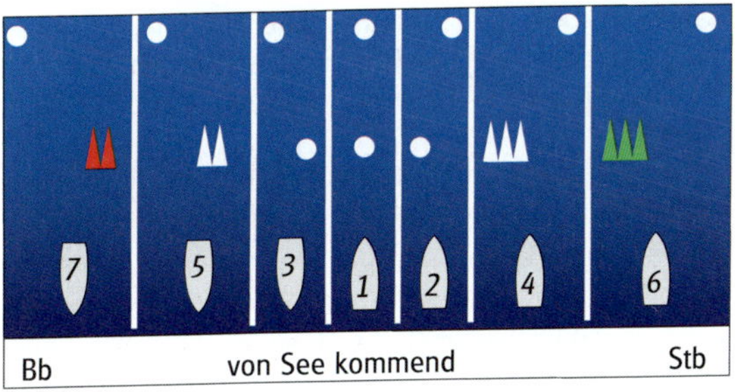

Schema für Richtfeuer:

① Beide Feuer stehen in Deckung. Sie steuern direkt auf der Richtlinie.

② Im Allgemeinen fährt man Richtfeuer auf Bb etwas offen, d. h. bei Kurs auf das Feuer zu lässt man die Richtlinie etwas auf Bb (Unterfeuer etwas backbords vom Oberfeuer).

③ Kurs vom Feuer weg. Für den Betrachter steht das Unterfeuer rechts vom Oberfeuer (auf die Schiffsseite bezogen auf Bb, wie die Richtlinie).
Kommt man zu weit aus dem Fahrwassersektor heraus, beginnt das Unterfeuer zu blitzen (Warnsektor).
Von See kommend:

④ Stb ungerade 1, 3 oder 5
⑤ Bb gerade 2 und 4

Noch weiter ab vom Fahrwassersektor folgen die Gefahrensektoren, der Blitz wird farbig.
Von See kommend:

⑥ Stb grün
⑦ Bb rot

In engen Fahrwassern entfällt häufig der Warnsektor.

Brennzeiten

Hafen-, Brücken- und Schleusenfeuer sind im Allgemeinen farbige Festfeuer. Von See kommend, ist das grüne Licht an Stb und das rote an Bb (Farbe deckt sich mit den Seitenlichtern).
Haben die Einfahrten Taktkennung, so zeigt die Bb-Seite Weiß oder Rot mit gerader und die Stb-Seite Weiß mit ungerader Kennung.

Im Allgemeinen brennen die Leuchtfeuer von Sonnenuntergang bis Sonnenaufgang. Bei schlechter Sicht wie Nebel, Schneefall und Regen brennen bestimmte Feuer jedoch auch am Tage.

Man unterscheidet zwischen zeitweilig und zeitweise brennenden Feuern.

Zeitweilige Feuer *(temp)* sind solche, die nur vorübergehend angezündet werden, bis zur Löschung aber dauernd brennen. Sie bezeichnen z. B. Baustellen.

Zeitweise brennende Feuer *(occas)* sind solche, die nur bei Bedarf brennen (für Fischereifahrzeuge, Fähren).

Papiere und Zoll

Das Kapitel besteht aus drei Abschnitten:

- Papiere zur Person
- Papiere zum Schiff
- Zoll

Es lässt sich nicht einmal pauschal sagen: »Überall in der EU trifft man, was die Sportschifffahrt betrifft, auf gleiche Verhältnisse.« Denn da ist z. B. Griechenland mit seinen verschiedenen Verkehrsgebühren.
Und fährt man übers Mittelmeer Richtung Süden, muss man sich fragen, ob die Impfungen okay sind und so weiter.

In diesem Kapitel ist das Wichtigste zusammengefasst; trotzdem sei angeraten, vor einer Auslandsreise die Kreuzer-Abteilung des DSV, den DMYV oder den ADAC zu konsultieren (Adressen s. S. 297).

Pz

Reisepass – Er dient zur Identifikation der Person. Im Inland, in den EU-Mitgliedsstaaten und anderen europäischen Ländern reicht der Personalausweis aus.

Bootsführerschein – Die einzigen in Deutschland gesetzlich vorgeschriebenen Führerscheine sind die Sportbootführerscheine (mehr als 3,68 kW = 5 PS) Binnen und See. Sie werden auch im Ausland zum Führen des Bootes anerkannt. Befähigungsnachweise sind die freiwilligen amtlichen Führerscheine: Sportküstenschifferschein, Sportsee- und Sporthochseeschifferschein.

Krankenversicherungsnachweis – Mit allen EU-Mitgliedsstaaten sowie verschiedenen anderen Ländern besteht ein Sozialversicherungsabkommen. Gleichwohl braucht man für diese Länder eine *International Health Insurance Card* (von der Krankenkasse). Darüber hinaus ist eine Zusatzversicherung zu empfehlen, z. B. für Rücktransport im Krankheitsfall. Wo der gesetzliche Krankenversicherungsschutz nicht gilt, ist eine private Auslandsreise-Krankenversicherung notwendig. Wer privat krankenversichert ist, hat in allen europäischen Ländern Versicherungsschutz, außerhalb Europas bis zu einem Monat.

Impfpass – Obwohl im europäischen Raum keine Sonderimpfungen erforderlich sind, nimmt man den Impfpass mit.

Visum – Auch kurzzeitiger Aufenthalt erfordert in einigen Staaten außerhalb Westeuropas ein Visum. Auskünfte erteilen die Verbände, Botschaften, Konsulate und das Passamt. Für die Erteilung eines Visums ist die Botschaft oder ein Konsulat des jeweiligen Reiselandes in der Bundesrepublik Deutschland zuständig. Das kann einige Wochen dauern – deshalb frühzeitig den Antrag stellen.

Der **Eigentumsnachweis** spielt beim Zoll, bei Versicherung, Finanzierung und Diebstahlfahndung eine entscheidende Rolle. Es gibt eine Reihe von Zertifikaten, die nicht unbedingt als Eigentumsnachweis akzeptiert werden. Im Zweifelsfall sollten Sie sich bei den einschlägigen Institutionen und Verbänden erkundigen. Für alle Fälle aber sollte man (zusätzlich zu einem der folgenden »Dokumente«) eine nach Möglichkeit beglaubigte Kopie des Kaufvertrages und der quittierten Rechnung einschließlich MwSt-Nachweis an Bord mitführen. Der MwSt-Nachweis ist sehr wichtig, da einige Staaten dazu neigen, die MwSt an Ort und Stelle zu kassieren und das Schiff so lange an die Kette zu legen.

Schiffszertifikat – Eigentümer eines zur Seefahrt bestimmten Schiffes mit einer Rumpflänge von mehr als 15 m sind verpflichtet, ihr Schiff ins Seeschiffsregister (SSR) eintragen zu lassen. Kleinere Schiffe können jedoch eingetragen werden. Aus der Registereintragung erhält man das Schiffszertifikat, in dem das Eigentum am Schiff und das Recht zur Führung der Bundesflagge bescheinigt sind.
Voraussetzung für die Eintragung ins SSR ist die amtliche Vermessung, über die der Eigentümer den **Schiffsmessbrief** erhält. Der Antrag auf Ausstellung eines Schiffsmessbriefes wird beim BSH (Anschrift S. 297) gestellt.

Der Schiffsmessbrief wird vom BSH direkt an das für den Heimathafen des Schiffes zuständige Amtsgericht geschickt. Der Eigentümer muss dann die Registereintragung gesondert beantragen. Er muss dort seine deutsche Staatsbürgerschaft sowie den rechtmäßigen Erwerb des Schiffes nachweisen. Daraufhin erhält er Messbrief und Schiffszertifikat, die stets an Bord mitzuführen sind.

Flaggenzertifikat – Für Schiffe, deren Rumpflänge 15 m nicht übersteigt und deren Eigner Deutsche sind, kann vom Bundesamt für Seeschifffahrt und Hydrographie (Anschrift S. 297) ein Flaggenzertifikat ausgestellt werden.
Das Flaggenzertifikat ist ein amtlicher Ausweis für Seeschiffe, mit dem die Berechtigung zum Führen der Bundesflagge nachgewiesen wird. Beantragt wird das Flaggenzertifikat beim BSH. Vorbedingung ist, dass das Schiff nicht in ein Seeschiffs-, Binnenschiffs- oder ausländisches Register eingetragen ist. Das Flaggenzertifikat ist acht Jahre gültig und kann verlängert werden.
Das BSH führt ein Flaggenregister, in das alle Schiffe eingetragen werden, für die ein Flaggendokument ausgestellt wurde.

Internationaler Bootsschein (IBS) – Dieses Zertifikat wurde auf Grund einer UN-Resolution einheitlich von allen europäischen Staaten für Sportboote eingeführt und wird weltweit anerkannt. Es bescheinigt, dass Eigner und Schiff im Verband registriert sind und wo das Boot seinen ständigen Liegeplatz hat.

In Verbindung mit einem Personalausweis oder Reisepass wird der IBS von in- und ausländischen Behörden als Eigentumsnachweis anerkannt. Darüber hinaus sind die im IBS festgehaltenen Schiffsdaten bei Diebstahl, Verlust oder Havarie wichtig für Ermittlungsbehörden und Versicherer.
Als Reisedokument darf der IBS bei Grenzübertritt nicht älter als zwei Jahre sein; im Inland ist er so lange gültig, wie sich die eingetragenen Daten nicht ändern.

Ausgestellt wird der Internationale Bootsschein vom Deutschen Segler-Verband, vom Deutschen Motoryachtverband und vom ADAC (Anschriften S. 297) und setzt keine Mitgliedschaft voraus.

Sonstige Papiere zum Schiff – Frequenzzuteilungsurkunde für Seefunkstellen und das entsprechende Zeugnis zum Bedienen der Seefunkstelle und von Funkeinrichtungen des GMDSS.

Versicherung – Die Versicherungspolice gehört nicht an Bord, wohl aber eine Fotokopie oder eine Kopie der Deckungskarte.

Verbandszugehörigkeit – Sie wird durch den Vereinsstander oder die Verbandsflagge (und den dazugehörigen Ausweis) dokumentiert. Als Verbandsmitglied kann man Mitglied der Kreuzer-Abteilung werden und genießt damit deren Service (Anschrift s. S. 298).

Logbuch – Das Logbuch dient als Dokument. Neben den Eintragungen zur Schiffsführung sind auch solche zur Person des Eigners und der Crew von Bedeutung (s. dazu auch S. 132).

Checklisten

Jeder Skipper tut gut daran, sich einen Ordner mit Checklisten und Daten zum Schiff anzulegen. Das ist eine individuelle Ergänzung der Sammlung aller Gebrauchsanleitungen.

Tipps zum Inhalt des Ordners:

- Inventarlisten von der Seekarte über die Pantry-Einrichtung bis zum Werkzeugschapp
- Ersatzteillisten
- Verschleißteillisten
- Wartungstermine
- Bordapotheke (Ausstattung)
- Stauplan
- Sicherheitsplan
- Checklisten für das Einwintern und Auswintern (unterteilt nach Systemen wie Motor, Rigg, Zubehör usw.)

Von Zeit zu Zeit sollte man den Ordner mit nach Hause nehmen, den Inhalt kopieren und die Kopien zu Hause aufbewahren.
Die Schiffsdokumente gehören ebenfalls als Kopie nach Hause, sofern nicht die Originale aufbewahrt werden. An Bord sind sie, wie die Crew-Dokumente, in einer wasserdichten Hülle im Kartentisch (s. auch Nottasche, S. 159) zu stauen.

Die Entwicklung Europas hat dazu geführt, dass für mehr als 90 % der Bootssportler das Problem Zoll eine untergeordnete Rolle spielt. Wer jedoch Reisen unternimmt, die über unsere Nachbarstaaten hinausführen, sollte sich informieren.

Infos gibt es bei folgenden Institutionen:

- Zolldienststellen an der Küste
- Kreuzer-Abteilung des DSV
- Deutscher Motoryachtverband (DMYV)
- ADAC Wassersport
- Verband Deutscher Schiffsausrüster
- Finanzverwaltungen in den großen Küstenstädten

Empfehlenswert: das »Merkblatt über deutsche Zollbestimmungen für Schiffsführer von Wassersportfahrzeugen«, herausgegeben von der Bundesfinanzdirektion Nord (Adresse s. Seite 297).

Ausreise/Einreise – Die seewärtige Begrenzung des Küstenmeeres sowie die gemeinsamen Grenzen mit den Nachbarstaaten sind nach dem Schengener Grenzkodex eine Außengrenze, die mit Überfahren der Grenzlinie des Küstenmeeres (12-sm-Zone) überschritten wird. Für Fahrten über die Grenzlinie hinaus muss ein als Grenzübergangsstelle zugelassener Hafen für Ein- und Ausreise genutzt oder vor der Reise eine *Grenzerlaubnis* (s. u.) beantragt werden.

Bei Reisen, die ausschließlich Häfen der Mitgliedsstaaten umfassen, die das Schengenrecht voll anwenden (in Nord- und Ostsee alle skandinavischen Staaten, Polen, Litauen, Lettland, Estland, die Niederlande, Belgien und Frankreich), werden Ein- und Ausreise als Binnengrenzverkehr gewertet. Eine zugelassene Grenzübergangsstelle muss nicht mehr angelaufen werden, eine Grenzerlaubnis ist nicht mehr erforderlich.

Grenzerlaubnis – Deutsche und in Deutschland wohnende Ausländer können auf Antrag bei den Bundespolizeidirektionen, den Bundespolizeiinspektionen sowie bei der Wasserschutzpolizei in Bremen und Hamburg eine Grenzerlaubnis erhalten. In dem Antrag muss ein »besonderes Bedürfnis« dargelegt werden.

Weitere Informationen: www.bundespolizei.de/

Abgabenfreier Schiffsbedarf – Das ist steuerfreie Ware für die Reise, die mindestens für 72 Stunden aus dem Küstengebiet oder direkt in einen ausländischen Hafen führen muss. Die dafür notwendige Prozedur mit Anschreibebuch und Zollabfertigung ist oft recht umständlich und lohnt sich kaum noch.

Von dem abgabenfreien Schiffsbedarf darf man im ausländischen Hafen nur den Tagesbedarf entnehmen. Der Tagesbedarf wird in vielen Ländern unterschiedlich bemessen; im Allgemeinen kann man aber davon ausgehen, dass pro Tag und Crewmitglied etwa

- 40 Zigaretten oder 10 Zigarren oder 50 g Rauchtabak
- 0,5 l Spirituosen, 1 l Wein
- 60 g Röstkaffee oder 30 g Kaffeeauszüge

gestattet werden.

Zollbehandlung – Bis zur seewärtigen Ausfahrt unterliegt abgabenfreier Schiffsbedarf der zollamtlichen Überwachung. Nach Erledigung der Zollformalitäten ist bis zur Seezollgrenze (im Allgemeinen 12 sm vor der deutschen Küste) das *Zollzeichen* zu führen.

Bei der Einfahrt von See muss nach Passieren der Seezollgrenze ebenfalls eine Zollstelle angelaufen werden, selbst wenn kein Schiffsbedarf mehr an Bord ist. In solchen Fällen genügt auch ein Anruf bei der nächsterreichbaren Zollstelle. In jedem Fall muss von der Seezollgrenze an das *Zollzeichen* geführt werden.

Zollzeichen – Das ist bei Tag der 3. Hilfsstander (s. S. 67), der bis zur Höhe der Saling gesetzt wird, bei Nacht ein weißes Zolllicht unter dem Hecklicht.

Weitere Informationen enthält das »Merkblatt über deutsche Zollbestimmungen für Schiffsführer von Wassersportfahrzeugen« der Bundesfinanzdirektion Nord in Hamburg (Anschrift S. 297).

Gelbe Flagge

In Europa fast in Vergessenheit geraten: die gelbe Flagge.
Dieses Ein-Buchstaben-Signal ist nach wie vor gültig als »Einreise- und Quarantäneflagge«.
Die Bedeutung nach dem Internationalen Signalbuch: »An Bord ist alles ›gesund‹, und ich bitte um freie Verkehrserlaubnis.«
Gesetzt wird die gelbe Flagge unter der Bb-Saling, unter dem Vereinsstander.

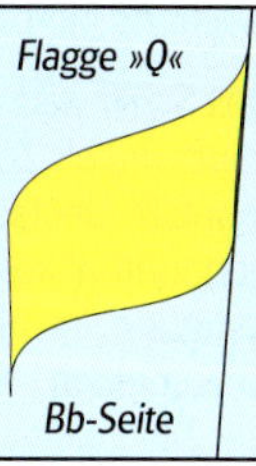

Stoppen – Polizei- und Zollfahrzeuge können ein Fahrzeug anhalten und zum Anlegen auffordern. Die Beamten dürfen in der Ausübung ihrer hoheitlichen Tätigkeit nicht behindert werden – u. U. ist ihnen sogar das Betreten des Fahrzeuges zu ermöglichen. Die Aufforderung zum Anhalten geschieht tagsüber mit der Flagge »L« des Internationalen Signalbuches, nachts mit dem Licht- und Schallsignal »L« des Morsealphabetes.

• ▬ • • Morsezeichen »L«

Flagge »L«

> Zollfreien Kraftstoff gibt es in Deutschland nur für die gewerbliche Schifffahrt.

Einfuhr von Booten – Ein ausländisches Boot auf eigenem Kiel von der Werft nach Hause zu fahren, lohnt sich allemal, da man erstens die Abnahme bei der Werft selbst macht und zweitens die Überführung gleich als Urlaub nutzen kann.

Das Schiff wird ohne die im Herstellerland übliche Steuer gekauft und als Zollgut ausgeführt (Ausklarieren). In der Bundesrepublik Deutschland muss das Sportboot dann zum sogenannten freien Verkehr abgefertigt werden. Die Zollabfertigung ist auf einem offiziellen Vordrucksatz schriftlich anzumelden. Während Einfuhrumsatzsteuer (sie entspricht der Mehrwertsteuer) grundsätzlich erhoben wird, sind Wassersportfahrzeuge bei der Einfuhr aus EU-Staaten zollfrei (bei der Einfuhr aus Drittländern wird Drittlandzoll fällig).

> **Warnung!** Der Zoll hat auf diesem Gebiet Erfahrung. Gefälligkeitsrechnungen, besonders bei gebraucht gekauften Booten, sind gefährlich!

Nord-Ostsee-Kanal

Der einzige Kanal, der im Bereich der Seeschifffahrtsstraßen-Ordnung liegt, ist gleichzeitig der frequentierteste Wasserweg: der Nord-Ostsee-Kanal. Für den Sportskipper ist er die ersten Male eine Herausforderung, da durch die langen Wege zur Zahlstelle und die oft rutschigen Stege beim An-Land-Springen häufig Hektik entsteht. Bevor Sie das erste Mal durch den NOK fahren, sollten Sie sich vorbereiten, sich den Nord-Ostsee-Kanal auch im Internet ansehen und das Merkblatt für die Sportschifffahrt herunterladen:
www.kiel-canal.org

Schallsignale Nord-Ostsee-Kanal

▬	Achtungssignal – westwärts fahrende Fahrzeuge
▬ ▬	Achtungssignal – ostwärts fahrende Fahrzeuge
▬ ••• ▬ •••	Warnsignal – Ich vermindere meine Geschwindigkeit
▬ •••	Warnsignal – Ich will anlegen
▬ •• ••	Antwortsignal des Gegenkommers – Ich will links ausweichen

Schallsignale bei verminderter Sicht

▬	westwärts fahrende Fahrzeuge
▬ ▬	ostwärts fahrende Fahrzeuge

Schleusenzeit

Geschleust wird Tag und Nacht (in Brunsbüttel nachts auch Sportboote).

Befahren des Kanals

Sportfahrzeuge dürfen die Zufahrten und den Nord-Ostsee-Kanal lediglich zur Durchfahrt, nur während der Tagfahrzeiten (z. B. im Juni von 0330 bis 2300) und nicht bei verminderter Sicht benutzen. Dies gilt nicht für das Aufsuchen der für Sportfahrzeuge zugelassenen Liegestellen in Kiel-Holtenau und Brunsbüttel, sowie das angemeldete Ausschleusen zur Elbe.

Einfahrtssignal

Die Einfahrt für Sportfahrzeuge ist frei, wenn auf den Signalmasten ein unterbrochenes weißes Licht (Ubr.) gezeigt wird.

Warten auf das Einfahrtssignal

Brunsbüttel

Hier muss man auf Reede östlich der Zufahrt auf das Einfahrtssignal warten (Warteplatz für Sportboote). Das Warten in den Vorhäfen ist verboten. Der Vorhafen beginnt an der Verbindungslinie der Molenköpfe.

Kiel-Holtenau

Im Vorhafen neben der Alten Schleuse gibt es Liegeplätze für Sportboote, die auf das Einfahrtssignal warten. Will man warten, ohne festzumachen, müsste man dies nördlich der Zufahrt (nördlich der »vorfahrtberechtigten Zone«) tun.

Liegeplätze an den Schleusen

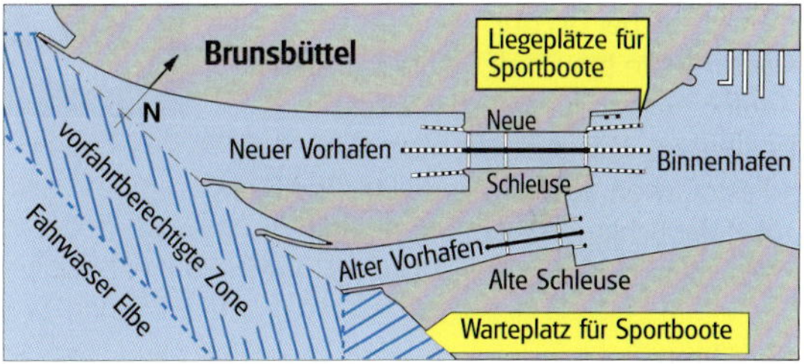

Will man von der Elbe in den Kanal, muss man in der Wartezone östlich der Zufahrt auf das Einfahrtssignal warten. Die zugelassenen Liegeplätze befinden sich bei Kanal-km 1,8 und bei Kanal-km 2,7.

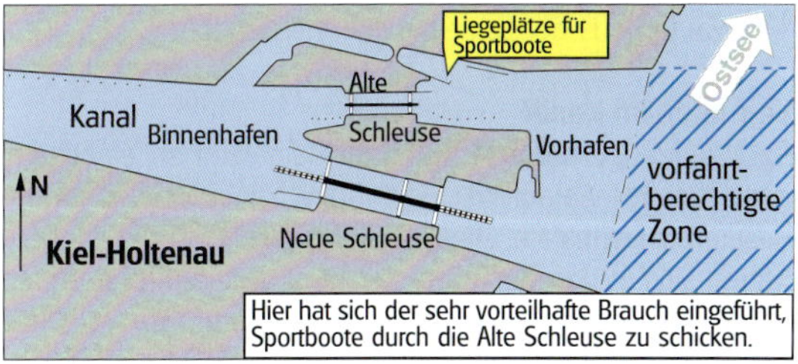

Will man von der Ostsee in den Kanal, kann man gleich an den Liegeplätzen vor der Alten Schleuse festmachen und auf das Einfahrtssignal warten. Kanalreede und Zufahrt sind der Berufsschifffahrt vorbehalten. Wer nicht erst festmachen will, wartet in der Wartezone (nördlich der »vorfahrtberechtigten Zone«).

Einlaufen in die Schleuse

- Schleusensignal für Sportboote: Einlaufen bei Oc/Ubr.
- Sportboote brauchen für die Kanalfahrt keine besondere Kennzeichnung.

Der weitere Ablauf ist wie folgt:

- Festmachen auf Anweisung des Personals.
- Auf der Schleuse bekommt man ein Merkblatt mit Infos für die Durchfahrt.

Gebühren

- Gebühren für beide Richtungen werden in Kiel-Holtenau am Zeitungskiosk der Neuen Schleuse oder beim Schleusenmeister der Alten Schleuse bezahlt.
- Der als Quittung ausgehändigte Berechtigungsschein wird in der Ausgangsschleuse kontrolliert.
- Auslaufen aus der Schleuse auf Anweisung.

Verhalten im Kanal

Sportfahrzeuge müssen ihre Kanaldurchfahrt so einrichten, dass sie vor Ablauf der Tagfahrzeit eine für Sportboote bestimmte Liegestelle erreichen können (s. nächste Seite). Sie haben sich in den Gesamtverkehr einzugliedern und dürfen den Verkehrsablauf nicht behindern. Es muss so weit wie möglich rechts gefahren werden.

UKW-Kanäle abhören

Schleusenbereich Brunsbüttel	Kanal 13 (Ruf Kiel-Kanal I)
Strecke Brunsbüttel–Breiholz	Kanal 02 (Ruf Kiel-Kanal II)
Strecke Breiholz–Kiel-Holtenau	Kanal 03 (Ruf Kiel-Kanal III)
Schleusenbereich Kiel-Holtenau	Kanal 12 (Ruf Kiel-Kanal IV)

Segeln

Sportboote dürfen nicht segeln, wohl aber zusätzlich zur Maschine die Segel setzen; in diesem Fall muss am Vorschiff ein schwarzer Kegel, Spitze unten, gesetzt werden. Segelboote ohne Maschinenantrieb müssen sich schleppen lassen.

Kilometrierung

Der Kanal ist von Brunsbüttel nach Kiel-Holtenau auf der Stb-Seite (Südufer) fortlaufend beschildert. Die Kilometerschilder sind im Abstand von halben Kilometern aufgestellt und auch von der Rückseite ablesbar.

Geschwindigkeit

Die zugelassene Höchstgeschwindigkeit über Grund beträgt 15 km/h (8,1 kn). Eine gute Hilfe zur Geschwindigkeitskontrolle bieten die Kilometertafeln (1 km nicht unter 4 min).

Reisedauer

Der Kanal ist 98,7 km (53,4 sm) lang. Die Reisezeit bei Höchstgeschwindigkeit beträgt ca. 6 h 40 min.

Liegeplätze/Liegestellen

Liegeplätze an den Schleusen siehe S. 243.
Die zugelassenen Liegestellen für Sportfahrzeuge im Kanal sind in dem Merkblatt aufgeführt. Es gibt ausreichend Liegemöglichkeiten, auch zum Übernachten.

Festmachen

Bei plötzlich auftretender verminderter Sicht dürfen Sportboote an geeigneter Stelle auf der Kanalstrecke festmachen, wenn die Sicherheit des Verkehrs durch die Weiterfahrt bis zur nächsten Weiche gefährdet wird, oder in den Weichengebieten hinter den Dalben. Letzteres gilt auch, wenn sie von einem Freifahrer geschleppt werden. An den Enddalben gibt es Festmacheringe.

Schleppen

- Freifahrer dürfen nicht mehr als ein Sportboot während der Tagfahrzeiten schleppen (Länge bis 20 m). Freifahrer sind an der blau-weiß karierten Flagge (»N« – November) zu erkennen.
- Das Ruder des geschleppten Bootes muss besetzt sein.
- Ein motorbetriebenes Sportboot darf nur ein Sportboot schleppen (Länge bis 15 m). Die Mindestgeschwindigkeit des Schleppverbandes muss 9 km/h (4,9 sm/h) betragen.

Signale Weichengebiete

3 unterbrochene rote Lichter übereinander an den Weichensignalmasten bedeuten für alle Fahrzeuge: Ausfahrt verboten; Weichengebietsgrenze darf nicht überfahren werden.
1 rotes Funkellicht am Weicheneinfahrtssignalmast bedeutet: Einfahren verboten.

Ölhafen Brunsbüttel

Etwa 1,5 km hinter der Schleuse Brunsbüttel liegen am Nordufer der Ölhafen und das Wendebecken (Befahren verboten!).

Signalmasten westlich und östlich der Einfahrt:
2 F.R nebeneinander → Weiterfahren verboten!
2 F.G nebeneinander → Weiterfahren!

Unfälle

Sofort über UKW melden (vgl. S. 244).

Einfahren in Schleuse von Kanalseite

Nach Anweisung an Bb oder Stb festmachen.

Motorpannen

Für die Betriebssicherheit des Motors bürgt im Wesentlichen eine regelmäßige und konsequente Wartung. Daneben gibt es aber einige wichtige Sicherheitskriterien, die man beim Kauf beachten sollte, da sie nachträglich nur mit viel zusätzlichem Aufwand zu realisieren sind:

- Motorraum-Isolierung und -Anstriche sollen zumindest schwer entflammbar sein.
- Zugänglichkeit für Wartungsarbeiten auch über dem Motor, z. B. zum Einstellen der Ventile.
- Motorüberwachung soll mindestens Öldruck, Ladelampe und Kühlwasser einschließen. Zusätzlich zu empfehlen ist der Drehzahlmesser, da er die beste Überwachung des Motorgesamtzustandes ermöglicht.
- Motor soll drehzahlgeregelt sein, sodass ein Überschreiten der Nenndrehzahl um mehr als 10 % ausgeschlossen ist.

- Für Öl, Kraftstoff und Kühlwasser sollen Filter vorhanden sein. Vorfilter und Wasserabscheider für Kraftstoff sind wichtig.
- Zu- und Abluft direkt ins Freie abführen (geschützt gegen Spritz- und Schwallwasser).
- Kraftstoffleitungen sind metallisch abzudichten. Das Verbindungsstück zum Motor soll ein flexibler Panzerschlauch sein.
- Abluftleitungen bei Diesel-Anlagen an höchster, bei Benzin-Anlagen an tiefster Stelle des Motorraums.
- Benzinmotoren müssen einen explosionsgeschützten Motorraumlüfter haben, der den Motorraum vor dem Start gründlich durchlüftet (s. S. 97).
- Kraftstoff-Einfüllstutzen, Tank, Filter usw. sind zu erden (statische Aufladung).
- Be- und Entlüftungsleitung des Tanks vor dem Austritt mit Schwanenhals sichern und Zündgitter einbauen.
- Direkt am Tank muss die Entnahmeleitung mit einer Absperrvorrichtung (Ventil, Schieber oder Hahn) versehen sein.
- Die Propellerwelle muss gegen Herausfallen gesichert sein.
- Trinkwassertanks sind durch einen Kofferdamm (Luftspalt) von Kraftstofftanks zu trennen.
- Wenn der Auspuffsammler des Motors nicht wenigstens 200 mm über der Wasserlinie liegt, sollte das Kühlsystem belüftet werden (Vakuumventil oder Belüftungsleitung).

Motoren, wie wir sie auf unseren Yachten fahren, laufen in gewerblichen Fahrzeugen und an Land fast defektfrei 5000 bis 10 000 Stunden, weil (oder wenn) sie nach Herstellerangaben gewartet werden.

Bei Dieselmotoren heißt das in erster Linie:

- Ölwechsel
- Öl-, Kraftstoff- und Luftfilterwechsel in den vom Hersteller empfohlenen Intervallen
- Überwachung von Ölstand, Öldruck, Kühlwassertemperatur und Drehzahl
- Kontrolle der Abgase (schwarz/blau, weiß, normal) und des Kühlwasserausflusses
- Baldige Beseitigung von Unregelmäßigkeiten, Leckagen, Rost usw.
- Ventilspiel-Einstellung (einmal jährlich), sofern in der Betriebsanleitung gefordert
- Ersatz von Verschleißteilen wie Filter, Keilriemen; alle drei und mehr Jahre Kohlen sowie Lager am Generator und Anlasser ersetzen oder zumindest gründlich überprüfen
- Das Wichtigste für die Lebensdauer einer Motoranlage auf Yachten ist die Konservierung im Herbst (Triebwerk und Kraftstoffsystem)

Viele Betriebsanleitungen enthalten Anweisungen für die Konservierung und Wartung der Motorenanlagen. Halten Sie sich genau an die dort angegebenen Wartungsintervalle und verwenden Sie die empfohlenen Betriebs- und Pflegemittel.

Ständige Kontrolle

Vor der Fahrt:

- Blick in den Motorraum (lose Teile, Leckage, Bilgen-Inhalt)
- Ölstandskontrolle
- Ladezustand der Batterie
- Seeventile (Kühlwasser)
- Tankinhalt

Während der Fahrt:

Das Geräusch des Motors, auch wenn man es nicht immer bewusst hört, ist einer der wichtigsten Indikatoren. Verändert es sich, sollte man aufmerksam werden und der Ursache nachgehen.

- Öldruck, Kühlwasser-Temperatur und Ladekontrolle sowie die eingestellte Drehzahl sind immer wieder zu kontrollieren. Hier hat sich die zusätzliche akustische Warnanlage für Grenzwerte des Öldrucks und des Kühlwassers bewährt.
- Mit dem Drehzahlmesser kontrolliert man nicht nur die eingestellte Drehzahl, sondern auch die Leistungsfähigkeit des Triebwerks (s. S. 256).
- Ebenso wichtig ist, immer wieder mal bewusst einen Blick auf die Auspuffgase zu werfen. Qualmt der Auspuff plötzlich ... s. S. 258.
- Auch der Geruchssinn spielt eine wichtige Rolle. Überhitzung von Kunststoffen, Farbe und Gummi macht sich durch Gestank bemerkbar. Dem muss man auf den Grund gehen, da Kurzschlüsse und Schäden an Lagern sowie überhitzte Motorwicklungen sich sehr häufig durch Geruch ankündigen; und wenn man sie früh genug bemerkt, ist sogar ein Defekt zu verhindern.

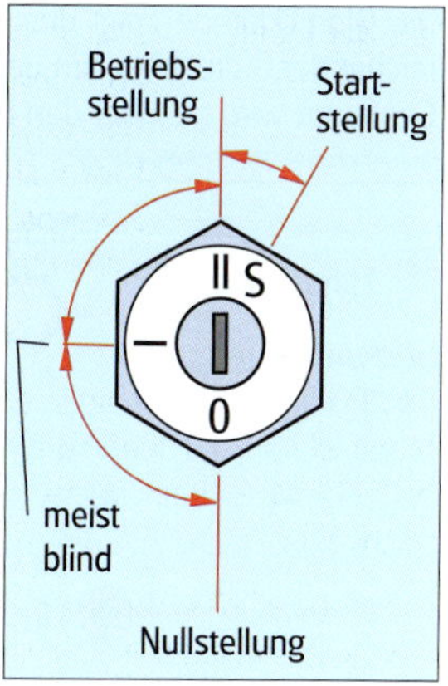

Machen Sie sich bewusst, was eigentlich vor sich geht, wenn Sie den Schlüssel im Startschloss drehen:

- Auf Betriebsstellung müssen Öldruck- und Ladelampe aufleuchten.

- Tun sie es nicht .... s. S. 252/254.

- Auf Startstellung dreht der Anlasser den Motor durch, bis er anspringt. Das erfordert viel Strom und Kraft.
  Wenn der Motor nicht anspringt, weil er zu langsam angedreht wird oder sich gar nicht rührt .... s. S. 254.

- Dreht der Anlasser den Motor richtig durch und er springt trotzdem nicht an .... s. S. 255.

- Motor ist angesprungen und läuft ruhig die vorgeschriebene Leerlaufdrehzahl:
  Sind beide Kontrollleuchten verlöscht, können Sie (wenn auch das Kühlwasser läuft) losfahren.
  Verlöscht eine der beiden Kontrolllampen nicht .... s. S. 252/253.

Öldrucklampe

Die Öldrucklampe zeigt durch Leuchten an, dass kein ausreichender Öldruck für den Betrieb des Motors vorhanden ist. Gesteuert wird sie über den Öldruckschalter am Motorblock.

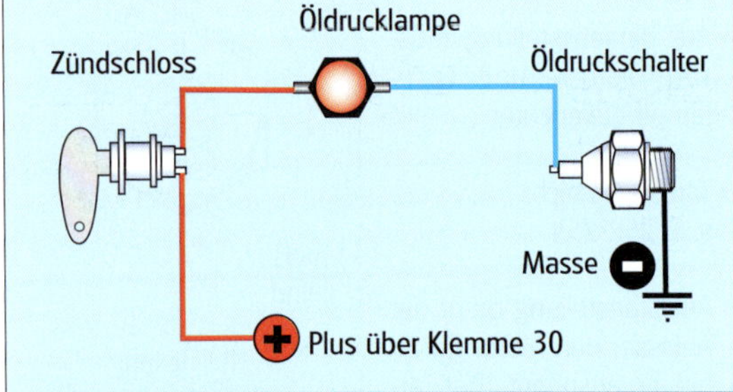

Das Startschloss steht auf Betrieb und durch Anzeige anderer Instrumente sieht man, dass Strom am Zündschloss ist. Fehlersuche:

Öldrucklampe leuchtet nicht auf
Stecker am Öldruckschalter abnehmen und an Masse halten:

Lampe leuchtet auf -› Öldruckschalter defekt

Lampe leuchtet nicht auf -› Fehler auf Weg Zündschloss (Lampe?) bis Öldruckschalter

Lampe verlöscht nicht (während der Motor läuft)
Kein Öldruck!
Mögliche Ursachen -› kein Öl, Masseschluss eines Kabels (s. Abbildung) oder Öldruckschalter defekt.

Die Ladelampe zeigt an, ob der Generator arbeitet. Das heißt, sie verlischt, wenn die Generatorspannung die Batteriespannung erreicht hat.

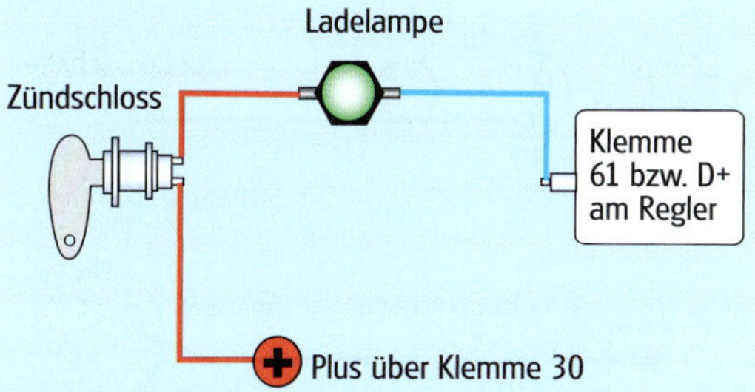

Das Zündschloss steht auf Betrieb, und durch Anzeige anderer Instrumente sieht man, dass Strom am Zündschloss ist. Fehlersuche:

Ladelampe leuchtet nicht auf
Ladelampe durchgebrannt -› austauschen
Kabel lose -› suchen, reparieren
Verlöscht nicht (Motor läuft)
Keilriemen zu lose -› nachspannen
Kabel defekt -› erneuern, reparieren
Ladelampe flackert während der Fahrt
Keilriemen lose -› nachspannen
Ladelampe wird nur dunkel (glimmt)
Übergangswiderstand zu groß -› erneuern, reparieren

Notfall: Treten diese Anzeichen während der Fahrt oder am Anker auf, können Sie, wenn die Keilriemenspannung richtig ist, trotzdem nach Hause fahren, jedoch Strom sparen, Batterie zu Hause gleich aufladen und den Defekt beseitigen.

Richtige Bedienung des Anlassers: Höchstens 10 s auf Startstellung bleiben, danach Batterie 30 s erholen lassen, andernfalls schädigen Sie Anlasser und Batterie.

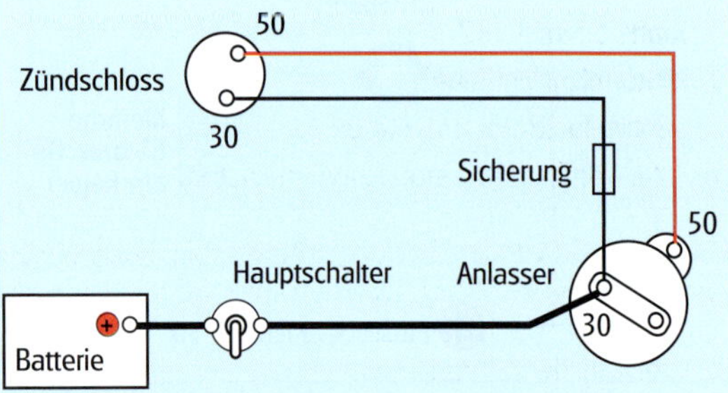

Anlasser dreht den Motor nicht oder nur mühsam

1. Beim Versuch zu starten leuchtet die Ladelampe nur sehr schwach auf und verlöscht dann ganz -› Zeichen für zu schwache oder defekte Batterie.
2. Die Ladelampe brennt, der Anlasser dreht aber nicht (macht gar kein Geräusch). Die wirksamste Kontrolle ist, mit dem Schraubendreher oder einem kurzen Stück dicken Kabels am Anlasser Klemme 30 und 50 kurzzuschließen (Vorsicht mit bewegten Teilen, falls Motor anspringt; bei Benzinern Motorraum gut lüften).
Startet der Anlasser, war die Leitung Zündschloss – Anlasser – Klemme 50 unterbrochen. Macht er immer noch kein Geräusch, kann man versuchen, mit dem Hammer auf das Gehäuse des Anlasserrelais zu klopfen. Bringt das keinen Erfolg, hilft nur die Werkstatt.

Der Motor startet nicht, obwohl der Anlasser den Motor gut durchdreht und der Gashebel (ausgekuppelt) auf 3/4 bis Vollgas steht.

Mögliche Ursachen:

1. Kraftstoff im Tank?
2. Motor nicht entlüftet?
3. Ventile Tank/Motor geöffnet?
4. Filter/Vorfilter/Wasserabscheider verstopft?

Sind diese Punkte in Ordnung, können Sie noch (sofern vorhanden) die Entlüftungsschraube am Feinfilter öffnen und den Motor mit Anlasser oder von Hand durchdrehen, bis Kraftstoff aus der Bohrung kommt.

Kommt kein Kraftstoff, ist vielleicht die Tankentlüftung durch Staugut verklemmt (Tankeinfüllstutzen öffnen und auf saugendes Geräusch achten).

Kommt Kraftstoff, dann mit Handpumpenhebel weiterpumpen, bis schnarrendes Geräusch entsteht (Überströmventil an Einspritzpumpe) oder Gegendruck spürbar ist.

Noch einmal starten → Kommt der Motor, sollte in nächster Zeit ein Fachmann die Einspritz- und Förderpumpe sowie die Düsen überprüfen.

Kommt der Motor nicht → können Sie den Düsensitz und das Ventilspiel überprüfen. Am besten wird aber sein, gleich einen Fachmann zu Rate zu ziehen (zu niedrige Kompression, Verschleiß usw.).

Drehzahlmesser

Ganz einfache Motoranlagen haben nur drei Kontrollanzeigen: die Öldruck- und Ladelampe sowie eine Grenzwertanzeige (Lampe) für Kühlwasser. Richtig überwacht ist ein Motor aber erst dann, wenn er auch einen Drehzahlmesser hat, und das gilt für Motoranlagen auf Segelbooten gleichermaßen.

Leistungskontrolle

Der Drehzahlmesser bietet (das stellen die Motorfirmen zu wenig in den Vordergrund) neben der Möglichkeit, nur die Drehzahl abzulesen, auch noch mehr.

Wenn man alle 14 Tage, nach Schlaggeräuschen am Unterwasserschiff oder vor Antritt einer längeren Reise den warm gelaufenen Motor auf Vollgas fährt, lässt sich an der Drehzahl ablesen, ob auch die Verbrennung richtig abläuft, d. h. ob der Motor die entsprechende Leistung bringt und der Propeller in Ordnung ist. Das setzt natürlich voraus, dass der richtige Propeller montiert wurde, mit dem gerade das Drehen der Nenndrehzahl (oder bis 5 % weniger) möglich ist. Gleichzeitig muss bei Beurteilung der Höchstdrehzahl zusätzliche Belastung wie volle Tanks, Urlaubsausrüstung und Personenzahl oder Bewuchs berücksichtigt werden.

Kraftstoffverbrauch

Neben dieser Leistungskontrolle hat man zusätzlich die Möglichkeit, mithilfe des Drehzahlmessers den Kraftstoffverbrauch zu schätzen.

Es gilt ungefähr folgende Regel:

100 % Nenndrehzahl → 100 % Verbrauch
90 % Nenndrehzahl → 80 % Verbrauch
80 % Nenndrehzahl → 60 % Verbrauch
50 % Nenndrehzahl → 25 % Verbrauch

Motor wird zu warm	
zu wenig Kühlwasser durch Verunreinigung	Kühlwasseraustritt kontrollieren, Seewasserfilter öffnen, reinigen
Keilriemen lose oder gerissen	nachspannen, erneuern
Plastikfolie vor Kühlwasserschlitzen	stoppen, rückwärts fahren, Kühlwasseraustritt kontrollieren, Manöver wiederholen, u. U. tauchen
Impeller an Pumpe defekt	prüfen, austauschen
Thermostat defekt	prüfen, reinigen, erneuern (zur Heimfahrt ausbauen)

Motor läuft, ist eingekuppelt, Boot fährt nicht
Noch einmal Gas geben bis Vollgas; bewegt sich das Boot nicht, haben Sie möglicherweise den Propeller verloren oder der Klapppropeller ist festgehakt.
Nach Hause segeln, ankern und tauchen oder abschleppen lassen.

Motor läuft unregelmäßig, setzt aus, bringt keine Leistung
Die Ursache ist im Allgemeinen mangelnde Kraftstoffzufuhr. Prüfen Sie Kraftstofffilter und Wasserabscheider, den Belüftungsschlauch des Kraftstofftanks.
Treten die Störungen bei höherer Drehzahl auf, kann es auch der Luftfilter sein.
Weitere Ursachen: Motor schlecht entlüftet, ungenügende Grundeinstellung des Gashebels und schlechte Ventilspiel-Einstellung.

Schwarzer Rauch am Auspuff
Das ist immer ein Zeichen, dass der Motor zu viel Kraftstoff hat, der aber mangels Luft nicht richtig verbrennt. Vorausgesetzt wird, dass vorher alles in Ordnung war und auch kein zu großer Propeller aufgesetzt wurde.

Ursache	Beseitigung
Luftfilter dicht	reinigen/wechseln

Bleibt der Qualm, fahren Sie mit mittlerer Drehzahl nach Hause und lassen den Fachmann ran.

Blauer Rauch am Auspuff
Das ist immer ein Zeichen für Schmieröl im Brennstoff.

Ursache	Beseitigung
Ölstand prüfen. Wenn er zu hoch ist, haben Sie wahrscheinlich die Ursache für den blauen Qualm.	Etwas Öl abpumpen, nach Hause fahren und die Ursache für das viele Öl suchen (Wasser, Treibstoff im Öl?).

Ist der Ölstand normal bzw. zu niedrig, werden Sie nach Hause fahren müssen – der Qualm hat dann wahrscheinlich eine ernstere Ursache (undichte Ventilführungen oder festgebrannte Ringe usw.). Fachmann holen!

Elektrik und Elektronik

Ein bestimmtes Maß an Grundkenntnissen der Elektrik und Elektronik gehört heute genauso zum Basiswissen eines Skippers wie der Umgang mit Tauwerk oder Seekarte. Elektrik und Elektronik sind ein natürlicher Bestandteil moderner Seemannschaft. Einfach deshalb, um nicht wegen eines Banaldefekts Mannschaft und Schiff zu gefährden.

Bei steigendem Komfort kann die Starterbatterie die Aufgabe als einziger Stromspeicher ohne Verlust an Sicherheit nicht mehr übernehmen. So teilt man die E-Anlage von Kajütbooten und Yachten in zwei Netze auf.

Für die Verteilung der Stromkreise gilt: Je weniger Verbraucher an einem Stromkreis liegen, umso besser. Das entlastet nicht nur die Querschnitte, sondern erhöht auch die Sicherheit, da bei Defekt in einem Stromkreis nur die Verbraucher betroffen sind, die in dem Stromkreis liegen.

Wenn Sie im Laufe der Zeit mehr und mehr Geräte installieren, fangen Sie nicht an, alles ohne System an die eine Batterie oder Sicherung zu hängen. Wenn die Verteilung nicht mehr reicht, erweitern Sie sie um ein zusätzliches Element.

Komplikationen im Bordnetz, sofern sie überhaupt auftreten, sind meist auf unsachgemäße Installation, falsche Materialwahl, schlechte Kontakte, zu knappe Querschnitte und die Salzwasser-Feuchtigkeit zurückzuführen.

Netztrennung

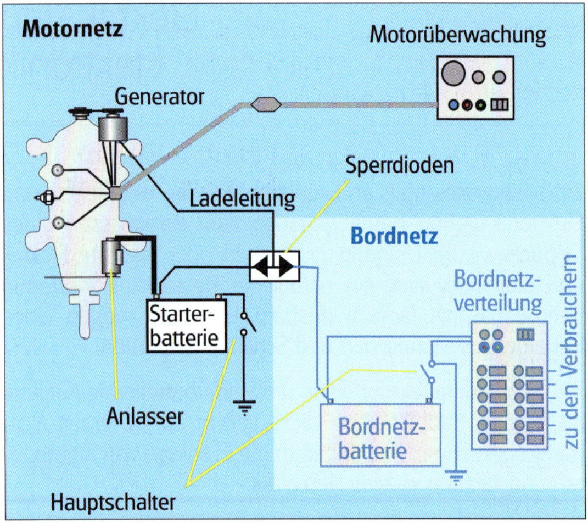

Die Abbildung zeigt, wie die Bordelektrik aufgebaut sein soll. Motor- und Bordnetz sind getrennt. Durch die Trennung der Netze wird garantiert, dass die Starterbatterie immer ausreichend Strom hat.

Die Trennung erfolgt mit Sperrdioden (Kompensationsdioden), Trennrelais oder Batterie-Umschalter, wenn der Generator nur einen Ladeanschluss hat.

Beide Netze sind über Hauptschalter abschaltbar.

Die Größe der Starterbatterie wählt man nach den Empfehlungen des Motor- und Anlasserherstellers (sie soll mindestens für 6 Startversuche bis 5 °C reichen).

Die E-Bilanz steht am Anfang jeder Elektrifizierung einer Yacht; sie sollte auch beim Kauf eines Bootes berücksichtigt werden, da sich die meisten Standardbatterien später bei mehr Komfort als zu klein erweisen.

$$\text{Strom (I) in Ampere} = \frac{\text{Leistung (P) in Watt}}{\text{Spannung (U) in Volt}}$$

E-Bilanz Bordspannung 12 V einige Beispiele	Anschluss-leistung	Verbraucherzahl	Gesamtleistung	Strom	Einschaltdauer	Strommenge für 24 Stunden
Verbraucher	W		W	A	h	Ah
Zweifarbenlaterne	25	1	25	2,1	8	16,8
Seitenlicht	25	2	50	4,2	8	33,6
Topplicht	25	1	25	2,1	8	16,8
Hecklicht	10	1	10	0,8	8	6,4
Kompassbeleuchtung	5	1	5	0,4	8	3,2
Instrumentenbeleuchtung	5	2	10	0,8	8	6,4
Innenbeleuchtung	25	4	100	8,3	2	16,6
Kartentischleuchte	10	1	10	0,8	4	3,2
Echolot (Rotlichtanzeige)	25	1	25	2,1	6	12,6
NAVTEX-Empfänger	25	1	25	2,1	4	8,4
Log (Speedometer)	20	1	20	1,7	12	20,4

Die so ermittelte Strommenge ergibt mit 1,7 multipliziert die Batteriekapazität (Ah).

Die erste Verbrauchergruppe nennt man betriebswichtige Verbraucher. Sie müssen mit der Mindestkapazität 8 Stunden betrieben werden können.

Kabel an Bord

Zu kleine Kabelquerschnitte führen zu sehr starkem Leistungsabfall der Verbraucher. Das ist dann auch die Ursache für häufige Defekte. Aus den folgenden Tabellen können Sie die richtigen Querschnitte auswählen. Oder die Querschnitte auf Ihrem Boot überprüfen. Die hier genannten Grenzwerte entsprechen den GL-Richtlinien.

Leiterquerschnitte für Navigationslichter im 12-V-Bordnetz, bezogen auf 5 % Spannungsabfall			
Navigationslicht	**Leistung**	**Leiterquerschnitt**	**Kabellänge**
Hecklicht	10 W	1,5 mm²	bis 30 m
		2,5 mm²	bis 50 m
Seitenlichter,	25 W	1,5 mm²	bis 12 m
Topplicht,		2,5 mm²	bis 20 m
Dreifarbenlaterne		4,0 mm²	bis 32 m
Segelboote im Mast:	50 W	1,5 mm²	6 m
Rot über Grün		2,5 mm²	10 m
(2 x 25 W)		4,0 mm²	16 m

Leiterquerschnitte für motorisierte und sonstige Verbraucher im 12-V-Bordnetz, bezogen auf 7 % Spannungsabfall			
Verbraucher	**Strom**	**Leiterquerschnitt**	**Kabellänge**
10 W	0,8 A	1,5 mm²	bis 42 m
25 W	2,1 A	1,5 mm²	bis 17 m
60 W	5,0 A	1,5 mm²	bis 7,5 m
		2,5 mm²	bis 12 m
		4,0 mm²	bis 19 m

Höchste zulässige Belastung für Kabel/max. Sicherung			
Leiterquerschnitt mm²	**Einleiterkabel A**	**Zweileiterkabel A**	**Drei- und Vierleiterkabel A**
1,5	12/10	10/10	8/ 6
2,5	17/16	14/16	12/10
4	22/20	19/20	15/16
6	29/25	25/25	20/20
10	40/36	34/36	28/25

Die Entwicklung bei Bootsbatterien zielt in Richtung Wartungsfreiheit, längere Lebensdauer, weniger Selbstentladung und Unempfindlichkeit gegen Tiefentladung. Das alles sind in Grenzen die Nachteile der herkömmlichen Bleibatterie.

Aufstellung der Batterien (bis 2 kW Ladeleistung)

- Trocken, gut belüftet, aber »versteckt« aufstellen.
- Unbedingt mit kräftiger Halterung befestigen, herumfliegende Batterien sind lebensgefährlich!
- Über der Batterie sollte genug Raum sein, um mit dem Säureheber prüfen und destilliertes Wasser nachfüllen zu können.
- Die Batterien sollen in einer Wanne aufgestellt sein, die in der Lage ist, auslaufende Säure aufzufangen (nach GL).
- Batterien sind am besten im Wohnraum oder einem gut belüfteten Stauraum untergebracht (Schrank, Kojen, Kasten usw.).
- Batterien stehen am schlechtesten im Motorraum!
- Batterien über 2 kW Ladeleistung müssen über Deck entlüftet werden.

Pflege an Bord

- Die beste Pflege der Batterie ist das Laden.
- Batterie außen sauber halten.
- Verschraubungen festdrehen, Entlüftungslöcher müssen aber offen sein.
- Batterieklemmen gut auf den Polen festziehen und einfetten (Vaseline, Polfett).
- Batterie abdecken, damit nicht z. B. Werkzeug zufällig einen Kurzschluss erzeugt.

Fehlersuche über Batterie-Ladezustand

Störung	Ursache	Abhilfe
Batterie ständig zu wenig geladen	Keilriemen locker	Keilriemen spannen oder tauschen
	Fehler an Generator, Spannungsregler oder Leitungsanschlüssen	Spannungsregler instand setzen bzw. austauschen; Leitungen überprüfen, einwandfrei befestigen (zu hohe Übergangswiderstände)
	Zu viele Verbraucher?	Batterie-Kapazität prüfen (E-Bilanz)
Abgegebene Leistung ist zu gering (Spannung fällt stark ab)	Batterie entladen	Batterie nachladen
	Ladespannung zu niedrig	Spannungsregler prüfen und austauschen lassen
	Anschlussklemme lose oder oxidiert	Anschlussklemmen reinigen und besonders Unterseite mit Säureschutz leicht einfetten; Anschlussschrauben fest anziehen
	Zu viele Verbraucher?	Batterie-Kapazität prüfen (E-Bilanz)

	Zu starke Selbstentladung der Batterie	Verunreinigungen der Batteriesäure; Batterie austauschen
	U. U. Batterie »sulfatiert« (grauweißer Belag auf allen Platten)	Batterie mit kleinem Strom laden, damit sich der Belag langsam zurückbildet. Falls nach wiederholter Ladung und Entladung abgegebene Leistung immer noch zu gering, Batterie austauschen.
	Batterie altersschwach	Aktive Masse der Platten ausgefallen. Platten sehen angefressen aus. Batterie austauschen.
	Säurespiegel unter Oberkante der Platten	Destilliertes Wasser nachfüllen

Batterien (Fehlersuche)

Eine schlecht geladene Batterie muss keineswegs altersschwach sein. In vielen Fällen ist sogar die Ursache in Richtung Regler, Generator oder Gesamtkapazität zu suchen. Die beiden Tabellen geben Aufschluss darüber.

Optische Prüfung der Batterien

Deckel abschrauben und mit Taschenlampe auf die Platten leuchten

Platten hell/dunkel .... geladen
Platten alle gleich .... leer
Platten alle hellgrau .... sulfatiert
Platten ausgefressen .... altersschwach

Fehlersuche über den Säurezustand der Batterien

Störung	*Ursache*	*Abhilfe*
Säurestand zu niedrig	Überladung, Verdunstung	Destilliertes Wasser nachfüllen
Säure tritt aus	Ladespannung zu hoch	Spannungsregler prüfen lassen, Säure absaugen
Säuredichte zu niedrig	Batterie entladen	Batterie laden
	Generator nicht in Ordnung	Generator prüfen lassen
	Kurzschluss im Leitungsnetz	Elektrische Anlage überprüfen

Die Lademöglichkeiten und die Batteriekapazität im Verhältnis zu den Einschaltzeiten der Verbraucher sind das eigentliche Kriterium für die Lebensdauer der Batterien und den elektrischen Komfort an Bord (s. dazu E-Bilanz, S. 261). Zumindest bei Segelbooten, in den meisten Fällen aber auch bei Motorbooten ist die Ladezeit des Generators am Motor zu kurz, und man braucht die Steckdose am Steg, ein Bordaggregat bzw. andere Stromerzeuger wie Windräder, Solarzellen oder einen Wellengenerator.

Da in den meisten Yachthäfen die Steckdose am Steg zum üblichen Liegeplatz-Komfort gehört, ist das Bordladegerät mit Landanschlusskabel die einfachste und sicherste Lösung. Bei der Wahl und Einrichtung des Landanschlusses sind einige wichtige Punkte zu beachten:

- Landanschlusskabel – flexible Gummischlauchleitung
  (z. B. HO7RN-F3G 2,5) 3 x 2,5 mm
  Steckdose nach VDE 0623 (DIN 49462)
  Schutzart mindestens IP 23
- Ladegerät mit getrennten Wicklungen, Größe etwa 12 bis 15 % der Batteriekapazität (z.B. Batterie = 140 Ah, Ladegerät ca. 20 A); Kennlinie Wae* oder Wu* auf Pufferbetrieb
- FI-Schalter (Fehlerstromschalter für Personenschutz mit 30 mA Nennfehlerstrom) entweder direkt am Steg (bis 16 A) oder direkt am Kabeleingang an Bord

* Wae: lädt mit Spannungsüberwachung und automatischer Abschaltung; Wu: steuert den Strom konstant unter Gasungsspannung.

Fehlersuche im Bordnetz

Die gesamte Bordelektrik und damit die Störungssuche in der E-Anlage ist ziemlich einfach (in dem hier gemeinten Sinn), wenn man sich bewusst macht, dass es sich bei allen angeschlossenen Stromverbrauchern um Stromkreise handelt.

Von der Stromquelle (Generator oder Batterie) fließt der Strom über die Zuleitung zum Verbraucher, verrichtet dort seine Arbeit und fließt über die Rückleitung zurück zur Stromquelle.

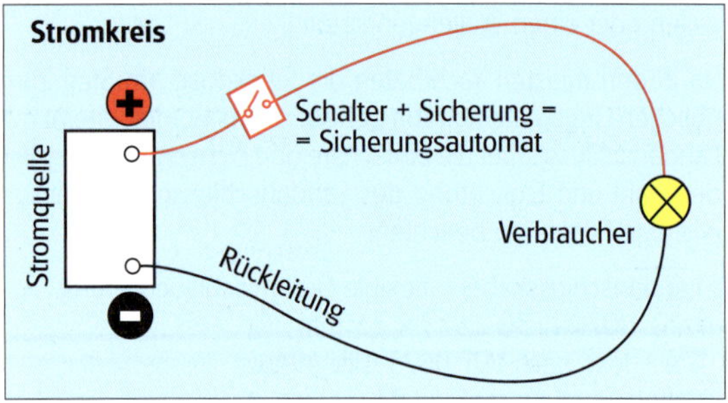

So liegt ein Verbraucher im Stromkreis.

Die Zuleitung wird durch den Schalter unterbrochen. Auf Yachten mit Batterienetzen ist er meist in die Schalttafel integriert und hat gleichzeitig als Sicherungsautomat die Funktion, bei Überlastung abzuschalten, um Kurzschlüsse oder Brände durch Überhitzung der Kabel zu verhindern. In diesen Kreis können noch Verteiler- und Abzweigdosen eingebaut sein. Das ändert nichts am Prinzip des Stromkreises. Das Ganze wird aber unübersichtlich und lässt den Laien glauben, Bordelektrik sei kompliziert.
Störungen sind: Unterbrechungen und zu große Spannungsverluste in der Leitung. Dazu kommt der Masseschluss in ge-

erdeten Systemen, wie Start- und Überwachungsanlage am Motor. Mit Phasenprüfer oder Prüflampe können Sie feststellen, ob der Stromkreis geschlossen ist.

- **Unterbrechungen** werden durch Korrosion an Klemmen, durch Brüche an den Anschlüssen und Abreißen oder Durchscheuern von Kabeln hervorgerufen.
- **Wackelkontakte** sind nur zu finden, indem man die Verbraucher einschaltet und am Kabel zieht und knickt.

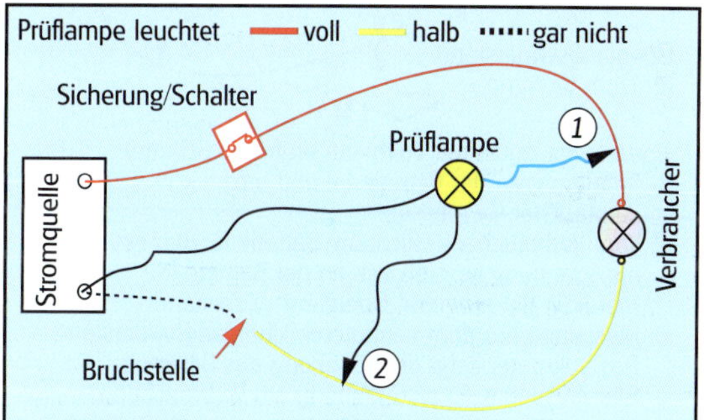

(1) Alle Schalter im Stromkreis einschalten, Sicherung prüfen. Lampe brennt.

(2) Phasenprüfer oder Prüflampe: Ein Draht kommt an Batterie-Minus, mit dem anderen werden von der Stromquelle (+) in Richtung Minus (-) alle Klemmen und Anschlüsse geprüft.
Bis zum Verbraucher leuchtet das Kontrollgerät voll, danach nur noch schwach und schließlich gar nicht mehr.

So prüfen Sie den Stromkreis und lokalisieren eine Unterbrechung.

- **Spannungsverluste** entstehen durch zu große Übergangs- und Leitungswiderstände. Sie setzen die Leistung der Verbraucher stark herab. Beispiel: Anlasser-Ritzel rastet nicht ein.

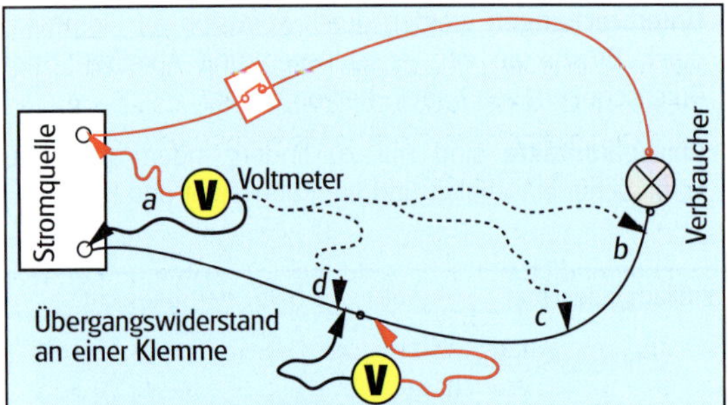

Spannungsverlust mit Voltmeter prüfen (3 Schritte):

1. Spannung an der Batterie (a) und am Verbraucher (b) messen.
2. Vom Verbraucher in Richtung Batterie (c–d) messen, bis Spannung so groß wie an der Batterie (d). Hier liegt der zu große Übergangswiderstand.
3. Messung über dem vermuteten Übergangswiderstand. Das Voltmeter zeigt die Spannung aus Differenz Batteriespannung zu Spannung am Verbraucher.

Suche nach zu großem Übergangswiderstand im Stromkreis

- **Masseschluss** einer Leitung erkennt man, wenn die mit Plus verbundene Leitung durch »Anschlagen« gegen Masse einen Öffnungsfunken zieht. Der Öffnungsfunken wird größer, je weiter Masseschluss entfernt ist (Induktivität nimmt mit Leitungslänge zu).

Das Innenleben von Bordinstrumenten und anderen elektronischen Geräten ist heute so beschaffen, dass selbst der Fachmann ohne genaue Messdaten und -geräte kaum etwas anfangen kann. Dennoch gibt es bei allen Defekten, die diese Geräte lahmlegen, gleichgültig ob Funkgerät, Echolot, Amperemeter oder Kühlschrank, ein im Prinzip sehr klares Schema, nach dem auch der Laie auf Defektsuche gehen kann. Die einzelnen Schritte und Überlegungen sind auf der nächsten Seite dargestellt.

Natürlich muss man gleichzeitig die entsprechende Betriebsanleitung und Fehlersuchtabelle zu Rate ziehen und prüfen, ob das Gerät eine eigene Sicherung hat. Unter Umständen überprüft man durch Öffnen der Rückseite, ob im Kabeleingang, soweit er nicht gedruckt ist, eine Lötstelle oder ein Leiter so stark oxidiert ist, dass es zu dem Defekt kam. Wenn das Gerät dann ohnehin offen ist, kann man das Innenleben mit Kontaktspray einsprühen, ehe man das Gehäuse wieder schließt.

Wenn Geräte gekapselt sind, ist es müßig, irgendetwas an den Innereien reparieren zu wollen.

Das gilt auch für alle Motoren an Pumpen, Scheibenwischern und sonstigen Aggregaten sowie für den Generator und den Anlasser. Bei diesen Geräten prüft man zusätzlich (soweit nicht gekapselt) die Kohlen und den Kollektor.

Gerät/Motor funktioniert nicht

1. Ist die Sicherung in der Verteilung herausgeflogen? Eine Sicherung fliegt nicht ohne Grund heraus! Drücken Sie sie wieder rein und behalten Sie das Gerät unter Kontrolle.

   Schmorgeruch? Sofort abstellen! Es handelt sich um Überlastung, Isolierungsschaden, Masse- oder Kurzschluss. Fehler auf jeden Fall beseitigen oder Gerät abgestellt lassen.

2. Ist Strom am Gerät?

   Zuleitung von Verteiler bis Gerät prüfen (Stecker, Schalter, Klemmen, Wackelkontakt, Leitungsunterbrechung).

3. Ist die Spannung ausreichend groß?

   Das lässt sich am besten mit dem Voltmeter prüfen. Im Fall einer Überprüfung bei Defekt reicht aber auch der Spannungsprüfer (s. »Werkzeug«, S. 285).

Gerät funktioniert nicht richtig oder zeigt falsch an

1. Das kann ebenfalls an zu geringer Spannung liegen (vgl. Punkt 3 oben).
2. Geberleitung/Antenne prüfen. Man muss sich auch hier auf die Kontrolle von Steckern, Kabeln, Unterbrechung und sonstigen Verbindungen beschränken und sie auf festen Sitz und Oxidation überprüfen.

Wenn alles nichts nützt, Gerät öffnen (nur in Notfällen).

Bei elektronischen Geräten finden Sie im Gehäuse meistens eine Karte, auf die diverse elektronische Bauteile aufgesteckt oder aufgelötet sind, sowie einige dickere Drähte, die zu den Bedienelementen an der Vorderseite führen. Sehen Sie sich alles genau an. Sind Lötstellen gerissen oder Drähte abgerissen? Drücken Sie die einzelnen elektronischen Bauteile fest in ihren Sitz (auf der Rückseite gegenhalten) usw.

Werfen Sie einen Blick auf die gedruckte Schaltung. Falls eine Bahn gerissen ist: löten.

Motorbetriebene Geräte alle zwei Jahre oder bei Verdacht auf Fehler prüfen.

Geprüft werden die Leichtgängigkeit und Abnutzung der Kohle (Feder anheben und Kohle bewegen). Der Kollektor muss sauber und frei von Kratz- und Schleifspuren sein. Stark verschmutzte Kohle und Kollektoren mit feinem Pinsel, Staubsauger oder Benzinlappen säubern.

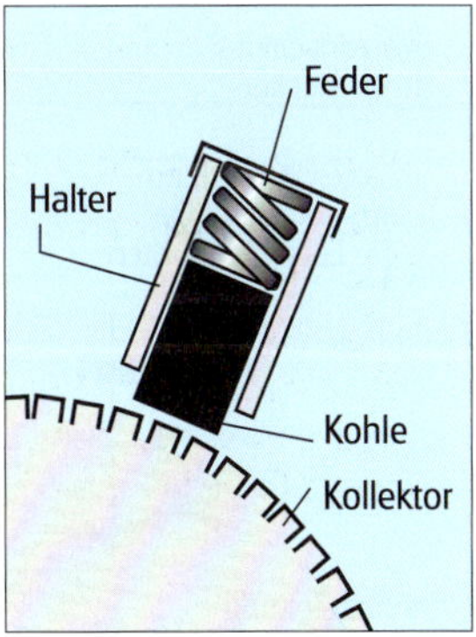

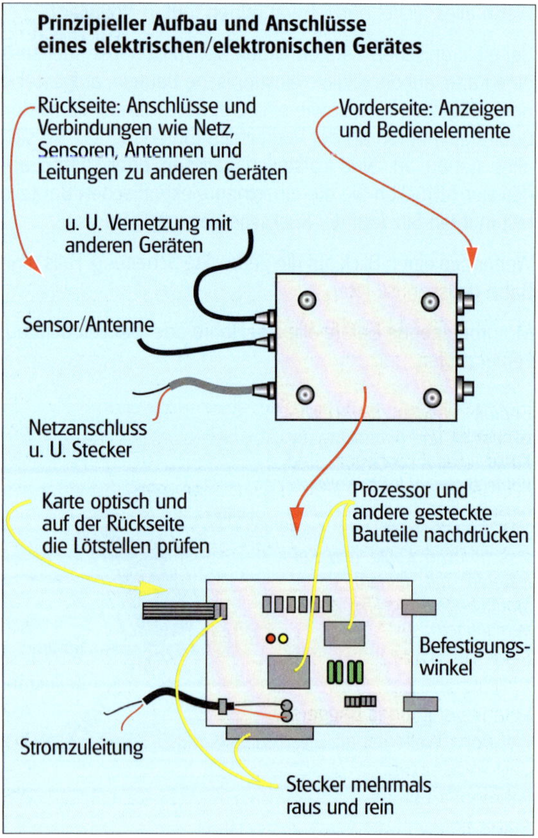

Anschlüsse eines elektrischen/elektronischen Gerätes

Anhang

Ankergrößen, Kettenmaße, Leinendurchmesser und Länge der Schleppleine sind in den »Sicherheitsrichtlinien« der Kreuzer-Abteilung festgelegt und vernünftigerweise nach der Tabelle rechts vom Germanischen Lloyd zu dimensionieren.

Ab 2 t Verdrängung muss man über die Ausrüstungsleitzahl (s. unten) den Aufbau in die Rechnung einbeziehen. In der Tabelle rechts stehen die Werte für Segelboote und Motorsegler. Motorboote können ab Ausrüstungsleitzahl 10 den Anker und die Kette um eine Stufe niedriger wählen.

Für den 2. Anker nimmt man die Schleppleine als Ankerleine.

Für die Berechnung der **Ausrüstungsleitzahl** kann man mittlere Maße der Aufbauten zugrunde legen.

Es gilt folgende Formel:

$$\mathbf{Z = 0{,}6 \times L \times B \times H + A = m^3}$$

Z = Ausrüstungsleitzahl
L = (Rumpflänge + LWL): 2 [m]
B = Bootsbreite [m]
H = Rumpfhöhe [m]
A = halbes Aufbauvolumen*

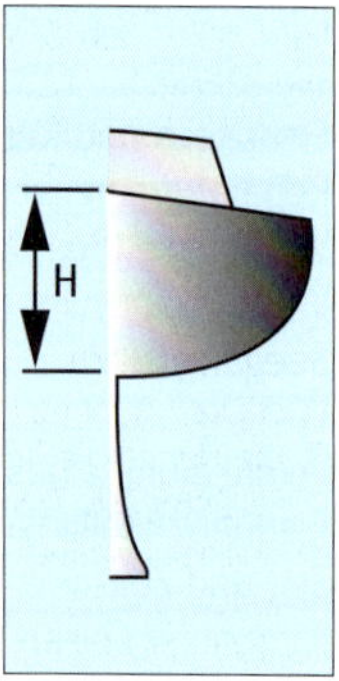

$$\mathbf{A = 0{,}5 \times L_A \times B_A \times H_A = m^3}$$

L_A = mittlere Länge des Aufbaus [m]
B_A = mittlere Breite des Aufbaus [m]
H_A = mittlere Höhe des Aufbaus [m]

An

* Bei Segelbooten und Motorseglern kann man A vernachlässigen.

Leitzahl Z m^3	Verdrängung D (t)	Gewicht 1. Anker 1) (kg)	Gewicht 2. Anker (kg)	Ankerkette* Länge (m)	Ankerkette* Nenndicke 2) (mm)	Schleppleine** ø 3) (mm)
-	bis 0,15	2,5	-	-	-	12
-	bei 0,20	3,0	-	-	-	12
-	bei 0,30	3,5	-	-	-	12
-	bei 0,40	4,5	-	-	-	12
-	bei 0,50	5,0	-	-	-	12
-	bei 0,60	5,5	-	-	-	14
-	bei 0,75	6,5	-	-	-	14
-	bei 1,00	7,5	-	-	-	14
-	bei 1,50	8,7	-	-	-	14
bis 10	bei 2,00	10,5	9,0	22,5	6	16
bei 15	bei 3,00	12,0	10,0	24,0	6	18
bei 20	bei 4,00	13,0	10,5	25,0	6	18
bei 25	bei 5,00	13,5	11,0	26,0	7	18
bei 30	bei 6,00	15,0	13,0	27,0	7	18
bei 40	bei 8,00	17,0	15,0	29,0	8	20
bei 55	bei 12,00	21,0	18,0	32,5	8	22
bei 70	bei 17,00	25,0	21,0	36,0	9	22
bei 90	bei 23,00	29,0	25,0	40,0	10	22
bei 110	bei 29,00	34,5	29,0	43,0	10	24

1) Kann um 25 % reduziert werden, wenn das betreffende Fahrzeug ausschließlich auf Binnengewässern eingesetzt wird, auf denen starke Strömung und hoher Seegang ausgeschlossen sind.

2) Die Nenndicke bezieht sich auf Rundstahlketten gem. ISO 4565, EN 2465, DIN 766.

3) 3-litziges Trossenschlag-Seil aus Polyamid nach DIN 83330 (ISO 1140).

* Leine und Kettenvorläufer statt Kette 1,5 mal so lang

** Bis Z = 40 soll die Schleppleine 5 x LWL, darüber 4,75 x LWL messen.

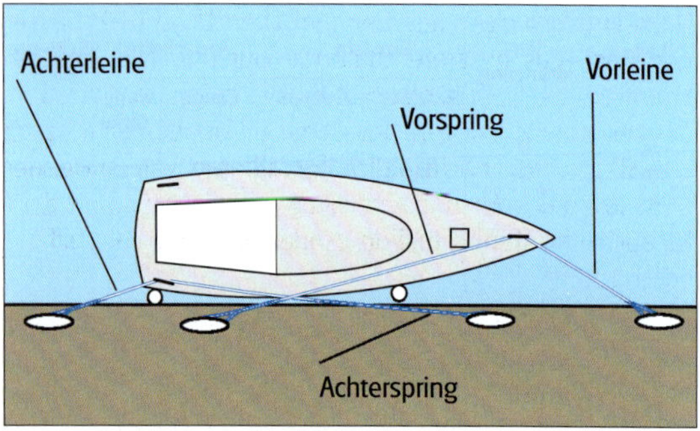

Richtige Wahl der Festmacher

Nach gutem seemännischem Brauch gehören vier Festmacher an Bord. Davon sollen zwei so lang wie das Boot und zwei 1,5-mal so lang sein wie das Boot.

Bezogen auf 3-litzig geschlagenes Polyamidtauwerk sind folgende Durchmesser für die Festmacher zu wählen:

Verdrängung	Festmacheleine		
	Ø	Mindestbruchkraft	
t	mm	N	t
0,2	10	2040	2,1
0,6	12	2940	3,0
1,0	14	4020	4,1
6,0	16	5220	5,3
12,5	18	6570	6,7
25,0	20	8140	8,3

Nach Empfehlungen des Germanischen Lloyd (GL) müssen der Mast, das gesamte stehende Gut und alle größeren Eisenteile (Heck-, Bugkorb, Motor usw.) miteinander verbunden und geerdet werden. Das ist nur auf Neubauten möglich. Wer **Blitzschutz nachträglich installieren** will, sollte den Mast sowie das Vor- und Achterstag zum Kiel hin erden, dann ist auch der Mann am Ruder oder auf dem Vorschiff gut geschützt.

Wichtig ist, dass die Kupferdrähte oder Alu-Bänder fallend und ohne Kurven und Schleifen verlegt werden.

Bei **Holzmasten** sollte man einen Blitzfänger aufstellen, der mit dem Topp-Band, dem Achter- und Vorstag und der Mastschiene verbunden ist, die dann nach unten geerdet wird.

Zum Schutz von teuren **Antennen im Masttopp** müsste man auf Metallmasten einen Blitzfänger installieren, der alle Antennen überragt.

Die **Erdung des Mastes** ist sicher, wenn ein 25-mm^2-Kupferdraht zum Kiel führt. Steht der Mast auf einer metallischen Stütze, muss eine Verbindung vom Mastfuß zur Stütze und von der Stütze zum Kiel hergestellt werden. Steht der Mast auf einem Schott, muss der Leiter am Schott verlegt werden.

Zur Verbindung der Stagen mit dem Kiel reicht ein 16-mm^2-Kupferdraht. Die richtige Kabelqualität: H07V-K.

DIN EN 60092-507 enthält die Empfehlungen für Blitzschutz auf Yachten.

Internationale Buchstabiertafel

Buchstabe	Schlüsselwort	Aussprache
Die fett gedruckten Silben werden betont		
A	Alfa	**AL** FAH
B	Bravo	**BRA** WO
C	Charlie	**TSCHAH** LI
D	Delta	**DEL** TAH
E	Echo	**ECK** O
F	Foxtrot	**FOX** TROTT
G	Golf	GOLF
H	Hotel	HO **TELL**
I	India	**IN** DI AH
J	Juliett	**JUH** LI **ETT**
K	Kilo	**KI** LO
L	Lima	**LI** MAH
M	Mike	MEIK
N	November	NO **WEMM** BER
O	Oscar	**OSS** KAR
P	Papa	PA **PAH**
Q	Quebec	**KI** BECK
R	Romeo	**RO** MIO
S	Sierra	SSI **ER** RAH
T	Tango	**TANG** GO
U	Uniform	**JU** NI FORM
V	Victor	**WICK** TAR
W	Whiskey	**WISS** KI
X	X-ray	**EX** REH
Y	Yankee	**JENG** KI
Z	Zulu	**SUH** LUH

Ziffer	Schlüsselwort	Aussprache
Jede Silbe soll g l e i c h b e t o n t werden		
0	NADAZERO	**NAH-DAH-SEH-RO**
1	UNAONE	**UH-NAH-WANN**
2	BISSOTWO	**BIS-SO-TUH**
3	TERRATHREE	**TER-RA-TRIH**
4	KARTEFOUR	**KAR-TE-FAUER**
5	PANTAFIVE	**PANN-TA-FAIF**
6	SOXISIX	**SSOCK-SSI-SSIX**
7	SETTESEVEN	**SSET-TEH-SSÄWN**
8	OKTOEIGHT	**OCK-TO-ÄIT**
9	NOVENINE	**NO-WEH-NAINER**
Komma	DECIMAL	**DEH-SSI-MAL**
Punkt	STOP	**SSTOPP**

Die Tafel zeigt die international im Funkverkehr (früher) üblichen Morsezeichen.

Der Abstand zwischen den einzelnen Zeichen eines Buchstabens ist 1 Punkt. Die Länge des Strichs entspricht 3 Punkten, der Abstand zwischen Buchstaben ist so lang wie 3 Punkte und zwischen zwei Worten 7 Punkte.

Buchstaben	Ziffern	(Kurzform)
A •—	1 •————	•—
B —•••	2 ••———	••—
C —•—•	3 •••——	•••—
D —••	4 ••••—	••••—
E •	5 •••••	•••••
F ••—•	6 —••••	—••••
G ——•	7 ——•••	—•••
H ••••	8 ———••	—••
I ••	9 ————•	—•
J •———	0 —————	—
K —•—		
L •—••		
M ——		
N —•		
O ———		
P •——•		
Q ——•—		
R •—•		
S •••		
T —		
U ••—		
V •••—		
W •——		
X —••—		
Y —•——		
Z ——••		

Sonstige Zeichen	
Anfangszeichen	—•—•—
Aufforderung zum Senden	—•—
Fragezeichen	••——••
Irrung	••••••••
Komma (Beistrich)	——••——
Punkt	•—•—•—
Verstanden	•••—•
Warten	•—•••

Fuß/Meter-Umrechnung

1 Fuß/Foot = 0,3048 m

Fuß	Meter		Fuß	Meter
1	0,305		31	9,449
2	**0,610**		**32**	**9,754**
3	0,914		33	10,058
4	**1,219**		**34**	**10,363**
5	1,524		35	10,668
6	**1,829**		**36**	**10,973**
7	2,134		37	11,278
8	**2,438**		**38**	**11,582**
9	2,743		39	11,887
10	**3,048**		**40**	**12,192**
11	3,353		41	12,497
12	**3,658**		**42**	**12,802**
13	3,962		43	13,106
14	**4,267**		**44**	**13,411**
15	4,572		45	13,716
16	**4,877**		**46**	**14,021**
17	5,182		47	14,326
18	**5,486**		**48**	**14,630**
19	5,791		49	14,935
20	**6,096**		**50**	**15,240**
21	6,401		51	15,545
22	**6,706**		**52**	**15,850**
23	7,010		53	16,154
24	**7,315**		**54**	**16,459**
25	7,620		55	16,764
26	**7,925**		**56**	**17,069**
27	8,230		57	17,374
28	**8,534**		**58**	**17,678**
29	8,839		59	17,983
30	**9,144**		**60**	**18,288**

Kilometer (km) in Seemeilen (sm)

1 Kilometer ≙ 0,5400 Seemeilen

zahlenmäßig identisch: Kilometer pro Stunde in Knoten

km	0	1	2	3	4	5	6	7	8	9	km
0	0	0,54	1,08	1,62	2,16	2,70	3,24	3,78	4,32	4,86	0
10	5,40	5,94	6,48	7,02	7,56	8,10	8,64	9,18	9,72	10,26	10
20	10,80	11,34	11,88	12,42	12,96	13,50	14,04	14,58	15,12	15,66	20
30	16,20	16,74	17,28	17,82	18,36	18,90	19,44	19,98	20,52	21,06	30
40	21,60	22,14	22,68	23,22	23,76	24,30	24,84	25,38	25,92	26,46	40
50	27,00	27,54	28,08	28,62	29,16	29,70	30,24	30,78	31,32	31,86	50
60	32,40	32,94	33,48	34,02	34,56	35,10	35,64	36,18	36,72	37,26	60
70	37,80	38,34	38,88	39,42	39,96	40,50	41,04	41,58	42,12	42,66	70
80	43,20	43,74	44,28	44,82	45,36	45,90	46,44	46,98	47,52	48,06	80
90	48,60	49,14	49,68	50,22	50,76	51,30	51,84	52,38	52,92	53,46	90
100	54,00	54,54	55,08	55,62	56,16	56,70	57,24	57,78	58,32	58,86	100

Seemeilen (sm) in Kilometer (km)

1 Seemeile ≙ 1,8520 Kilometer

zahlenmäßig identisch: Knoten 1 Kilometer pro Stunde

sm	0	1	2	3	4	5	6	7	8	9	sm
0	0	1,85	3,70	5,56	7,41	9,26	11,11	12,96	14,82	16,67	0
10	18,52	20,37	22,22	24,08	25,93	27,78	29,63	31,48	33,34	35,19	10
20	37,04	38,89	40,74	42,60	44,45	46,30	48,15	50,00	51,86	53,71	20
30	55,56	57,41	59,26	61,12	62,97	64,82	66,67	68,52	70,38	72,23	30
40	74,08	75,93	77,78	79,64	81,49	83,34	85,19	87,04	88,90	90,75	40
50	92,60	94,45	96,30	96,16	100,01	101,86	103,71	105,56	107,42	109,27	50
60	111,12	112,97	114,82	116,68	118,53	120,38	122,23	124,08	125,94	127,79	60
70	129,64	131,49	133,34	135,20	137,05	138,90	140,75	142,60	144,46	146,31	70
80	148,16	150,01	151,86	153,72	155,57	157,42	159,27	161,12	162,98	164,83	80
90	166,68	168,53	170,38	172,24	174,09	175,94	177,79	179,64	181,50	183,35	90
100	185,20	187,05	188,90	190,76	192,61	194,46	196,31	198,16	200,02	201,87	100

Werkzeug

Das Werkzeug an Bord wird aus dem Sonderwerkzeug für Motor und andere Geräte, dem Werkzeug nach den »Sicherheitsrichtlinien« und aus dem großen Rest dessen zusammengestellt, was der Skipper je nach Fahrtziel und persönlicher Neigung noch für richtig hält.

Der große, alles umfassende Werkzeugkoffer, der horizontal liegen muss und einen Klappdeckel hat, ist nicht besonders ideal. Viel vernünftiger scheint mir, Seitenschneider, Schraubendreher, Kombizange und ein Messer im Kartentisch zu haben oder in einem Schwalbennest im Cockpit – und das Sonderwerkzeug gut beschriftet in einem Schrank, die Elektrosachen in einem Schapp neben der Verteilung. Man repariert ja nicht, indem man das ganze Werkzeug zur Reparaturstelle schleppt, vielmehr nimmt man immer nur die wahrscheinlich notwendigen Werkzeuge in einem Eimer mit Putzlappen mit.

Motor: Sonderwerkzeug des Motors, ein Satz Maul/Ringschlüssel und, wenn der Motor keine metrischen Schrauben hat, zusätzlich ein Satz BS-Schlüssel. Weiter Kombizange, Seitenschneider, Schraubendreher, Hammer, ein großer Maulschlüssel für die Propellermutter, Rundfeile, Halbrundfeile, Holzraspel, Beitel, Flachmeißel, Wasserpumpen-, Rohr-, Gripzange, Feinsäge, Puksäge und 3 bis 4 Schraubzwingen, Handbohrmaschine (zweigängig) mit entsprechenden Bohrern sowie Schaber, Drahtbürste, Schleifpapier, Zollstock, Schiebelehre und Fühllehre.

Elektrik: 3 Schraubendreher von 3 bis 8 mm, 2 Kreuzkopfdreher mit 3 und 5 mm sowie eine Quetschzange mit diversen Kabelschuhen, Kabelverbindern usw. Spannungsprüfer mit Diodenanzeige von 6 bis 380 V. Ergänzen kann man das mit einer Prüflampe, wie sie im Autozubehörhandel zu haben ist, und Kontaktspray.

Notwerkzeug nach den »Sicherheitsrichtlinien«:
Bolzenschneider, abgestimmt auf die Stärke des stehenden Guts, Brecheisen, Beil, großer Hammer und Eisensäge (mit einigen Sägeblättern). Das Notwerkzeug wird gut eingefettet, in ölige Lappen eingeschlagen und in einer halbwegs gut belüfteten Backskiste gestaut. Außerdem muss das Notwerkzeug einmal im Jahr auf seine Funktion hin geprüft werden.

Segel: Takelmesser, Marlspieker, Segelnadeln, Segelmacherhandschuh, Segelgarn und Wachs.

Sonstiges: Außerdem gehören Putzlappen und einige Pinsel an Bord.
Wer auf große Fahrt geht und damit rechnen muss, dass er auch größere Reparaturen ohne die Möglichkeit, Ersatzteile zu beschaffen, selbst durchführen muss, sollte auf einen Schraubstock nicht verzichten und das Werkzeugschapp um Dorne, Reißnadel, Körner, zusätzliche Feilen, Blechschere, Schiebelehre, eine mittlere Abziehvorrichtung und – nach Rücksprache mit dem Motorhersteller – um einige Sonderwerkzeuge für die Maschine erweitern.

Ersatzteile und Reparaturmaterial

Der seemännisch-nautische Teil des Stores nach den Empfehlungen der »Sicherheitsrichtlinien« erschöpft sich in Folgendem: genügend Ersatztauwerk, Blöcke, Schäkel, Spannschrauben, Ersatzwinsch- und -reffkurbel, Leckdichtungsmaterial, Bootsmannsstuhl, Werkzeug für Notreparaturen, Schneideapparat für stehendes Gut, Brecheisen, Beil, großer Hammer zur Freilegung eines Lecks, Eisensäge für Niromaterial mit Ersatzblättern.

Bezogen auf den Motor bieten die Hersteller Ersatzteilpakete an oder geben Empfehlungen für verschiedene Fahrtbereiche.

Für unsere Breiten sollte man sich zumindest an den Umfang der folgenden Tabelle halten. Wenn Sie mehr als 200 Stunden je Sommer motoren, sollte der Umfang erweitert werden (mindestens doppelte Filtereinsätze).

Motor-Ersatzteile
Ölfilterpatrone mit Dichtringen, Kraftstofffiltereinsatz mit Dichtungen, Dichtring für Öleinfüllstutzen
Keilriemen
2 Dichtringe für Einspritzdüsen, 1 Einspritzdüse,
1 Druckleitung zur Einspritzdüse
Dichtungsmaterial für Flachdichtungen
Dichtschnur für Stevenrohrbuchse

Schmier- und Pflegemittel
Motoröl (1 Füllung)
Winschenfett
Seewasser- oder Wasserpumpenfett
Polfett oder Vaseline
Kontaktspray, Rostlöse-Universal-Spray, Gleitspray (meist Silikonspray), Metallreinigungsmittel/Spray und Bootspflegemittel (Reiniger, Politur, Wachs)

Reparaturmaterial für die »Erste Hilfe«
Klebeband, Isolierband, Teflon-Dichtband
Kupferdraht (1 mm Ø, einige Meter)
Schlauchschellen (diverse, nicht rostend)
Kupferrohrstücke (verschiedene Ø zur Reparatur von Schlauchleitungen)
Weichholzpflöcke für kleine Lecks
Kabel (1-adrig, 1,5 mm², 10 m)
Kabel (2-adrig, 2 x 1,5 mm², 10 m)
Gummistropps (diverse)
Gummiringe (z. B. von Autoreifen)
Silikon (Tube oder Kartusche)
Epoxy-Kleber (Minuten-Härter)
Nägel (verzinkt, diverse Größen)
Schrauben (Edelstahl, diverse Größen)
Drahtstropps
Drahtschraubklemmen

Das hier genannte Reparaturmaterial bezieht sich nur auf kleine Reparaturen und Notfälle, in denen man sich einige Tage über die Runden hilft. Die Anleitung für größere Notreparaturen (z. B. Leck im Rumpf, Notrigg) finden Sie über das Stichwortverzeichnis. Für viele elektronische Geräte gibt es Sicherungen und ein oder zwei andere Teile sowie da und dort ein Sonderwerkzeug. Das alles sollte man zusammen mit den gesetzlich geforderten Ersatzlampen für die Navigationslichter und den empfohlenen für die Taschenlampen und Batterien für alle vom Netz unabhängigen Geräte in einem Kasten oder in einer Schieblade für sich stauen, genauso wie man alle Geräte-Beschreibungen und Betriebsanleitungen in einer Mappe im Kartentisch sammeln sollte. Bei zunehmender Schiffslänge werden es schnell ein, zwei DIN-A4-Ordner.

Windstärke (Beaufort-Skala)

Beaufort-Skala	Bezeichnung	Mittlere Geschw. in m/s	Mittlere Geschw. in kn	Auswirkung an Land
0	Stille	0–0,2	0–1	Windstille, Rauch steigt gerade empor
1	Leiser Zug	0,9	2	Zug des Rauches zu erkennen. Windfahne rührt sich nicht
2	Leichte Brise	2,5	5	Wind am Gesicht fühlbar. Windfahne bewegt sich
3	Schwache Brise	4,4	9	Blätter und dünne Zweige bewegen sich
4	Mäßige Brise	6,7	13	Wind hebt Staub und Papier, bewegt Zweige und dünne Äste
5	Frische Brise	9,3	18	Kleine Laubbäume beginnen zu schwanken
6	Starker Wind	12,3	24	Starke Äste in Bewegung. Pfeifen in Telegrafenleitungen
7	Steifer Wind	15,5	30	Ganze Bäume in Bewegung. Fühlbare Hemmung beim Gehen
8	Stürmischer Wind	19	37	Wind bricht Zweige. Gehen erheblich erschwert
9	Sturm	22,6	44	Kleinere Schäden an Häusern (Dachziegel abgeworfen)
10	Schwerer Sturm	26,5	52	Bäume werden entwurzelt. Bedeutende Schäden an Häusern
11	Orkanartiger Sturm	30,6	60	Schwerste Verwüstungen
12	Orkan	34,8	68	

Stärke Bft	Bezeichnung	Zeichen in deut. Wetterkarten
0	Stille	◎
1	Leiser Zug	
2	Leichte Brise	
3	Schwache Brise	
4	Mäßige Brise	
5	Frische Brise	
6	Starker Wind	
7	Steifer Wind	
8	Stürmischer Wind	
9	Sturm	
10	Schwerer Sturm	
11	Orkanartiger Sturm	
12	Orkan	

Wetterkarten international (kn)
◎
1–2
5
10
15
20
25
30
35
40
45
50
55
60

	Sprühregen
●	Regen
(●)	Niederschlag in der Umgebung
	nach Regen
▽	Schauer
	Schnee
▲	Hagel
△	Graupel
	Gewitter
∞	trockener Dunst
=	feuchter Dunst
≡	Nebel
	nach Nebel
T	Tief
H	Hoch
○	wolkenlos
	1/8 Bedeckung
	2/8 Bedeckung
	3/8 Bedeckung
	4/8 Bedeckung
	5/8 Bedeckung
	6/8 Bedeckung
	7/8 Bedeckung
●	8/8 Bedeckung
⊗	Himmel nicht erkennbar

An

Seegangsskala

Seegangsstärke	Bezeichnung des Seegangs	Auswirkungen
0	Vollkommen glatte See	Spiegelglatte See
1	Ruhige, gekräuselte See	Kleine schuppenförmig aussehende Kräuselwellen, keine Schaumkämme.
2	Schwach bewegte See	Wellen noch kurz, aber ausgeprägter. Kämme sehen glasig aus und brechen sich nicht. Vereinzelt weiße Schaumköpfe.
3	Leicht bewegte See	Wellen noch klein, werden aber länger. Ziemlich verbreitet treten weiße Schaumköpfe auf. Die sich brechende See rauscht.
4	Mäßig bewegte See	Wellen länger, ausgeprägter. Überall weiße Schaumköpfe. Vereinzelt schon Gischt. Brechen der See hört sich wie Murmeln an.
5	Grobe See	Größere Wellen. Kämme brechen sich und hinterlassen größere weiße Schaumflächen. Dumpfes, rollendes Geräusch der sich brechenden See.
6	Sehr grobe See	See türmt sich. Der beim Brechen entstehende weiße Schaum beginnt sich in Streifen in die Windrichtung zu legen. Das Geräusch der sich brechenden See in größerer Entfernung hörbar.
7	Hohe See	Mäßig hohe Wellenberge mit Kämmen von beträchtlicher Länge. Von den Kanten der Kämme beginnt Gischt abzuwehen. Der Schaum legt sich in gut ausgeprägten Streifen in die Windrichtung.
8	Sehr hohe See	Hohe Wellenberge mit langen, überbrechenden Kämmen. See weiß durch Schaum. Schweres, stoßartiges Rollen der See. Sicht durch Gischt stark beeinträchtigt.
9	Außergewöhnlich schwere See	Außergewöhnlich hohe Wellenberge. See völlig weiß. Luft mit Schaum und Gischt angefüllt. Jede Fernsicht hört auf. Rollen der See wird zum Getöse.

See-gang	Ungefähre mittlere Wellenhöhe in m	Ungefähre mittlere Wellenlänge in m
0	–	–
1	0–0,5	0–10
2	0,5–0,75	10–12,5
3	0,75–1,25	12,5–22,5
4	1,25–2	22,5–37,5
5	2–3,5	37,5–60
6	3,5–6	60–105
7	über 6	über 105
8	bis 20	bis 600
9	bis 20	bis 600

Maximale Wellengröße in unseren Breiten

See-gebiet	Wellen-höhe m	Wellen-länge m	Wellen-periode s	Wellen-geschwin-digkeit m/s
Westliche Ostsee	3	55–70	6–7	9–10
Südliche Nordsee	6	120	10	12
Nördliche Nordsee	8–9	180–200	11–12	16–17
Nordatlantik	16–18	250	13	20

An

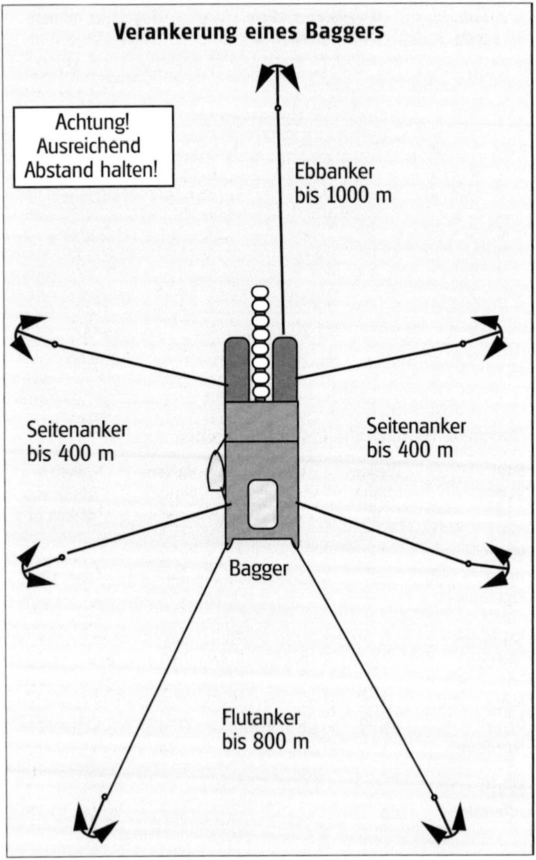
Verankerung eines Baggers
Achtung!
Ausreichend
Abstand halten!
Ebbanker
bis 1000 m
Seitenanker
bis 400 m
Seitenanker
bis 400 m
Bagger
Flutanker
bis 800 m

Die Umrechnung von Frequenz (kHz) in Wellenlänge (m) oder umgekehrt erfolgt nach folgender Formel:

$$\text{Frequenz (kHz)} = \frac{300000}{\text{Wellenlänge (m)}} \qquad \text{Wellenlänge (m)} = \frac{300000}{\text{Frequenz (kHz)}}$$

Die Werte in der Tabelle sind etwas aufgerundet.

kHz	m	kHz	m	kHz	m	kHz	m
1	300000	74	4054	400	750	2300	130
2	150000	76	3947	450	666	2350	128
4	75000	78	3846	500	600	2400	125
6	50000	80	3750	550	545	2450	122
8	37500	82	3659	600	500	2500	120
10	30000	84	3571	650	461	2550	118
12	25000	86	3488	700	428	2600	115
14	21428	88	3409	750	400	2650	113
16	18750	90	3333	800	375	2700	111
18	16667	92	3261	850	353	2750	109
20	15000	94	3192	900	333	2800	107
22	13636	96	3125	950	316	2850	105
24	12500	98	3061	1000	300	2900	103
26	11538	100	3000	1050	286	2950	102
28	10714	105	2857	1100	273	3000	100
30	10000	110	2727	1150	261	3250	92
32	9375	115	2609	1200	250	3500	86
34	8824	120	2500	1250	240	3750	80
36	8333	125	2400	1300	231	4000	75
38	7895	130	2308	1350	222	4250	11
40	7500	135	2222	1400	214	4500	67
42	7143	140	2143	1450	207	4750	63
44	6818	145	2069	1500	200	5000	60
46	6522	150	2000	1550	194	5500	55
48	6250	155	1936	1600	188	6000	50
50	6000	160	1875	1650	182	7000	43
52	5769	165	1818	1700	177	8000	38
54	5556	170	1765	1750	171	9000	33
56	5357	175	1714	1800	167	10000	30
58	5172	180	1667	1900	158	15000	20
60	5000	185	1622	1950	154	20000	15
62	4839	190	1579	2000	150	25000	12
64	4687	195	1538	2050	146	30000	10
66	4546	200	1500	2100	143	40000	7
68	4412	250	1200	2150	139	50000	6
70	4286	300	1000	2200	136	60000	5
72	4167	350	857	2250	133	100000	3

An

Zeit und Zeitzonen

Der Nullmeridian verläuft durch Greenwich und ist die Bezugslinie für die astronomische Zeit UT bzw. UT 1 (Universal Time bzw. Universal Time 1).

Die Erde dreht sich in 24 Stunden einmal um sich selbst. Teilt man die 360 Längengrade durch 24 Stunden, so ergeben sich 15 Längengrade, um die sich die Erde in einer Stunde dreht.

Dementsprechend ist die Erde in 24 Zeitzonen eingeteilt. Jede Zeitzone hat 15 Längengrade. Die für das Leben auf der Erde verbindliche Zeit ist jedoch die UTC (Universal Time Co-ordinated = koordinierte Weltzeit). Diese von Atomuhren bestimmte Zeit läuft nicht synchron zur Astrozeit. Damit aber die Differenz nicht zu groß wird, bessert man immer mal nach. Die maximale Differenz beträgt 0,9 Sekunden.

Heute werden Zeitangaben in der Regel in UTC gemacht.

Auf der dem Nullmeridian gegenüberliegenden Seite der Erde verläuft die Datumsgrenze, wo der Datumswechsel stattfindet. Beim Überqueren der Datumsgrenze westwärts ist das Datum des nächsten Tages anzunehmen, beim Überqueren ostwärts das Datum des Vortages.

Beispiel für die Zeit der unterschiedlichen Zeitzonen: New York liegt auf einer Länge von etwa 73° W. Das ist nach der Tabelle auf S. 295 die Zeitzone −5, d. h. die Sonne geht in New York ca. 5 Stunden später auf als in Greenwich. Hamburg liegt in der Zone +1, d. h. der Zeitunterschied zu New York ist 6 Stunden.

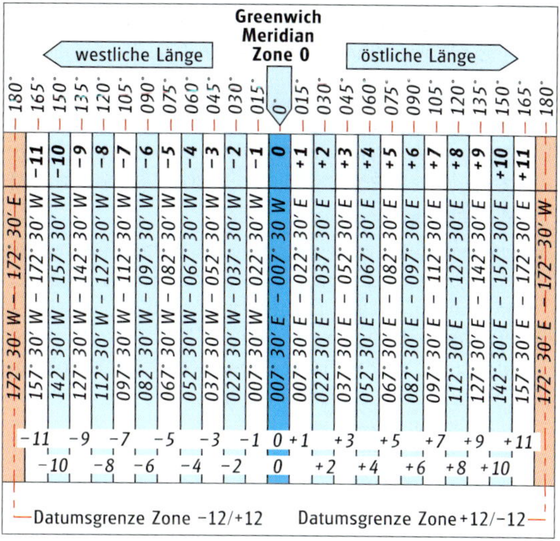

Schema für die Aufteilung der Zeitzonen

So ideal rechnet sich das natürlich nur bei der Navigation. An Land gibt es gesetzliche Zeiten mit Sommer- und Winterzeit sowie Regelungen, die nicht genau den Meridianen entsprechen, um ein Land nicht in zwei oder mehr Zeitzonen trennen zu müssen, wenn eine praktischer ist.

Das gilt auch für die Datumsgrenze, die nicht mit dem Meridian verläuft, sondern um einige Inselgruppen herum.

Fahrenheit/Celsius

°F	°C	°F	°C	°F	°C	°F	°C
1	-17,2	26	-3,3	51	10,6	76	24,5
2	-16,7	27	-2,8	52	11,1	77	25,0
3	-16,1	28	-2,2	53	11,7	78	25,6
4	-15,6	29	-1,7	54	12,2	79	26,1
5	-15,0	30	-1,1	55	12,8	80	26,7
6	-14,5	31	0,6	56	13,3	81	27,2
7	-13,9	32	0,0	57	13,9	82	27,8
8	-13,3	33	0,6	58	14,5	83	28,4
9	-12,8	34	1,1	59	15,0	84	28,9
10	-12,2	35	1,7	60	15,6	85	29,5
11	-11,7	36	2,2	61	16,1	86	30,0
12	-11,1	37	2,8	62	16,7	87	30,6
13	-10,6	38	3,3	63	17,2	88	31,1
14	-10,0	39	3,9	64	17,8	89	31,7
15	-9,5	40	4,4	65	18,3	90	32,2
16	-8,9	41	5,0	66	18,9	91	32,8
17	-8,3	42	5,6	67	19,5	92	33,4
18	-7,8	43	6,1	68	20,0	93	33,9
19	-7,2	44	6,7	69	20,6	94	34,5
20	-6,7	45	7,2	70	21,1	95	35,0
21	-6,1	46	7,8	71	21,7	96	35,6
22	-5,6	47	8,3	72	22,2	97	36,1
23	-5,0	48	8,9	73	22,8	98	36,7
24	-4,4	49	9,5	74	23,4	99	37,3
25	-3,9	50	10,0	75	23,9	100	37,8

Umrechnungsformeln

°Fahrenheit -› °Celsius:

°C = (°F - 32) x 0,556

°Celsius -› °Fahrenheit:

°F = (°C x 1,8) + 32

In den USA und dementsprechend in der amerikanischen Literatur werden Temperaturen in Fahrenheit angegeben. Die Einteilung stammt von dem deutschen Physiker Fahrenheit. Man setzte einen willkürlichen Nullpunkt (-17,8 °C) und teilte die Temperaturspanne zwischen Schmelz- und Siedepunkt in 180 Grad.

In der Tabelle sind die vorherrschenden Lufttemperaturen abgedeckt; im Übrigen kann man sich der Umrechnungsformeln bedienen.

Institutionen und Verbände

ADAC Sportschifffahrt
Am Westpark 8, 81373 München
Tel.: (089) 76 76-26 13, www.adac.de/Sportschifffahrt

Bundesamt für Seeschifffahrt und Hydrographie (BSH)
Bernhard-Nocht-Straße 78, 20359 Hamburg
Tel.: (040) 31 90-0, www.bsh.de

Bundesfinanzdirektion Nord Hamburg
Rödingsmarkt 2, 20459 Hamburg
Tel.: (0 40) 428 20-25 24, www.zoll.de

Bundesnetzagentur (BNetzA)
Außenstelle Hamburg (See)
Sachsenstraße 12 + 14, 20097 Hamburg
Tel.: (0 40) 236 55-0, www.bundesnetzagentur.de

Bundesnetzagentur (BNetzA)
Außenstelle Mülheim (Binnen)
Aktienstraße 1–7, 45473 Mülheim
Tel.: (02 08) 45 07-252, www.bundesnetzagentur.de

Deutsche Gesellschaft zur Rettung Schiffbrüchiger (DGzRS)
Werderstraße 2, 28199 Bremen
Tel.: (04 21) 5 37 07-0, www.dgzrs.de

Deutsche Vereinigung des Gas- und Wasserfaches e. V. (DVGW)
Josef-Wirmer-Straße 1–3, 53123 Bonn
Tel.: (02 28) 91 88-5, info@dvgw.de

Deutscher Boots- und Schiffbauerverband
Sternstraße 108, 20357 Hamburg,
Tel.: (0 40) 30 70 67 90, www.dbsv.de

Deutscher Motoryachtverband e.V. (DMYV)
Vinckeufer 12–14, 47119 Duisburg
Tel.: (02 03) 80 95 80, www.dmyv.de

Deutscher Segler-Verband e.V. (DSV)
Gründgensstraße 18, 22309 Hamburg
Tel.: (0 40) 6 32 00 90, www.dsv.org

Deutscher Wetterdienst (DWD),
Niederlassung Hamburg
Bernhard-Nocht-Str. 76, 20359 Hamburg
Tel.: (0 40) 66 90-0, www.dwd.de

Germanischer Lloyd (GL), Yachtklassifikation
Vorsetzen 35, 20416 Hamburg
Tel.: (0 40) 36 14 90, www.germanlloyd.com

Kreuzer-Abteilung des Deutschen Segler-Verbandes (DSV)
Gründgensstraße 18, 22309 Hamburg
Tel.: (0 40) 6 32 00 90, www.kreuzer-abteilung.org

Verband Deutscher Sporttaucher e. V.
Berliner Straße 312, 63067 Offenbach
Tel.: (0 69) 9 81 90 25, www.vdst.de

Vertriebsstellen des BSH
Eine aktuelle Liste der Vertriebsstellen des Bundesamtes für Seeschifffahrt und Hydrographie (BSH) im Internet: www.bsh.de

Redaktionen der Fachzeitschriften
BOOTE-Redaktion
Raboisen 8, 20095 Hamburg
Tel.: (040) 33 96 68-0, www.boote-magazin.de

SURF-Redaktion
Steinerstraße 15, 81369 München
Tel.: (0 89) 7 29 60-10, www.surf-magazin.de

YACHT-Redaktion
Raboisen 8, 20095 Hamburg
Tel.: (0 40) 33 96 66-0, www.yacht.de

St

St